21 世纪普通高等教育“十四五”规划教材 · 会计系列

基础会计实训教程

（第四版）

张颖萍　编著

上海财经大学出版社

图书在版编目(CIP)数据

基础会计实训教程/张颖萍编著．—4 版．—上海：上海财经大学出版社，2021.7

(21 世纪普通高等教育"十四五"规划教材·会计系列)

ISBN 978-7-5642-3808-7/F·3808

Ⅰ.①基… Ⅱ.①张… Ⅲ.①会计学-高等学校-教材 Ⅳ.①F230

中国版本图书馆 CIP 数据核字(2021)第 110530 号

□ 责任编辑　袁　敏

□ 封面设计　张克瑶

基础会计实训教程

(第四版)

张颖萍　编著

上海财经大学出版社出版发行

(上海市中山北一路 369 号　邮编 200083)

网　　址：http://www.sufep.com

电子邮箱：webmaster@sufep.com

全国新华书店经销

上海天地海设计印刷有限公司印刷装订

2021 年 7 月第 4 版　2021 年 7 月第 1 次印刷

787mm×1092mm　1/16　22.75 印张　582 千字

印数：39 501—42 500　定价：56.00 元

21世纪普通高等教育“十四五”规划教材

21 SHIJI PUTONG GAODENG JIAOYU "SHISIWU" GUIHUA JIAOCAI

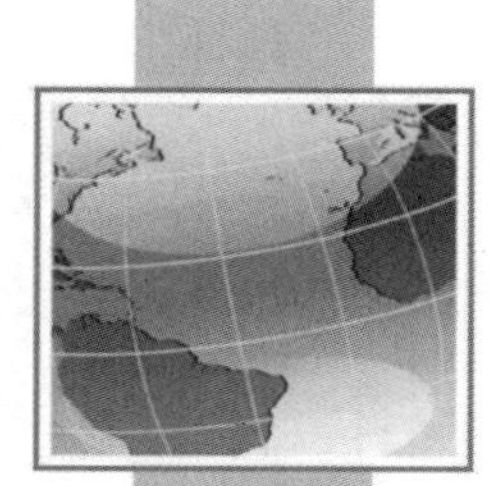

编委会

BIAN WEI HUI

第四版前言

"经济越发展，会计越重要"，经济越发展，会计越需要改革。会计人才的培养要适应经济与社会的发展变化，尤其要适应建设社会主义市场经济的需要。因此，会计系列教材必须紧跟时代进步的节奏，把握好经济与会计发展的脉搏。

《基础会计实训教程》(第四版)以我国最新会计准则、会计基础工作规范和调整后的税收法规为依据，对第三版教材进行了修订，修订后的教材在原有教材的基础上做了较为全面的梳理、补充和完善，使内容更加完整、准确，结构更趋合理。

《基础会计实训教程》(第四版)由辽宁财贸学院张颖萍教授编著。

本教材的顺利出版得到了湖北众邦文化传播有限公司和上海财经大学出版社相关领导和同志的大力支持，在此一并致谢。

由于作者水平所限，教材中可能会出现错误和缺憾，恳请有关专家和教材的使用者批评、指正。

编　者

2021年5月

目 录

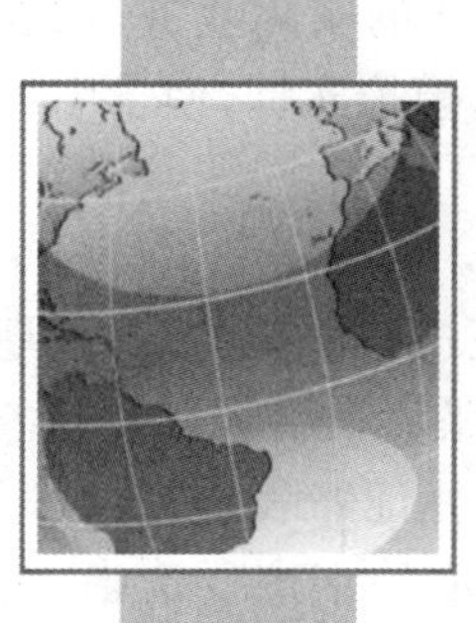

第一章 基础会计实训概述

一、基础会计实训的目的和任务

(一)基础会计实训的目的

“基础会计模拟实训”是一门实践性和系统性较强的课程,它是在“基础会计”课程的基础上开设的实训课程。“基础会计”课程是会计专业和经济管理类专业的重要专业课程之一,该课程主要介绍会计学的基本理论、基本方法和基本操作技能,要求学生在学习时不仅要掌握会计核算的各种基本原理和基本方法,而且要掌握会计核算的基本程序、会计工作基础操作规范和各种实际操作技能。

开设“基础会计模拟实训”课程主要是使学生全面掌握会计工作操作规范,培养学生的审核能力、制证能力、登账能力和编制会计报表的能力,加强学生对会计主体经济活动的初步分析和判断能力,进而使学生加深对会计的基本理论、基本知识、基本方法的掌握与运用,加深对会计核算的基本程序和实际工作内容与性质的认识,提高会计的实际操作技能,形成会计责任观念,为进一步学习专业会计知识奠定坚实的基础。

(二)基础会计实训的任务

1. 满足社会需要,实现人才培养的目标

随着我国社会主义市场经济的进一步发展和完善,社会需要一大批综合素质高的财会人才。对此,高校要培养高素质的财务人员,必须着手培养学生四个方面的知识和能力:第一,具有良好的思想道德品质和很强的工作责任心;第二,具备扎实的专业理论知识;第三,具有一定的工作实践能力;第四,具有创新能力和发展能力。由于财会人员是社会需要的能在复杂情况下灵活务实地运用知识并不断创新的技能型人才,因而高校主要通过技能训练来培养学生对理论知识的掌握与运用,加强对学生的实践能力和创新能力的培养。

2. 理论联系实际,加强对理论知识的巩固

对于会计专业学生,各高校主要是由专业老师组织学生到企业去实习来实现理论联系实际。这种做法尽管在一定程度上改善了学生理论知识与实践相脱离的状况,但也存在以下三个难以解决的问题:第一,一般企业财会部门的办公室面积有限,因而接受学生实习的人数有限,通常也只能容纳 3～5 人,加之安排所有学生实习,实习点必然会很多,专业指导老师照顾不过来,往往顾此失彼,影响学生的实习;第二,由于实习点太多,经费支出大,加之各学校实习经费有限,因而造成实习难以顺利开展的局面;第三,由于学生在校期间只是学习专业理论知识,没有系统掌握会计基本操作技能,企业会计人员不敢大胆放手让学生实际独立操作,一般只是让学生看凭证、账表,使实习变为现场观摩或参观,因而达不到理想的实习效果。

为了克服上述难题，将理论更好地与实际联系起来，锻炼和提高学生的基本技能，目前各高校都建立了相应的会计实验室。建立实验室的目的是模仿企业的实际业务，加强训练，将学生转换成会计人员角色进行操作训练。通过一系列的仿真模拟实训，使学生更加牢固地掌握理论知识，进而提高其实际动手能力。

3. 通过严格实训，提高学生的基本操作技能

在开展实训时，学生是在专业老师选定的实训教材和相关资料下进行实验的，无论是根据经济业务填制原始凭证，还是根据原始凭证填制记账凭证、登记账簿和编制报表等各个实践环节，都严格按照《会计人员工作规则》的有关规定，用正式的凭证账表进行操作。例如，填制支票时，严格按照银行结算办法的要求填写；填制会计凭证的字迹要清晰、工整，不得潦草；登记账簿时，应将会计凭证的日期、编号、业务内容、摘要、金额和其他有关资料逐项填入，认真做到数字准确、摘要清楚、登记及时。另外，在登记账簿时，对账簿中的文字和数字的书写都有严格的规范，如数字一般只占行距的1/2～2/3等。对于这些基本操作技能，都要通过严格的训练才能掌握和提高。

4. 通过模拟实训，着力培养学生良好的工作作风和职业道德

众所周知，财务部门是企业非常重要的经济部门，是企业的经济信息中心。财务人员应具备良好的工作作风和职业道德，这就要求财会人员要有“爱岗敬业、诚实守信、廉洁自律、客观公正、坚持准则、提高技能、参与管理和强化服务”的职业道德。对于这些，在日常的专业理论教学中学生体会不深，进入会计实训进行技能训练要求学生如同走进办公室工作一样，必须严谨、认真、高效。通过实训，可以培养学生良好的职业道德和严肃认真、一丝不苟的工作作风。

5. 通过实际操作，培养和提高学生的实际工作能力

会计专业是一个实用型专业，会计学则是一门实践性很强的学科。由于在课程实际教学中存在与实务工作相脱节的现象，经常出现财会专业的学生向企业财会人员学习最常见的登记账户、编制会计分录等工作。特别地，有些学生走上工作岗位时还自以为专业知识功底深厚，但在实际工作中，对安排在出纳岗位中的支票填制都不会，甚至连登记账簿都不会。因此，开展会计实训教学对学生进行技能训练，在专业老师的悉心指导下，采用企业财务部门使用的记账凭证、账簿、报表等，对学生进行系统、全面、实际的操作训练，能够提高学生的实际工作能力，为将来走上工作岗位打下坚实的基础。

6. 加强实训报告的撰写，提高学生的写作水平和研究能力

在每一个实训完毕后，要及时对实训内容进行书面总结，即撰写实训报告，完成实训的书面总结工作。实训报告的内容主要包括：(1)实训的目的；(2)实训的内容、要求和步骤；(3)实训的时间；(4)实训的体会，对实训工作的意见和建议等。撰写实训报告时要求文字简练、语言通顺、结构合理、层次分明，并尽可能深入探讨一些问题。因此，在实训结束后及时总结实训工作、撰写实训报告，既可以促进学生钻研业务、熟悉和掌握有关会计制度、提高政策水平和业务能力，又可以提高写作水平与分析研究能力。

二、基础会计实训的内容

就会计专业开展会计实训而言，整个会计实训教学体系可分为基础会计实训、财务会计实训、成本会计实训和会计电算化实训等内容。根据会计人员的技能要求，基础会计技能实训的主要内容可分为单项实训和综合实训两个部分。

单项会计实训的内容主要包括：会计书写实训、原始凭证的填制与审核、记账凭证的填制、记账凭证的审核、日记账的登记、明细账的登记、科目汇总表的编制、总账的登记、结账与对账、错账的更正、银行存款余额调节表的编制、会计报表的编制等。

综合会计实训的主要内容是利用某企业在某一段时间（一般为1个月）的经济业务及相关资料，采用不同的会计核算程序进行会计核算全过程的操作训练，即将单项会计实训的知识综合操作实训。

三、基础会计实训的一般要求

（一）基本技能

基础会计模拟实训最直接的目的就是使学生熟悉和掌握会计的基本技能，主要包括：

1. 书写和计算技能

书写主要是指文字和数字的书写应保持规范、清晰、流畅；计算是指对各项经济业务的汇总应做到快速、准确、全面。这是会计人员最基本的业务素质。

2. 填制和审核会计凭证技能

填制和审核会计凭证技能包括填制和审核原始凭证与记账凭证。填制和审核会计凭证是会计工作的起点，也是会计工作的基本环节。

3. 记账技能

记账是指根据审核无误的原始凭证和记账凭证，按照国家统一会计制度的会计科目，运用复式记账法将经济业务序时、分类地登记到对应的账簿中去。登记账簿是会计核算工作的主要环节。

4. 编制报表技能

编制会计报表是指将日常分散的会计资料，按照一定的要求和原则，定期对其加以分类整理，汇总成有关方面需要的会计信息的一种专门方法。编制报表技能是会计报告的重要内容。

（二）具体要求

为了使基础会计模拟实训达到预期的实训效果，对基础会计模拟实训提出以下具体要求：

1. 建立会计实训室

建立会计实训室，就是要按企业实际需要建立模拟财会部门，并设置各个岗位。实训室配备完全仿真的设备，如各种原始凭证、账簿、报表样本、算盘、会计科目章、印台、墨水、大头针、回形针等，并在会计实训室的墙壁上张贴一些业务流程图和岗位职责要求等，使学生仿佛走进企业的财务会计部门。

2. 配备相应的会计实训人员

为保证会计实训教学正常开展，会计实训室必须配备实训管理人员和实训教学人员或专业指导教师。实训管理人员不仅要把实训教学管理好，而且要充当实训辅助教师，协助专业教师把实训教学工作组织好。会计专业实训教师主要组织和安排会计实训教学活动，指导学生按照实训教学计划进行实训学习，使会计实训教学活动正常、顺利、有序地开展。

对会计实训管理人员的要求有：(1)具有一定基础的会计专业人员；(2)熟悉会计业务，了解企业生产活动及其管理情况；(3)热爱本职工作，工作责任心强；(4)每次实训都要做到有计划、有步骤、有指导、有控制、有实训讲评等；(5)在每一次会计实训课程前，准备好所需的实训教学设备和用品。

对会计实训教学人员的要求有：(1)具备扎实的专业理论知识功底；(2)熟悉国家法规，特别要熟悉《中华人民共和国会计法》《企业会计准则》和《经济法》《税法》以及国家统一会计制度；(3)会计实战经验丰富；(4)爱岗敬业、工作责任心强等。会计实训需要配备责任心强的"双师型"教师担任技能训练指导老师，他们对培养实用型会计人才负有重要职责。

3. 对学生的要求

学生是开展会计技能实训的主体，对其要求是：(1)必须具备会计学基础理论知识，且开展实训前全面复习所学教材内容；(2)熟悉会计基础操作规范的各项要求；(3)熟悉《中华人民共和国会计法》《企业会计准则》和国家统一会计制度；(4)遵守实训室规则和要求；(5)服从实训管理人员、专业指导教师的管理，必须按照专业指导教师的要求和教学进度按时完成实训作业和实训报告；(6)独立思考、不懂就问、按时出勤等。

4. 实训操作技术要求

基础会计模拟实训操作技术要求是指学生在填制会计凭证、登记账簿和编制会计报表时必须遵守的基本操作技能与规范。具体包括：(1)会计凭证操作技术规范；(2)会计账簿操作技术规范；(3)会计报告操作技术规范；(4)会计凭证装订技术规范；(5)会计数字书写规范等。

5. 做好实训前的准备和实训后的总结

会计实训课程开始前，专业指导教师和学生应做好各种准备，包括理论知识准备、思想准备以及所需实训物品、设备的准备。实训中教师要每天填写实训记录，学生应填写实训日记，技能实训结束后要开展交流与总结。

四、基础会计实训的组织

基础会计实训主要采用手工会计模拟实训方式，主要有两种实训组织方式：

(一)单项模拟实训组织方式

即采用分散组织形式，根据基础会计理论教学内容的教学进度合理安排各个单项模拟实训的项目。

(二)综合模拟实训组织方式

即采用集中组织形式，在基础会计课程内容全部讲授完毕后，安排2～3周时间，在会计模拟实训室集中进行教学，包括经济业务分析、填制和审核原始凭证、编制记账凭证、记账凭证汇总、登记总账与明细账、结账、对账、编制会计报表等全过程。

五、基础会计实训的考核

为了使实训教学收到良好的效果，专业指导教师必须加强对实训教学质量的评价与考核，对学生实训成绩和教师工作质量进行严格考核，做出全面、客观的评价。实训教学是由学生和教师共同完成的，为了全面、客观、公正地评价其效果，必须从学生的学、教师的教两个方面进行考核，即教师对学生进行考核评价，学生对教师进行考核评价。

在实训过程中，对学生的考核要求有：(1)实训态度端正；(2)掌握实训操作方法；(3)掌握基本操作技能；(4)具有一定的分析、处理问题和研究创新的能力等。

在实训教学中，对教师的考核要求有：(1)教学态度端正；(2)具有指导学生实训的能力；(3)能够严格执行教学计划和实训计划；(4)教学效果良好；(5)实训环境与设备管理良好等。

由于基础会计技能实训是会计专业学生的必修课程，实训成绩应单独考核。实训成绩的考核分为优、良、中、及格和不及格五个等级，具体考核项目和内容如表1—1所示。

表1—1　基础会计模拟实训考核项目与内容

考核项目	考核内容	考核成绩	备注
实训态度	出勤、实训完成进度、独立思考	20%	实训成绩的考核分为优、良、中、及格和不及格五个等级
操作规范性	会计凭证、会计账簿、会计报表的操作符合会计操作规范要求	25%	
会计科目的准确使用	会计科目使用符合《企业会计准则》的要求	20%	
会计数据的准确性	各项会计数据的计算方法正确、数据准确	25%	
实训报告	实训报告内容、结构符合要求，语句通顺	10%	

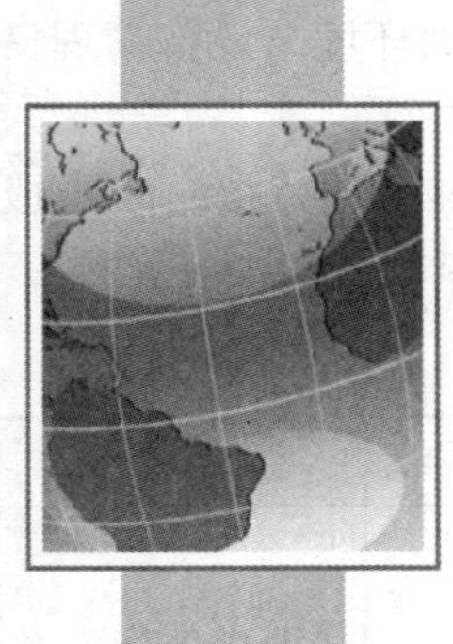

第二章
基础会计实训的技术规范

一、实训目标

在填制原始凭证、编制记账凭证、登记账簿、编制会计报表等会计处理全过程中，会计人员必须认真填写金额的大写和小写。通过开展基础会计实训的技术规范的训练，使学生能够掌握大写和小写的标准书写，做到书写规范、流畅、清晰和美观。

二、会计书写规范

(一)阿拉伯数字的书写规范

1. 书写要求

要准确书写阿拉伯数字，必须注意以下几点：

(1)同行相连的数字之间要空出半个阿拉伯数字的位置，要各自成形、大小均匀，不得连笔，且排列整齐、字迹工整、清晰流畅、美观大方。

(2)每个数字要紧靠凭证、账簿、报表行格的底线书写，且每个数字字体高度约占行距高度的1/2～2/3，不得写满格，以便留有改错的空间。

(3)对于带圆圈的数字，如0、6、8、9等，必须将圆圈封口。

(4)数字字体应自右上方向左下方倾斜45°～60°书写，每个数字的倾斜方向和倾斜程度要保持基本一致。

(5)有几个数字要注意书写：如“6”书写时要比一般数字向右上方长出1/4，“7”和“9”的书写要比一般数字向左下方(过底线)长出1/4。

2. 书写指导

(1)每个数字要排列有序，各数字要有一定的倾斜度(45°～60°)，且各数字的倾斜度要一致。

(2)书写数字时，各数字从左至右，笔画顺序自上而下，先左后右，并且每个数字大小一致，数字排列的空隙应保持一定且相等的距离，每个数字应在印有数位线的凭证、账簿、报表上书写，每个格子只能书写一个数字，不得几个数字挤在一个格子里，更不能在数字中间留有空格。

(3)会计工作人员要保持个人的独特字体和书写特色，以防止别人模仿或涂改。特别要注意，在书写数字时，除“4”和“5”外，其余的数字必须一笔写成，不能人为地增加数字的笔画。

(4)要把“1”和“7”、“0”和“6”、“3”和“8”、“7”和“9”书写清楚，不得书写混淆。在书写阿拉伯数字的整数部分时，可以从小数点向左按“三位一节”用分位点“,”分开或加1/4空位分开，如 12,940,485.20 或 12 940 485.20。

(5)阿拉伯数字表示的金额为小写金额，书写时，应采用人民币符号“¥”。“¥”既代表人民币的币制，又代表人民币“元”的单位，因而小写金额前填写人民币“¥”后，数字后面不能写“元”字。例如，“¥1 250.36 元”是错误的，后面多写了一个“元”字。

(6)“¥”与数字之间不能留有空格。书写人民币符号时，要注意“¥”与数字的明显区别，不得混淆。

3. 书写练习

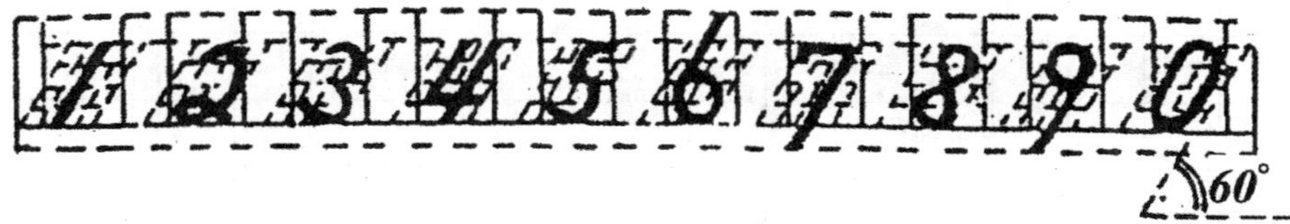

图 2—1　阿拉伯数字参考字体

(二)汉字大写数字的书写规范

1. 书写要求

要准确书写汉字大写数字，必须注意以下几点：

(1)大写数字要以正楷或行书字体书写，并且要做到规范流畅、字迹清晰，不得连笔。

(2)大写数字一律采用“零、壹、贰、叁、肆、伍、陆、柒、捌、玖、拾、佰、仟、万、亿、元、角、分、整(正)”等规范的汉字，不得使用“〇、一、二、三、四、五、六、七、八、九、十”等简化汉字代替，更不能使用非国务院公布的简化字、谐音字等不规范的汉字。

2. 书写指导

(1)不能用一、二、三、四、五、六、七、八、九、十等文字替代大写金额数字。

(2)“佰”和“仟”前面要有单人旁“亻”，“叁”不能用“仨”代替，“零”不能用“0”或“另”代替，“角”不能用“毛”代替。

(3)大写金额前要加“人民币”字样，且“人民币”三个字要与金额数字之间相互紧靠，不留空位，数字之间更不能留有空位，使得写数与读数顺序保持一致。

(4)人民币以“元”为单位，如果“元”后无角分时需要写“整”或“正”字；如果“角”后无分时也需要写“整”或“正”字；如果分位有数字，分后就不要写 “整”或“正”字。

(5)如果金额数字中间有连续几个“0”，大写金额时就只写一个“零”字，如 1 000.50，大写应写成“壹仟元零伍角整”。

(6)表示位的文字前必须有数字，如 1 000.00，应写成“壹仟元整”。

3. 书写练习

表 2—1　　大写数字参考字体

正楷	壹	贰	叁	肆	伍	陆	柒	捌	玖
行书	壹	贰	叁	肆	伍	陆	柒	捌	玖
正楷	拾	零	佰	仟	万	亿	角	分	整
行书	拾	零	佰	仟	万	亿	角	分	整

(1)请认真书写大写数字。

表 2—2

壹																				
贰																				
叁																				
肆																				
伍																				
陆																				
柒																				
捌																				
玖																				
拾																				
零																				
佰																				
仟																				
万																				
亿																				
角																				
分																				
整																				

(2)大小写金额书写对比。

表 2—3 **大小写金额书写对照表**

会计凭证账表的小写金额栏								原始凭证上的大写金额栏
没有数位分割线	有数位分割线							
	万	千	百	十	元	角	分	
¥0.05							5	人民币伍分
¥0.30						3	0	人民币⊗万⊗仟⊗佰⊗拾⊗元叁角零分
¥7.00					7	0	0	人民币柒元整
¥17.08				1	7	0	8	人民币壹拾柒元零捌分
¥590.76			5	9	0	7	6	人民币⊗万⊗仟伍佰玖拾零元柒角陆分
¥6 010.30		6	0	1	0	3	0	人民币陆仟零壹拾元叁角整
¥45 006.09	4	5	0	0	6	0	9	人民币肆万伍仟零陆元零玖分
¥59 000.40	5	9	0	0	0	4	0	人民币伍万玖仟零佰零拾零元肆角零分

(3)长江公司某年 3 月份库存现金和银行存款收付业务的发生额如下：

①¥0.90　　②¥0.36　　③¥73.05

④¥69.00　　⑤¥380.27　　⑥¥4 590.07

⑦¥40 008.51　　⑧¥381 000.90　　⑨¥587 250.50

请根据上述资料书写大小写金额。

表 2—4　　**大小写金额书写训练用纸**

会计凭证、账表上的小写金额									原始凭证上的大写金额栏
没有数位分割线	有数位分割线								
	十	万	千	百	十	元	角	分	
									人民币　拾　万　仟　佰　拾　元　角　分
									人民币
									人民币
									人民币
									人民币
									人民币
									人民币
									人民币
									人民币
									人民币
									人民币
									人民币
									人民币
									人民币　拾　万　仟　佰　拾　元　角　分

(三)大小写金额的书写规范

1. 书写要求

(1)小写金额数字书写规范。

①阿拉伯数字金额数字前应当书写货币的币别符号或货币名称简写,币别符号和阿拉伯数字之间不得留有空白。特别地,当阿拉伯数字前书写出货币币别符号时,数字后面就不再书写货币单位。

②阿拉伯数字要以“元”为单位,除表示单价之外一律要写到角分;如没有角分的,在角位和分位可写出“00”或“—”;如有角位无分位的,分位应写“0”,不得用“—”表示。例如,“¥123.00”或“¥123.—”;又如,“¥123.40”不得写成“¥123.4—”。

③如元位和角位没有金额而分位有金额时,应在元位和角位上各书写一个“0”,并在元和角之间点一个小数点“.”,如“¥120.06”。

④元位以上每三位要留出半个阿拉伯数字的位置书写,既可以三位一节用分位号“,”也可以空出半个阿拉伯数字的位置书写,如“¥62,856,443.20”或“¥62 856 443.20”。

(2)大写金额数字书写规范。

①大写数字要以正楷或行书字体书写,并且要做到规范流畅、字迹清晰,不得连笔。

②大写数字一律采用“零、壹、贰、叁、肆、伍、陆、柒、捌、玖、拾、佰、仟、万、亿、元、角、分、整或正”等规范的汉字,不得使用“〇、一、二、三、四、五、六、七、八、九、十”等简化汉字代替,更不能使用非国务院公布的简化字、谐音字等不规范的汉字。

③大写金额要紧靠“人民币”书写,不得留有空白;如果大写数字前没有印“人民币”字样时,应添加“人民币”三个字。

④大写金额数字到“元”或“角”,应在“元”或“角”后写“整”或“正”字;大写金额有“分”

的，则在“分”后不写“整”或“正”字。比如￥32 540.00，大写应写成：人民币叁万贰仟伍佰肆拾元整(正)；又如￥65 241.50，大写应写成：人民币陆万伍仟贰佰肆拾壹元伍角整(正)；再如 ￥563.38，大写应写成：人民币伍佰陆拾叁元叁角捌分。

⑤阿拉伯金额数字中间有“0”时，汉字大写金额要写“零”字。比如￥60 530.60，大写应写成：人民币陆万零伍佰叁拾元零陆角整(正)。

⑥阿拉伯金额数字元位是“0”的，或者数字中间连续有几个“0”，元位也是“0”，但角位不是“0”时，汉字大写金额可以只书写一个“零”字，也可以不写“零”字。比如￥2 350.21，大写应写成：人民币贰仟叁佰伍拾元零贰角壹分，或者写成：人民币贰仟叁佰伍拾元贰角壹分。再如￥86 000.24，大写应写成：人民币捌万陆仟元零贰角肆分，或者写成：人民币捌万陆仟元贰角肆分。

⑦阿拉伯金额数字的角位是“0”，而分位不是“0”时，大写金额“元”后面须写“零”字。比如￥32 005.06，大写应写成：人民币叁万贰仟零伍元零陆分；又如￥3 254.06，大写应写成：人民币叁仟贰佰伍拾肆元零陆分。

⑧阿拉伯金额数字最高位是“1”时，大写金额前应加写“壹”字。比如￥16.80，大写应写成：人民币壹拾陆元捌角整(正)；又如￥168 500.00，大写应写成：人民币壹拾陆万捌仟伍佰元整(正)。

⑨对于印有大写金额万、仟、佰、拾、元、角、分位的原始凭证或单据，在大写金额书写时，金额前面最高位如有空位，可画“⊗”或“零”给予注销，阿拉伯金额数字中间有几个“0”(含分位)，汉字大写金额就写几个“零”字。比如￥1 300.50，大写应写成：人民币⊗拾⊗万壹仟叁佰零拾零元伍角零分，或人民币零拾零万壹仟叁佰零拾零元伍角零分。

2. 书写指导

表 2—5 **大小写金额对照书写例示**

小写金额	大写金额		
	正确写法	错误写法	错误原因
￥200.00	人民币贰佰元整	人民币:贰佰元整	“人民币”后面多了一个冒号
￥5 640.20	人民币伍仟陆佰肆拾元零贰角整	人民币伍仟陆佰肆拾零元贰角整	“零”字的用法不对
		人民币伍仟陆佰肆拾元零贰角零分	多写了“零分”
￥24 003.00	人民币贰万肆仟零叁元整	人民币贰万肆仟另叁元整	将“零”字错写成“另”
￥100 200.00	人民币壹拾万零贰佰元整	人民币拾万贰佰元整	漏写“壹”字和“零”字
￥15.06	人民币壹拾伍元零陆分	人民币拾伍元陆分	漏写“壹”字和“零”字
￥50 078 000.00	人民币伍仟零柒万捌仟元整	人民币伍仟万零柒万捌仟元整	多写了一个“万”字
￥8 900 000.06	人民币捌佰玖拾万元零陆分	人民币捌佰玖拾万零陆分	漏写一个“元”字

3. 书写练习

(1)请在下列小写金额后面填上大写金额：

第一组：

①￥25.40 ______________________________

②￥37.48 ______________________________

③￥100.00 ______________________________

④￥328.00 ______________________________

⑤￥249.50 ______________________________

⑥￥698.31 ______________________________

⑦￥6 000.00 ______________________________

⑧￥9 080.60 ______________________________

⑨￥6 002.68 ______________________________

⑩￥50 080.90 ______________________________

第二组：

①￥60 000.80 ______________________________

②￥54 060.91 ______________________________

③￥70 600.80 ______________________________

④￥300 008.00 ______________________________

⑤￥586 460.00 ______________________________

⑥￥346 333.00 ______________________________

⑦￥600 000.00 ______________________________

⑧￥1 800 000.90 ______________________________

⑨￥3 607 002.68 ______________________________

⑩￥40 350 769.50 ______________________________

(2)请将下列大写金额写成小写金额，并要求做好分节符和小数点：

①人民币肆仟伍佰元整__________________

②人民币贰拾陆万零玖拾捌元柒角陆分__________________

③人民币叁万零伍拾元零贰角整__________________

④人民币肆佰陆拾伍元贰角壹分__________________

⑤人民币捌万零柒分__________________

⑥人民币伍佰陆拾柒万零叁佰零玖元贰角整__________________

⑦人民币壹佰零柒万伍仟零陆元零捌分__________________

⑧人民币伍佰零伍万零伍佰零伍元伍角整__________________

⑨人民币陆仟伍佰叁拾玖元整__________________

⑩人民币捌仟陆佰零叁万零贰佰伍拾柒元肆角壹分__________________

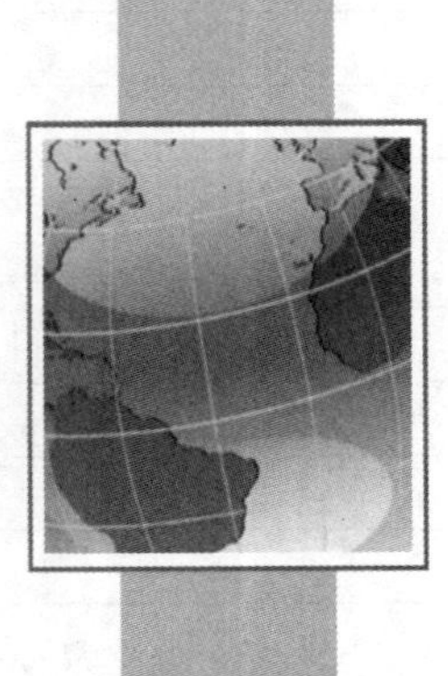

第三章 基础会计单项实训

会计核算的基本程序是建账、取得或填制原始凭证、对原始凭证进行审核、根据审核无误的原始凭证编制记账凭证、对记账凭证进行审核、编制科目汇总表、审核科目汇总表、登记日记账和明细分类账、登记总分类账、试算平衡、对账和结账、过账、编制财务会计报告，各个核算环节相互联系，形成了会计核算体系。基础会计单项模拟实训是按照会计核算的基本程序进行的。

实训一　原始凭证的填制

一、实训目标

作为记账依据的书面证明，原始凭证是经济业务活动的源头，也是进行会计处理的原始依据。原始凭证的真实性、有效性、合理性和准确性直接关系到会计信息质量的高低，关系到投资者、债权人等各方面的权益。通过原始凭证的填制实务模拟，使学生亲身感受证明经济业务发生依据的原始凭证应具备的基本要素，了解各类经济业务所用的原始凭证的种类、格式及基本内容，熟悉部分有代表性的原始凭证的基本格式，掌握主要原始凭证的填制方法。

二、原始凭证的填制规范

原始凭证是在经济业务发生时填制或取得的，用以证明经济业务的发生或完成情况最初的书面文件。一切会计记录都要有真凭实据，这是会计核算必须遵守的基本原则。因此，填制原始凭证是会计核算的基础工作之一。

(一)原始凭证的填制要求

原始凭证是直接具有法律效力的证明文件，为了保证其真实、准确、完整、合法地记录经济业务，填制时必须做到：

1. 记录必须真实

原始凭证上的日期，经济业务的内容、数量、金额及责任单位与责任人都必须严肃认真、实事求是地根据经济业务的实际发生情况填写。这是保证会计核算信息真实性的最基本的要求。

2. 内容必须完整

原始凭证中规定的各项目内容必须逐项填写齐全，不得遗漏和简略，必须符合手续完备的要求，经办业务的有关部门和人员要认真审查，签名盖章。各种签名或盖章必须齐全、清晰、完整，不得模糊不清，一式几联的普通发票和收据，必须用双面复写纸套写（发票和收据本身具备复写纸功能的除外），并连续编号，注明各联用途。作废时应当加盖“作废”戳记，连同存根一起保存，不得撕毁。原始凭证按规定的内容填制完毕后，除车票、船票等类似凭证外，一般应当按照以下要求加盖印章：外来的原始凭证应当有出具企业的财务专用章，或现金收（付）讫章，或银行现金收（付）讫章，或营业专用章，以及制单和收（付）款人员名章，个人出具的凭证必须签名或同时加盖名章；对外出具的原始凭证，应当加盖本企业的财务专用章，或现金收（付）讫章，或银行现金收（付）讫章，或营业专用章，以及制单和收（付）款人员名章，个人出具的凭证必须签名或同时加盖名章；自制的原始凭证必须有制单人员、经办部门负责人或其指定人员的签名或盖章。

3. 书写必须清楚

原始凭证中的文字说明必须清楚，字迹必须工整、规范和清晰。原始凭证填制时，书写要用蓝黑墨水，字迹清楚、整齐、规范、易于辨认。以下内容的原始凭证，应当使用红油圆珠笔书写：因销售退回而开出的发货票和冲减销售的销售日报表以及退回购进财物的验收单；月末做退库处理的领料单等。文字简要，不得使用未经国务院公布的简化字；大小写金额数字要符合规范，正确填写。对阿拉伯数字要逐个写清楚，不得连写；在数字前应填写人民币符号“￥”；属于套写的凭证，一定要写透，不要上面清楚、下面模糊。同时使用两种文字进行会计记录时，两种文字应当分上、下书写在同一行内；一般中文应当书写在上方。

4. 填制必须及时

原始凭证必须在经济业务发生或完成时及时填制并按规定的程序及时送交财会部门，由财会部门加以审核，以便及时编制记账凭证，并据以登记账簿。

原始凭证在填制时若发生书写错误，应按照规定方法更正或作废，不得随意涂改、刮擦、挖补。有关现金、银行存款收支业务的原始凭证金额填写错误，不能在凭证上更改，需加盖“作废”戳记，妥善保管，重新填写，以免错收错付。发票类凭证如填错，必须作废另行填制。

如果遇有原始凭证丢失，应取得签发单位加盖公章的书面证明。证明中应列明原始凭证的号码、金额和经济业务的内容等，由经办单位会计机构负责人（会计主管人员）和单位负责人批准后，才能代替原始凭证。对于确实无法取得证明的原始凭证，如车、船、飞机票等，应由当事人写明详细情况，由经办单位会计机构负责人（会计主管人员）和单位负责人批准后，方可作为原始凭证。

（二）原始凭证的填制方法

原始凭证应根据原始凭证的要素填写，主要填写内容包括：凭证名称（在没有标明为何种凭证名称的原始凭证上填写），凭证填制日期，凭证编号，接受凭证单位或个人的名称，经济业务内容摘要，经济业务所涉及物品的名称、数量、单位、单价和金额（大小写），以及填制单位名称及盖章、经办人员的签名及盖章。

1. 普通发票、增值税专用发票的填制

发票，是指在购销商品、提供或者接受服务以及从事其他经营活动中，开具、收取的收付款凭证。

现行税制发票分为增值税专用发票和普通发票两大类。

（1）增值税专用发票的填制。

增值税专用发票是增值税一般纳税人销售货物或者提供应税劳务开具的发票，是购买方支付增值税额并可按照增值税有关规定据以抵扣增值税进项税额的凭证。

一般纳税人应通过增值税防伪税控系统(以下简称防伪税控系统)使用专用发票。

专用发票由基本联次或者基本联次附加其他联次构成。基本联次为四联：第一联为存根联，由开出方留存备查；第二联为发票联，作为购买方核算采购成本、付款和增值税进项税额的记账凭证；第三联为抵扣联，作为购买方报送主管税务机关认证和留存备查的凭证；第四联为记账联，作为销售方核算销售收入和增值税销项税额的记账凭证。其他联次的用途由一般纳税人自行确定。

增值税专用发票须填写的内容及方法如下：

①"开票日期"栏，填写填开发票的当日。

②"购货单位名称"栏，填写购货单位名称的全称，不得简写；"地址、电话"栏，填写购货方单位的详细地址和电话号码；"纳税人登记号"栏，填写由税务机关核发的 15 位纳税人识别号，不得多写或少写；"开户银行及账号"栏，填写购货单位的开户银行名称及账号。

③"购货或应税劳务名称"栏，填写销售货物或提供应税劳务的名称和型号。如果销售货物或应税劳务的品种较多，纳税人可按照不同税率的货物进行汇总开具增值税专用发票，在这种情况下，应在本栏注明是汇总开具增值税专用发票。

④"规格型号"栏，填写货物的规格型号。如果是汇总开具增值税专用发票，此栏可以不填写。

⑤"单位"栏，填写销售货物或者提供应税劳务的计量单位。如果是汇总开具增值税专用发票，此栏可以不填写。

⑥"数量"栏，填写销售货物或者提供应税劳务的数量。如果是汇总开具增值税专用发票，此栏可以不填写。"单价"栏，填写单位货物或应税劳务不含增值税单价。如果纳税人将价格和增值税税额合并定价的，应先计算出不含税单价，然后按不含税单价填写本栏。不含税单价的计算公式为：

不含税单价＝含税单价/(1＋增值税税率)

⑦"金额"栏，填写增值税专用发票"金额"栏的数字，应按不含税单价和数量相乘计算填写，计算公式为：

"金额"栏数字＝不含税单价×数量

⑧"税额"栏，填写销售货物或者提供应税劳务的销项税额。销项税额的计算公式为：

销项税额＝销售额×税率

⑨"合计"栏，填写销售项目的销售额(金额)与税额各自的合计数。在这两个合计数前要用"¥"符号封顶。

⑩"价税合计"栏，填写各项货物和应税劳务销售额(金额)与税额汇总数的大小写金额，小写金额单位前应画上"¥"符号封顶。

⑪销货单位的"名称""地址电话""纳税人登记号""开户银行及账号"栏的填写方法与"购货单位"栏相同。

⑫加盖销货单位的发票专用章。

⑬"收款人"栏，填写办理收款事项的人员姓名。

⑭"开票单位"栏，填写开具增值税专用发票的具体单位名称。

专用发票应按下列要求开具：a. 项目齐全，与实际交易相符；b. 字迹清楚，不得压线、错格;c. 发票联和抵扣联加盖财务专用章或者发票专用章;d. 按照增值税纳税义务的发生时间开具。对不符合上述要求的专用发票,购买方有权拒收。

【例 1】 白云机械厂 2020 年 12 月 2 日向永兴公司(账号为 324036401040001008,开户行为工商银行东湖支行,大成街 5 号,电话 6658179)销售甲产品 120 台,单价 760.5 元,增值税销项税额 10 498.94 元,款项存入银行。填制的"增值税专用发票"如图 3—1 所示。

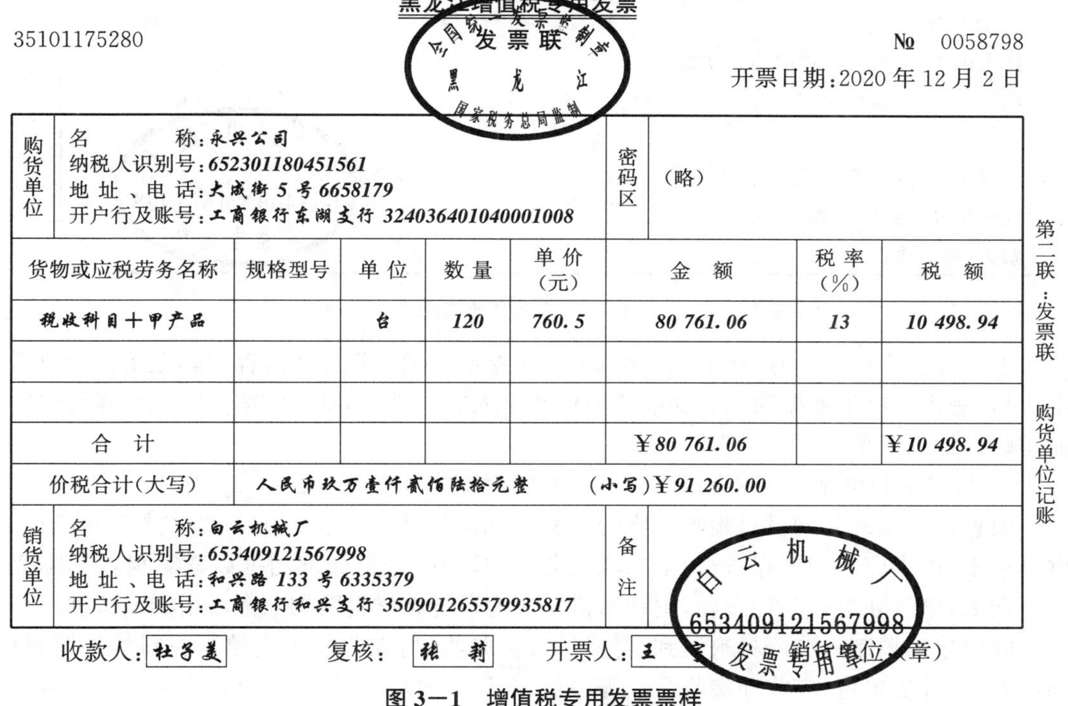

黑龙江增值税专用发票

35101175280　　　　№ 0058798

开票日期:2020 年 12 月 2 日

购货单位	名　　称:永兴公司 纳税人识别号:652301180451561 地 址 、电 话:大成街 5 号 6658179 开户行及账号:工商银行东湖支行 324036401040001008					密码区	(略)	
货物或应税劳务名称	规格型号	单 位	数 量	单 价(元)	金　额	税 率(%)	税　额	
税收科目十甲产品		台	120	760.5	80 761.06	13	10 498.94	
合　计					¥80 761.06		¥10 498.94	
价税合计(大写)	人民币玖万壹仟贰佰陆拾元整　(小写)¥91 260.00							
销货单位	名　　称:白云机械厂 纳税人识别号:653409121567998 地 址 、电 话:和兴路 133 号 6335379 开户行及账号:工商银行和兴支行 350901265579935817					备注		

第二联:发票联　购货单位记账

收款人:杜子美　　复核:张莉　　开票人:王　　销货单位:(章)

图 3—1　增值税专用发票票样

(2)普通发票的填制。

普通发票是指增值税专用发票以外的纳税人使用的其他发票。

发票通常由企业的开票人员负责填写,必须按日期、号码顺序填开。普通发票的基本联次为一式三联,第一联为存根联,第二联为发票(报销)联,第三联为记账联,全部联次用双面复写纸一次性套写完成。

发票应填写的内容包括:客户名称;商品名称或经营项目;计量单位、数量、单价;大小写金额;开票人;开票日期。

发票应加盖的印章:开具发票单位的财务专用章(或发票专用章);经办人签名或加盖经办人名章;税务部门监制的印章,政府及非营利单位出具的收据必须有财政部门的监制印章。

【例 2】 白云机械厂 2020 年 12 月 5 日以库存现金从哈尔滨市华光公司(纳税人登记号为:653409121823544)购买办公用品,共计 242 元。取得的"普通发票"如图 3—2 所示。

辽宁省通用机打发票

全国统一发票监制章 发票联 辽宁 国家税务总局监制

发票代码 1504—4653320

开票日期:2020—12—5 行业分类:××××× 锦州税(07)57 号

付款单位名称:	白云机械厂	付款单位识别号:	653409121567998		
项目:	规格	单位	单价	数量	金额
圆珠笔		台	1.20	10	12.00
账本		本	12.80	10	128.00
打印纸		包	34	3	102.00
合计人民币(大写):贰佰肆拾贰元整					
免税标志:否 减免原因			合计:¥242.00		
收款单位名称(盖章)及纳税人识别号:××××××××××××××					
收款单位开户银行及账号:××××××××××					
开票人:张 惠	备注:				

白云机械厂 653409121567998 发票专用章

第一联 发票联(购货单位付款凭证)(手开无效)

图 3—2 普通发票票样

发票开具完毕,应当进行复核与检查,以防差错。然后将发票的存根联保留在发票本上,以备查询。撕下发票第二联交购货单位或个人收执,撕下发票的第三联记账联留作编制记账凭证的依据。

2. 收料单的填制

收料单是记录外购材料验收入库的一种自制原始凭证。收料单一般一式三联,第一联为存根,由供应部门留存备查;第二联为会计记账联,交财会部门据以核算材料实际成本并记账;第三联为仓库记账联,由仓库留下作为登记原材料明细账数量增加的依据。

收料单的填制方法。材料运到、材料保管员验收后,在收料单上填写收料的日期、材料的名称、计量单位、应收和实收数量等项目,会计人员填写材料的单价、金额和运杂费等项目。

【例 3】 白云机械厂 2020 年 12 月 6 日向南极批发公司购进 A 材料 100 千克,单价 100 元,增值税进项税额 1 300 元。款项用支票支付,当日验收入库。仓库保管员填写的“收料单”如图 3—3 所示。

收料单

供货单位:南极批发公司 2020 年 12 月 6 日 发票号码:6537369

单位:元

材料编号	材料名称及规格	计量单位	数量		价格	
			应收	实收	单价	金额
	A 材料	千克		100	100	10 000.00
备注:					合计	¥10 000.00

第二联 会计部门

核准:张君 记账:杨明 保管:徐美 供应:赵欣 验收:李兰兰

图 3—3 收料单

3. 领料单的填制

领料单是由领用部门在向仓库领用材料时填制的。领料单一般一式三联，第一联为存根，由用料部门带回，作为核算的依据；第二联为会计记账联，交财会部门据以记账；第三联为仓库记账联，由仓库留下作为登记原材料明细账数量减少的依据。

领料单的填制方法。领料经手人根据生产计划需要材料的情况填写领料单，其内容包括领料仓库、领料的日期、材料的名称和编号、请领数量等，并经该单位主管领导批准到仓库领料、仓库保管员填写实发数量等项目，会计人员填写材料的单价、金额等项目。

【例 4】 白云机械厂 2020 年 12 月 9 日基本生产车间本月生产领用钢材 30 吨。填写的“领料单”如图 3—4 所示。

领料单

领料部门：基本生产车间　　　　编　号：235617

用　途：生产 1 号机床　　2020 年 12 月 9 日　　发料仓库：2 号库

材料编号	材料名称	规格	计量单位	数量		价格	
				请领	实领	单价	金额
005	钢材		吨	30	30	4 500	135 000.00
备注：						合计	135 000.00

第三联　记账

记账：杨　明　　发料：徐　美　　审批：孙红红　　领料：李晶晶

图 3—4　领料单

4. 借款单的填制

借款单是企业经常使用的经济凭证之一。当企业内部有关部门和人员因办理相关业务需要取得单位借款时，都需要填制借款单。

借款单一般由企业的经办人填写并签字，单位主管或经费负责人签批，经财务部门审核后方可支取现金或开具支票。借款单有一联式和一式两联式（一联借据存财务部门作为凭单附件，另一联由借款人存查）。职工公出借款凭据，必须附在记账凭证之后。收回借款时，应当另开收据或者退还借据副本，不得退还原借款收据。

【例 5】 2020 年 12 月 11 日职工张钧因出差预借 1 500 元现金。填制的“借款单”如图 3—5 所示。

借款单

2020 年 12 月 11 日

借款部门	设备动力部	借款人	张钧	使用部门			
款项类别	现金√		支票	支票号码：			
借款用途及理由	去牡丹江开会差旅费						
借款金额	（大写）人民币 壹仟伍佰元整			¥ 1 500.00			
还款方式	报销						
批准人	王立新	财务核准	¥ 1 500.00	财务审核	刘　莹	部门审核	李　飞
附件（张）	1	备　注					

注：本单由会计部门使用并管理。

图 3—5　借款单

5. 费用报销单的填制

费用报销单由有关部门或个人报销各种费用时填写。

(1)费用报销单为单联式，一次书写完成。

(2)不同的费用应填写不同的报销单。例如，报销差旅费时填写“差旅费报销单”；报销医药费时填写“医药费报销单”；报销其他费用(如市内交通费、办公费、业务招待费)时，填写普通报销单。

(3)费用报销单后应黏附各类费用发票，归类填写。报销标准、比例及各项补助应按有关规定计算填写。有附件的原始凭证，应当在原始凭证上注明附件的自然张数，原始凭证的有效金额与附件的有效金额应当相等。

附件应当按照以下要求粘贴：各种附件应当粘贴在原始凭证的背面，附件张数过多可另行粘贴，并附在原始凭证之后，粘贴时不准遮盖附件的报销金额及其基本内容；公共电汽车及地铁车票，只粘贴报销金额部分；规格大于原始凭证的附件，应当按记账凭证大小折叠，如有破损，应当粘贴补齐。

【例 6】 2020 年 12 月 15 日职工张钧出差返回，报销差旅费，退回余款 346 元，原预借 1 500 元。填制的“差旅费报销单”如图 3－6 所示。

差旅费报销单

姓名 张钧 职别 科员 2020 年 12 月 15 日 金额单位：元

起日		止日		合计天数	各项补助费										车船杂支费							合计金额
					伙食补助			住宿补助			未买卧铺补助			夜间乘硬座超过12小时补助	火车费	汽车费	轮船费	飞机费	市内交通	住宿费	其他杂支	
月	日	月	日		天数	标准	金额	天数	标准	金额	票价	标准	金额									
12	3	12	3	10	10	25	250								52				100	700		1 102.00
12	12	12	12												52							52.00
合计人民币大写：零万壹仟壹佰伍拾肆元零角零分																						￥1 154.00
原借差旅费 ￥1 500.00 元								报销 ￥ 1 154.00 元							剩余交回 ￥346.00 元							
出差事由		参加会议																				

附件 10 张

审批人签字：张雄 会计主管签字：赵明亮 报账人签字：张钧 领款人签字：

图 3－6 差旅费报销单

6. 收据的填制

收据是企业经常使用的经济凭证之一。当企业因相关业务而收取租金、押金、罚金、赔款以及收到投资方的投资款时，都需要开具收据。

收据由企业的出纳人员负责填写，收据应按编号顺序使用。收据的基本联次为一式三联，其中第一联为存根联，第二联为收据(报销)联，第三联为记账联。全部联次一次套写完成，并加盖单位财务专用章和收款人名章。

收据应填写的内容：收据的日期；交款人名称；收受款项的事由；收受款项的大写和小写金额。

收据应加盖的印章：开具收据单位的财务专用章；经办人签名或加盖经办人名章。

【例 7】 续上例，职工张钧出差返回，报销差旅费，退回余款 346 元。填制的“收据”

如图 3—7 所示。

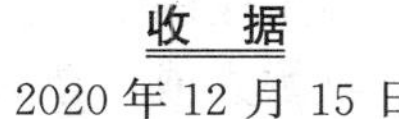

收　据

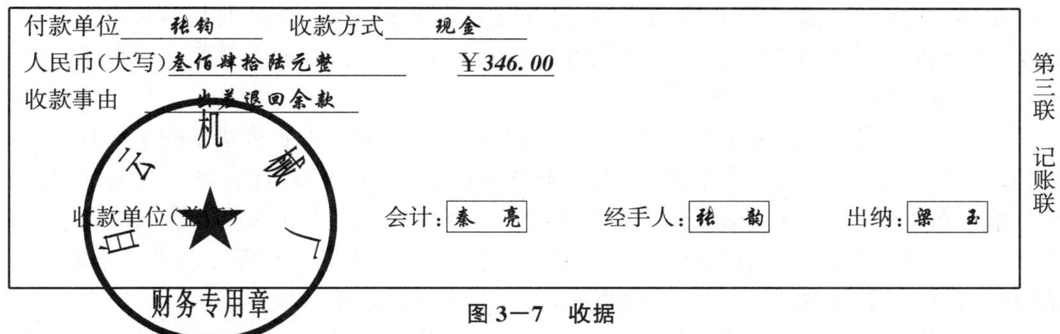

2020 年 12 月 15 日　　No. 4772851

付款单位　张钧　　收款方式　现金

人民币(大写)叁佰肆拾陆元整　　¥346.00

收款事由　出差退回余款

收款单位(盖章)　　会计：秦　亮　　经手人：张　韵　　出纳：梁　玉

第三联　记账联

图 3—7　收据

收据开具完毕，应当进行复核与检查，以防差错。然后，将收据的第一联存根联保留在收据本上，以备查询；撕下收据的第二联收据联，交付交款单位或个人收执；撕下收据的第三联记账联，留作编制记账凭证的依据。

7. 进账单的填制

进账单是企业经常使用的经济凭证之一。当企业需要向开户银行送交支票、银行本票、银行汇票、到期的商业汇票等票据办理银行存款收入业务时，就应当填写进账单。进账单由在银行开立存款账户单位的财会人员负责填写。进账单的基本联次为三联，其中第一联为送票回执联，第二联为银行记账凭证联，第三联为收账通知联。全部联次用双面复写纸一次性套写完成。

进账单应填写以下内容：填制进账单的日期；出票人的全称、账号和开户行；收款人的全称、账号和开户行；进账的大小写金额；进账的事由。

【例 8】　白云机械厂 2020 年 12 月 18 日填写进账单，向开户银行送存宏达公司交来的(购买 10 台 2 号机床)预付款 20 万元的支票，依据该业务填制的进账单连同支票一起送交银行。该公司根据银行退回的进账单回单或收账通知联编制记账凭证。填制的“进账单”如图 3—8 所示。

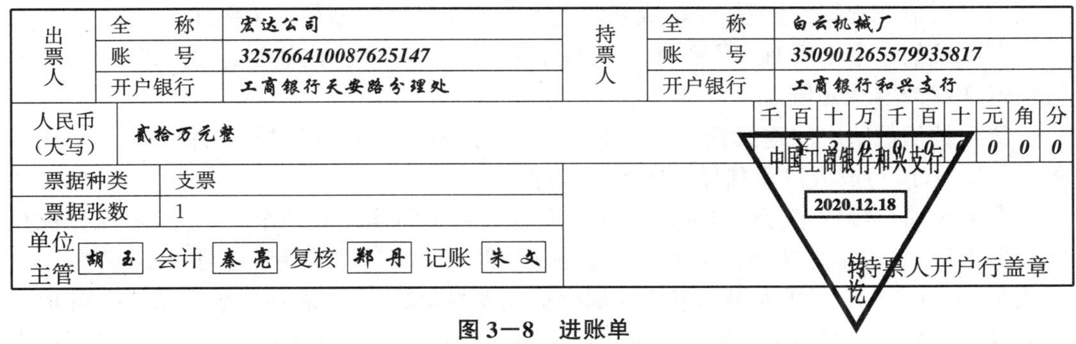

中国工商银行进账单(收账通知)

2020 年 12 月 18 日　　1　　第 10 号

出票人		持票人	
全　　称	宏达公司	全　　称	白云机械厂
账　　号	325766410087625147	账　　号	350901265579935817
开户银行	工商银行天安路分理处	开户银行	工商银行和兴支行

人民币(大写)	千	百	十	万	千	百	十	元	角	分
贰拾万元整		¥	2	0	0	0	0	0	0	0

票据种类	支票
票据张数	1

单位主管 胡　玉　会计 秦　亮　复核 郑　丹　记账 朱　文

持票人开户行盖章

图 3—8　进账单

进账单填制完毕后，应当对进账单及其相关票据进行复核与检查，以防差错，然后将审核无误的进账单和相关票据提交开户银行办理进账。

8. 支票的填制

支票是企业经常使用的经济凭证。当企业因购买商品、接受服务或其他事项，委托开户银行在见票时无条件支付确定金额给收款人或持票人时，需要签发支票。

支票由企业的出纳人员负责填写，支票应按编号顺序使用。支票的基本联次为二联，即支票存根联和支票正联。签发支票应当按照规定逐项填写，并加盖预留在银行的印鉴。

支票应填写的内容及方法如下：

(1)出票日期。票据的出票日期必须使用中文大写。为防止变造票据的出票日期，在填写月、日时，月为壹、贰和壹拾的，日为壹至玖和壹拾、贰拾和叁拾的，应在其前加“零”；日为拾壹至拾玖的，应在其前面加“壹”。例如，2012 年 2 月 13 日，应写成贰零壹贰年零贰月壹拾叁日。票据出票日期使用小写填写的，银行不予受理。大写日期未按要求规范填写的，银行可予受理，但由此造成损失的，由出票人自行承担。

(2)收款人。①现金支票收款人可写为本单位名称，此时现金支票背面“被背书人”栏内加盖本单位的财务专用章和法人章，之后收款人可凭现金支票直接到开户银行提取现金(由于有的银行各营业点联网，所以也可到联网营业点取款，具体要看联网覆盖范围而定)。②现金支票收款人可写为收款人个人姓名，此时现金支票背面不盖任何章，收款人在现金支票背面填上身份证号码和发证机关名称，凭身份证和现金支票签字领款。③转账支票收款人应填写为对方单位名称。转账支票背面本单位不盖章。收款单位取得转账支票后，在支票背面被背书栏内加盖收款单位财务专用章和法人章，填写好银行进账单后，连同该支票交给收款单位的开户银行委托银行收款。

(3)付款行名称、出票人账号。即为本单位开户银行名称及银行账号。例如，工行高新支行九莲分理处，202027409900088888，账号要小写。

(4)人民币(大写)。①中文大写金额数字应用正楷或行书填写，不得自造简化字。②中文大写金额数字到“元”为止的，在“元”之后，应写“整”(或“正”)字；大写金额数字到“角”为止的，在“角”之后可以不写“整”(或“正”)字；大写金额数字有“分”的，“分”后面不写“整”(或“正”)字。③中文大写金额数字前应标明“人民币”字样，大写金额数字应紧接“人民币”字样填写，不得留有空白。大写金额数字前未印“人民币”字样的，应加填“人民币”三个字。在票据和结算凭证大写金额栏内不得预印固定的“仟、佰、拾、万、仟、佰、拾、元、角、分”字样。

(5)人民币(小写)。阿拉伯小写金额数字前面，均应填写人民币符号“¥”。阿拉伯小写金额数字要认真填写，不得连写分辨不清。阿拉伯小写金额数字中有“0”时，中文大写应按照汉语语言规律、金额数字构成和防止涂改的要求进行书写。举例如下：

①阿拉伯数字中间有“0”时，中文大写金额要写“零”字。比如¥1 409.50，应写成人民币壹仟肆佰零玖元伍角。

②阿拉伯数字中间连续几个“0”时，中文大写金额中间可以只写一个“零”字。比如¥6 007.14，应写成人民币陆仟零柒元壹角肆分。

③阿拉伯金额数字万位或元位是“0”，或者数字中间连续有几个“0”，万位、元位也是“0”，但千位、角位不是“0”时，中文大写金额中可以只写一个“零”字，也可以不写“零”字。比如¥1 680.32，应写成人民币壹仟陆佰捌拾元零叁角贰分，或者写成人民币壹仟陆佰捌拾元叁角贰分；又如¥107 000.53，应写成人民币壹拾万柒仟元零伍角叁分，或者写成人民币壹拾万零柒仟元伍角叁分。

④阿拉伯金额数字角位是“0”而分位不是“0”时，中文大写金额“元”后面应写“零”字。

例如，¥16 409.02，应写成人民币壹万陆仟肆佰零玖元零贰分。

（6）用途。①现金支票有一定限制，一般填写“备用金”“差旅费”“工资”“劳务费”等。②转账支票没有具体规定，可填写如“货款”“代理费”等。

（7）盖章。支票正面盖财务专用章和法人代表名章，缺一不可，印泥为红色，印章必须清晰，印章模糊只能将本张支票作废，换一张重新填写重新盖章。支票所加盖的印章应与出票人预留在银行的单位印鉴、个人名章相同。

支票上印有“现金”字样的为现金支票，现金支票只能用于支取现金；支票上印有“转账”字样的为转账支票，转账支票只能用于转账；支票上未印有“现金”或“转账”字样的为普通支票，普通支票既可以用于支取现金，也可以用于转账。在普通支票左上角画两条平行线的，为划线支票，划线支票只能用于转账，不得支取现金。

【例 9】 2020 年 12 月 20 日，白云机械厂从银行提取现金 3 000 元，以备零用。填制的“现金支票”如图 3—9 所示。

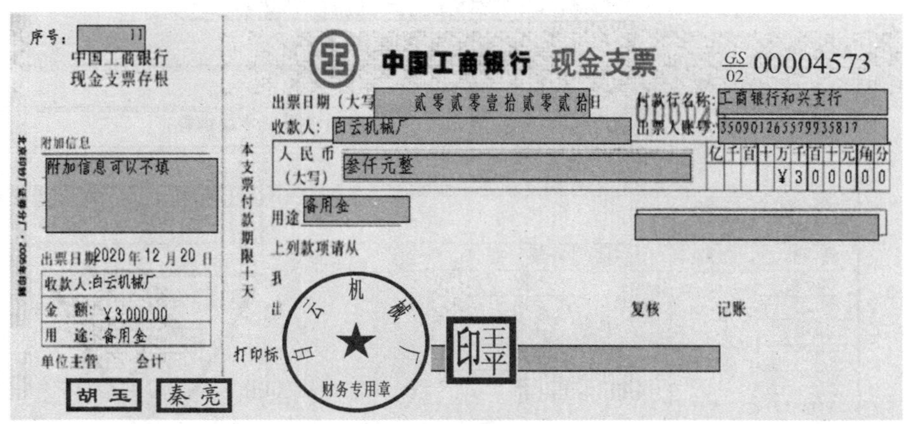

序号：11
中国工商银行
现金支票存根
附加信息
附加信息可以不填
出票日期2020年12月20日
收款人：白云机械厂
金　额：¥3,000.00
用　途：备用金
单位主管　会计
胡玉　秦亮

中国工商银行　现金支票　GS 02 00004573
出票日期（大写）贰零贰零年壹拾贰月贰拾日　付款行名称：工商银行和兴支行
收款人：白云机械厂　出票人账号：35090126557993581?
本支票付款期限十天
人民币（大写）叁仟元整　¥300000
用途 备用金
上列款项请从
我
出
打印标
复核　记账
白云机械厂 财务专用章
王平印

图 3—9　现金支票

【例 10】 2020 年 12 月 25 日，白云机械厂从天达机械厂购进型号 YP-29 零部件 500 个，单价 100 元，增值税税率为 13%，签发支票支付款项。填制的“转账支票”如图 3—10 所示。

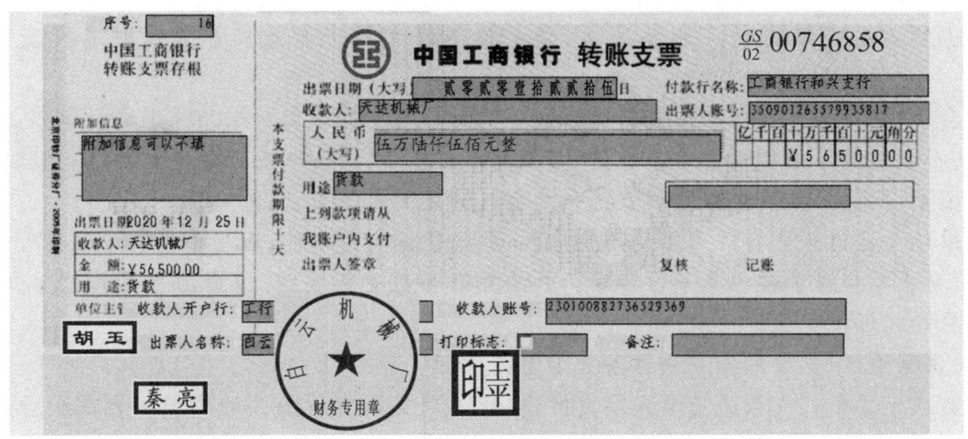

序号：16
中国工商银行
转账支票存根
附加信息
附加信息可以不填
出票日期2020年12月25日
收款人：天达机械厂
金　额：¥56,500.00
用　途：货款
单位主管
胡玉　秦亮

中国工商银行　转账支票　GS 02 00746858
出票日期（大写）贰零贰零年壹拾贰月贰拾伍日　付款行名称：工商银行和兴支行
收款人：天达机械厂　出票人账号：35090126557993581?
本支票付款期限十天
人民币（大写）伍万陆仟伍佰元整　¥5650000
用途 货款
上列款项请从
我账户内支付
出票人签章
复核　记账
收款人开户行：工行　收款人账号：2301008827365293 69
出票人名称：白云　打印标志：　备注：
白云机械厂 财务专用章
王平印

图 3—10　转账支票

支票签发完毕，应当进行复核与检查，以防差错，然后将支票的正联作为支付凭证交付收款人，存根联连同购货发票一起作为编制记账凭证的原始凭证。

9. 现金存款单的填制

现金存款单是企业经常使用的经济凭证。当企业向开户银行送交现金，办理银行存款存入业务时应当填写现金存款单。现金存款单由企业的财会人员负责填写，现金存款单的基本联次为一式三联，其中第一联为传票联，第二联为回单，第三联为存查联，全部联次一次套写完成。

现金存款单应填写以下内容：存款人的全称、开户银行、账号和款项来源；存款的大小写金额；填制现金存款单的日期。

【例 11】 2020 年 12 月 27 日，白云机械厂出纳员将多余的现金 5 000 元送存银行（面额 100 元 45 张，面额 50 元 10 张）。填写的“现金存款单”如图 3－11 所示。

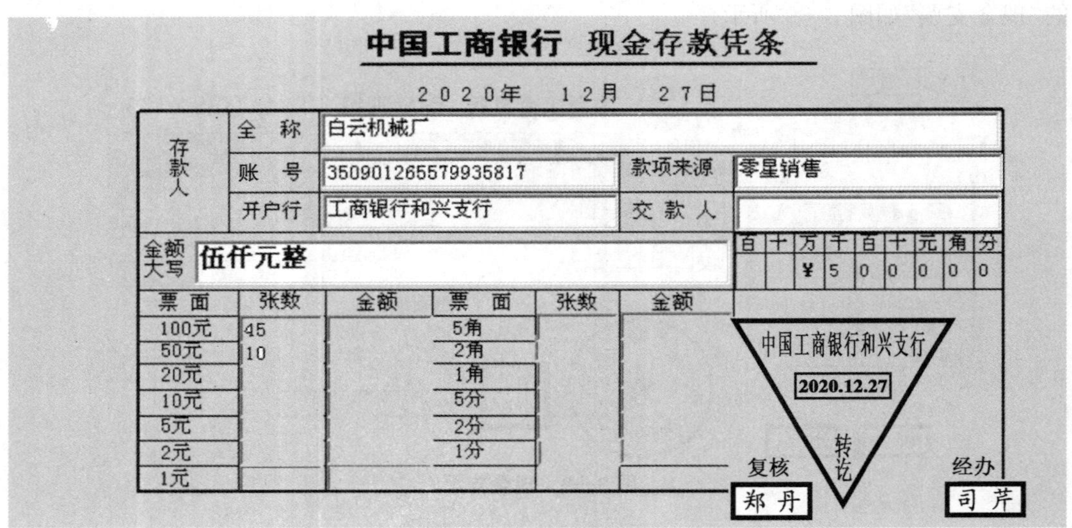

中国工商银行 现金存款凭条

2020年 12月 27日

存款人			
全称	白云机械厂		
账号	350901265579935817	款项来源	零星销售
开户行	工商银行和兴支行	交款人	

金额大写	百	十	万	千	百	十	元	角	分
伍仟元整			¥	5	0	0	0	0	0

票面	张数	金额	票面	张数	金额
100元	45		5角		
50元	10		2角		
20元			1角		
10元			5分		
5元			2分		
2元			1分		
1元					

中国工商银行和兴支行 2020.12.27 转讫

复核 郑丹 经办 司芹

图 3－11 现金存款单

【小资料】

《会计法》第十四条规定，会计凭证包括原始凭证和记账凭证。

办理本法规定的经济业务事项，必须填制或者取得原始凭证并及时送交会计机构。

会计机构、会计人员必须按照国家统一的会计制度的规定对原始凭证进行审核，对不真实、不合法的原始凭证有权不予接受，并向单位负责人报告；对记载不准确、不完整的原始凭证予以退回，并要求按照国家统一的会计制度的规定更正、补充。

原始凭证记载的各项内容均不得涂改；原始凭证有错误的，应当由出具单位重开或者更正，更正处应当加盖出具单位印章。原始凭证金额有错误的，应当由出具单位重开，不得在原始凭证上更正。

《票据法》中支票的相关法律条文如下：

第八十二条 支票是出票人签发的、委托办理支票存款业务的银行或者其他金融机构在见票时无条件支付确定的金额给收款人或者持票人的票据。

第八十三条 开立支票存款账户，申请人必须使用其本名，并提交证明其身份的合法证件。

开立支票存款账户和领用支票，应当有可靠的资信，并存入一定的资金。

开立支票存款账户，申请人应当预留其本名的签名式样和印鉴。

第八十四条　支票可以支取现金，也可以转账，用于转账时，应当在支票正面注明。

支票中专门用于支取现金的，可以另行制作现金支票，现金支票只能用于支取现金。

支票中专门用于转账的，可以另行制作转账支票，转账支票只能用于转账，不得支取现金。

第八十五条　支票必须记载下列事项：

(一)表明“支票”的字样；

(二)无条件支付的委托；

(三)确定的金额；

(四)付款人名称；

(五)出票日期；

(六)出票人签章。

支票上未记载前款规定事项之一的，支票无效。

第八十六条　支票上的金额可以由出票人授权补记，未补记前的支票，不得使用。

第八十七条　支票上未记载收款人名称的，经出票人授权，可以补记。

支票上未记载付款地的，付款人的营业场所为付款地。

支票上未记载出票地的，出票人的营业场所、住所或者经常居住地为出票地。

出票人可以在支票上记载自己为收款人。

第八十八条　支票的出票人所签发的支票金额不得超过其付款时在付款人处实有的存款金额。

出票人签发的支票金额超过其付款时在付款人处实有的存款金额的，为空头支票。禁止签发空头支票。

第八十九条　支票的出票人不得签发与其预留本名的签名式样或者印鉴不符的支票。

第九十条　出票人必须按照签发的支票金额承担保证向该持票人付款的责任。

出票人在付款人处的存款足以支付支票金额时，付款人应当在当日足额付款。

第九十一条　支票限于见票即付，不得另行记载付款日期。另行记载付款日期的，该记载无效。

第九十二条　支票的持票人应当自出票日起10日内提示付款；异地使用的支票，其提示付款的期限由中国人民银行另行规定。

超过提示付款期限的，付款人可以不予付款；付款人不予付款的，出票人仍应当对持票人承担票据责任。

三、实训资料

中国临沂金雀有限责任公司地址：山东省临沂市解放路122号(邮编：276003)。开户银行：中国工商银行临沂市解放路支行，账号：268456789990002。注册资金：人民币200万元。法定代表人：张俭。企业类型：有限责任公司。经营范围：生产、销售沂蒙牌系列产品，包括甲产品和乙产品。企业代码：510245433。纳税登记号：510124178678901。联系电话：0539－9877899。财务负责人：赵明亮；单位主管：李义；会计主管：于树文；会计：张娜；复核：李丽；记账：王平；出纳：陈尘；仓库保管员：李晶晶；审批：张英雄；采购员：李飞；质检员：王平。2020 年 12 月份该公司发生部分经济业务如下（本例所涉及原始凭证按业务顺序号编号）：

(1)1 日，向开户银行借入期限为 6 个月的短期借款 200 000 元，用于生产周转，存入开户银行（开户银行账号为 056834567，支票号码为 0572817）。原始凭证见附录一中业务 1－1 和业务 1－2。

(2)3 日，向临沂市东风工厂（一般纳税人）购入 A 材料 3 000 千克，单价 10 元，计 30 000 元；B 材料 4 000 千克，单价 5 元，计 20 000 元。价税款开出转账支票付讫。材料尚未到达企业。济南东风工厂位于济南市历下区 121 号，纳税人登记号是 371024601328188，开户银行是工商银行历下区支行，账号是 955882343478325。原始凭证见附录一中业务 2－1、2－2、2－3。

(3)6 日，从东风工厂购进的材料已到达企业并验收入库，结转入库材料的实际成本。原始凭证见附录一中业务 3－1。

(4)7 日，出纳员从银行提取库存现金 4 000 元，以备零星开支需要。原始凭证见附录一中业务 4－1。

(5)8 日，总经理张俭预借差旅费 3 000 元，去北京参加会议，财务科用库存现金支付。原始凭证见附录一中业务 5－1。

(6)10 日，以库存现金支付业务招待费 360 元。原始凭证见附录一中业务 6－1。

(7)14 日，生产甲产品领用 A 材料 8 200 千克，单价 10 元，计 82 000 元；领用 B 材料 6 280 千克，单价 5 元，计 31 400 元。生产乙产品领用 B 材料 3 420 千克，单价 5 元，计 17 100 元。原始凭证见附录一中业务 7－1。

(8)17 日，厂长张俭出差回厂报销差旅费 2 900 元，交回多余库存现金 100 元。原始凭证见附录一中业务 8－1 和业务 8－2。

(9)18 日，销售本月 3 日购入的 B 材料 2 000 千克给永胜公司，单价 10 元/千克，款存银行。结转本批材料成本。永胜公司位于江苏省溧水区石湫工业园，纳税人登记号是 181024601328188，开户银行是工商银行溧水区支行，账号是 6228480450368835 69。原始凭证见附录一中业务 9－1 和业务 9－2。

(10)19 日，签发转账支票支付本月广告费 2 500 元。原始凭证见附录一中业务 10－1 和业务 10－2。

(11)20 日，按规定计提本月固定资产折旧费 38 000 元，其中，生产车间折旧费为 34 290 元，厂部管理部门折旧费为 3 710 元。原始凭证见附录一中业务 11－1。

(12)25 日，本月工资分配如下：甲产品生产工人工资 20 000 元，乙产品生产工人工资 5 000 元，车间管理人员工资 915 元，厂部管理人员工资 4 000 元。原始凭证见附录一中业务 12－1。

(13)25 日，本月归集制造费用 52 800 元，按甲、乙产品的生产工人工资比例进行分配。原始凭证见附录一中业务 13－1。

(14)25 日，本月生产的 3 800 件甲产品全部完工验收入库，结转实际生产成本。原始凭证见附录一中业务 14－1 和业务 14－2。

(15)26 日，出售给哈尔滨向阳工厂甲产品 3 000 件，货款 690 000 元和增值税 117 300 元已于上月预收。向阳工厂位于哈尔滨市和兴路 134 号，电话是 6335399，纳税人登记号是 653409121567998019，开户银行是工商银行和兴支行，账号是 3509012655799358l7。原始凭证见附录一中业务 15－1。

四、实训要求

原始凭证是由各单位经办业务的人员，根据规定的格式、内容和基本要求直接填制的，只有少部分原始凭证是会计人员填制的，如收款收据、工资结算单、费用汇总表等。本单项实训要求学生扮演不同经办人员的角色，如采购员、销售业务员、仓库保管员等，对资料中提供的经济业务，逐一填制证明经济业务发生的原始凭证，并签名及盖章，以明确原始凭证的传递程序，掌握各种不同原始凭证的填制方法。

五、实训步骤

第一，熟悉经济业务。在填制原始凭证之前，首先应熟悉各项经济业务，并对业务内容、条件、会计处理方法等有所了解。

第二，根据本章实训资料所列 1～15 笔业务的资料，按照要求填制附录一对应的原始凭证。

实训二　原始凭证的审核

一、实训目标

通过原始凭证的审核实务模拟，使学生进一步明确原始凭证的传递程序，在掌握常用原始凭证填制方法的基础上，对填制的原始凭证逐一进行审核，指出错误所在，并提出相应的处理意见，把握原始凭证填制时应注意的事项。

二、原始凭证的审核规范

为了正确地反映和监督各项经济业务，确保会计资料真实、正确和合法，必须对原始凭证进行严格认真的审核。各种原始凭证除由经办业务部门审核以外，在记账之前还要由会计部门进行审核。对原始凭证进行审核，主要是审核其形式的合规性，检查其证实经济活动、明确经济责任等功能的实际效用，证实会计凭证及其所反映的经济业务活动的真实性、合法性和正确性。对原始凭证进行审核，是确保会计资料质量的重要措施之一。

(一)原始凭证的审核内容

1. 形式上审核

形式上审核主要是检查原始凭证的填制是否符合要求。首先，从格式上检查是否符合规定，要素内容是否齐全，是否存在要素不全、空白等情况，有关人员是否全部正式签章，是否盖有财务公章或收讫、付讫戳记；其次，检查文字、数字是否清楚完整，复写纸压写的字迹是否清晰，有无模糊不清之处，特别是金额、单价、数量、时间等关键部位是否清晰和易于辨认；再次，检查数字计算是否正确，数量、单价和金额及合计是否准确，大小写金额是否相符；最后，检查凭证联次是否正确，更正是否符合规定，有无涂改、刮挖和污损现象。原始凭证本身在形式上符合要求，并不能决定其所反映的经济业务内容是真实、合理、合法和合规的，因此，还必须对原始凭证进行内容上的审核。

2. 内容上审核

内容上审核主要是根据会计法律、法规、合同、预算与计划，审核经济业务的真实性、合理性、合法性，这是原始凭证审核的重点和难点。

真实性审核，检查原始凭证所记录的内容与经济业务的实际发生情况是否一致，有无伪造和虚报冒领的现象。凡是填购买实物的原始凭证，必须有验收证明；支付款项的原始凭证，必须有收款单位和收款人的收款证明。发生销货退回时，除填制红字发票外，退款时，必须取得对方的收款收据或汇款银行的汇出凭证，不得以退货发票代替收据。经有关部门批准办理的某些特殊业务，应将批准的文件作为原始凭证的附件。

合法性审核，检查原始凭证所记录的经济业务是否符合《会计法》《企业会计准则》等政策法规，有无违法乱纪、弄虚作假的行为，是否符合规定的审批权限和手续等。首先，不真实的原始凭证，如假发票、假收据、假车票等均是不合法的；其次，虽真实但制度不允许报销的也是不合法的，如个人因私购买物品、外出旅游而用公款报销等；再次，虽能报销，但超过规定比例和限额的部分也是不合法的，如职工出差超标准乘坐交通工具以及超标开支医药费等。

合理性审核，检查原始凭证所记录的经济业务是否符合预算和计划的规定，是否符合勤俭节约、讲求实效的原则，有无浪费的现象等。

(二)原始凭证审核后的处理

对审核无误的原始凭证，应当及时核定并签字或盖章。

在实际工作中，原始凭证可能出现各种各样的错误，有的原始凭证的错误直接影响其合法性，如原始凭证中的印鉴错误使受票单位财会人员对其真实性和合法性产生怀疑，甚至认为是废票；有的原始凭证计量单位错误，会导致所反映的经济业务的数量和金额产生错误，导致对方单位多付或少付款项；有的原始凭证所记载的时间不明，使会计人员难以确认其准确的归属期，影响当期损益的准确计算，等等。因此，只有经过审核无误的原始凭证，才具有法律效力，才能证明经济业务的发生和完成情况，才能作为填制记账凭证的依据。

原始凭证的审核是一项十分严肃的工作，会计人员应坚持原则，认真履行职责，对内容不完整、手续不齐全、计算有错误、书写不清楚的原始凭证，有权拒绝受理并应退回有关部门或人员，要求及时更正或补办手续，对一切不符合政策和预算的开支，应拒绝付款和报销；对各种弄虚作假的违纪行为，应立即报告有关领导，查明原因，严肃处理。这是会计机构和会计人员结合日常工作实行会计监督的基本形式。

【小经验】

原始凭证审核中常发现存在的问题

在单位实际工作中，一般人员购买物资、办公用品或外出活动，取得原始发票后，首先是找分管部门工作的领导或单位领导签字，然后再到财会人员处报销。在审核原始支出凭证时存在的问题主要有：

(1)凭证上的“抬头”与本单位名称不相符，有添加、涂改的现象，这是想把其他单位或私人购物的发票拿到本单位来报销。

(2)同一单位出具的凭证，其号码与日期存在矛盾。如果同一单位出具的凭证较多，可以通过摘录排序发现。例如，某单位开出的13667号发票的日期是2020年9月，而同本中13689号发票的开具日期则为2020年7月。后经审核，该事项严重违纪。

(3)发票中各项内容填写不规范、不齐全、不正确、涂改现象严重，是虚假原始支出凭证的主要表现特征。比如凭证字迹不清，“开票人”仅填“姓氏”，计量单位不按国家计量法定单位而随意以“桶”“袋”“车”来度量，违反“不得要求变更品名”的规定而胡乱填写物品名称或货物名称填写不具体。

(4)有的单位有关人员往往通过科协、技协等单位，取得“咨询费”“劳务费”为名的发票，虚报支出后套取现金，用于发放部门的奖金、支付佣金、回扣、招待费等。

(5)开具“阴阳票”，存在“大头小尾”的可能性。比如发票的正面书写与背面复写的字迹有所不同，这就意味着开具的发票联(给客户做账报销用)上的金额与存根联(申报纳税的凭据)的数据不一致，即俗称大头小尾“阴阳票”。

(6)私自改变发票的使用范围，跨行业使用或者借用发票，是虚假原始支出凭证的重要特征。

(7)不同程度地存在“白条”作支出凭证的事项。这些“白条”是由单位或个人开具的没有固定格式、不具备规定内容的非正式原始凭证。比如外单位没有加盖公章的借条等。

(8)印章本身模糊，或盖印时有意用力不够以致不清晰；专用章不是采用符合规定的印章而是乱盖其他印章，张冠李戴；有的甚至干脆不盖印章。这往往是虚假发票印章的一般表现。

(9)超标准开支，如修理费、会议费、招待费、差旅费、电话费等各项费用不合理或不符合开支标准。

(10)在审核差旅费报销单时，主要应注意审核有没有连续编号且超出出差人数的单据，如果有，则为虚假的单据。

三、实训资料

资料(一)

以下是不同单位的相关部门填制或收到的原始凭证。

1. 2020年6月4日，机修车间赵政参加长春市科技成果展示会，预借差旅费1 500元。

借　款　单

2020年6月4日

<table>
<tr><td>单位</td><td colspan="3">机修车间</td><td>姓名</td><td>赵政</td><td>财务部经理</td><td>张尚</td><td>审批</td><td>于崂</td></tr>
<tr><td rowspan="3">项目</td><td colspan="2">预　付
差旅费</td><td>出差
事由</td><td colspan="2">参加科技
成果展示会</td><td>出差地点</td><td>长春市</td><td>部门
经理</td><td>张浩</td></tr>
<tr><td rowspan="2">其他借款</td><td>借款
理由</td><td colspan="7"></td></tr>
<tr><td>对方
单位</td><td colspan="2"></td><td>账　号
开户行</td><td colspan="2"></td><td>付款
方式</td><td></td></tr>
<tr><td colspan="7">人民币：(大写)壹仟伍佰元整</td><td colspan="3">¥1 500.00</td></tr>
</table>

2. 2020年6月5日，山东济南东风工厂(地址：和平大街8号，开户行：工商银行沙河口办事处，账号041147396300，纳税人登记号：HVGB56899)销售给沈阳市华通百货公司(地址：沈阳市明达路12号，开户行：工商银行铁西办事处，账号：5723406712，纳税人登记号：TJ890009)保温瓶500个，单价21元；面巾盒300个，单价12元。刘衡开出增值税专用发票如下：

增值税专用发票

全国统一发票监制章 发票联 国家税务总局监制

开票日期：2020年6月5日　　　　No：muy2398062

购货单位	名称：沈阳市华通百货公司 纳税人登记号：HVGB56899 地址、电话：沈阳市明达路12号 开户行及行号：工商银行铁西办事处 5723406712				密码区	2uh/? sndsoi/dd/	
商品或劳务名称	规格型号	单位	数量	单价	金额	税率%	税额
保温瓶	4号	个	500	21.00	10 500.00	13	1 365.00
面巾盒	U-80	个	300	12.00	3 600.00	13	468.00
合计					￥14 100.00		￥1 833.00
价税合计(大写)×仟×佰×拾壹万伍仟玖佰叁拾叁元零角零分							￥15 933.00
销货单位	名称：山东济南东风工厂 纳税人登记号：HVGB56899 地址、电话：和平大街8号 开户行及行号：工商银行沙河口办事处 041147396300				备注	山东济南东风工厂 发票专用章	

第二联：发票联　交购货方记账

收款人：于阳　　复核：张晓鹏　　开票人：刘衡　　销货单位(章)

3. 2020年6月10日，加工车间张寒领用圆钢100千克，单价35元，用于加工产品。车间负责人：王大力；发料人：刘易；核准人：李丽。

领　料　单

领料单位：加工车间　　　　2020年6月10日　　　　字第1539号

材料编号	材料名称	规　格	单　位	请领数量	实发数量	计划单价	
						单　价	金　额
MQ-1569	圆钢	8-6	千克	100	100	35	3 500.00
用途	加工产品	领料部门			发料部门		
		负责人	领料人		核准人	发料人	
		王大力	张寒		李丽	刘易	

4. 2020年6月20日，人力资源部李立结束省人事工作会议，报销差旅费，填写报销单如下(总经理：刘昌胜；部长：何飞；会计复核：张万财)：

差旅费报销单

单位：人力资源部　　　　　　　　　　2020 年 6 月 20 日

出差人	李立	共 1 人	事由	开会	自 4 月 20 日起 至 4 月 23 日止	共 4 天

出发时间				到达时间				火车票	卧铺票	汽车票	飞机票	市区车费	轮船	宿费	其他		住勤费			合计金额
月	日	时	地点	月	日	时	地点										天数	标准	金额	
4	20		长春	4	20		沈阳	29.00				4×2.5		180.00			4	15.00	60.00	279.00
4	23		沈阳	4	23		长春	29.00												29.00
合计								58.00				10.00		180.00					60.00	308.00
合计(大写)叁佰零捌元整																				¥308.00

附凭证　张

单位负责人：刘昌胜　　部门负责人：何飞　　复核：张万财　　报销人：李立

5. 2020 年 7 月 1 日，临沂市金雀有限责任公司因设备陈旧，影响生产，经研究决定向银行申请技术改造贷款 20 万元，已获批准，填写借款申请书如下：

银行借款单

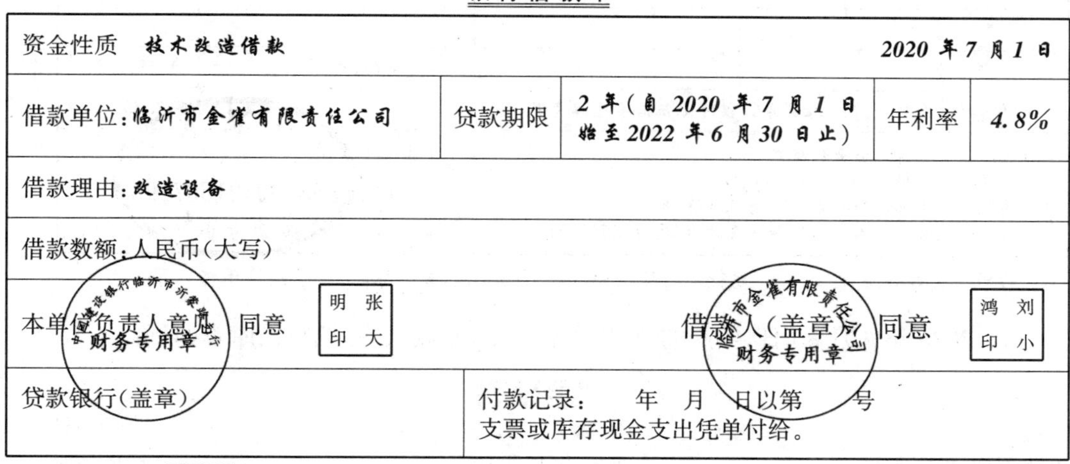

资金性质　技术改造借款			2020 年 7 月 1 日
借款单位：临沂市金雀有限责任公司	贷款期限	2 年(自 2020 年 7 月 1 日始至 2022 年 6 月 30 日止)	年利率 4.8%
借款理由：改造设备			
借款数额：人民币(大写)			
本单位负责人意见　同意　(明张 印大)		借款人(盖章)　同意　(鸿刘 印小)	
贷款银行(盖章)		付款记录：　年　月　日以第　号 支票或库存现金支出凭单付给。	

银行会计主管：王二小

6. 2020 年 6 月 10 日，以转账支票支付运输公司运输 A 产品的运输费用，收到运输发票，开出转账支票如下：

序 号：0018

中国工商银行
转账支票存根
附加信息

收款人：海通运输公司
金额：¥7 052.40
用途：运费

单位主管：张树 会计：王环

黑龙江增值税专用发票

发票联

35101175280 № 0058798

开票日期：2020 年 6 月 10 日

购货单位	名 称：永兴公司 纳税人识别号：652301180451561 地 址 、电 话：大成街 5 号 6658179 开户行及账号：工商银行东湖支行 324036401040001008					密码区	（略）	
货物或应税劳务名称	规格型号	单 位	数 量	单 价（元）	金 额	税 率（%）	税 额	
税收科目十运输 A 产品		个	20	352.62	6 470.09	9	582.31	
合 计					¥6 470.09		¥582.31	
价税合计（大写）	人民币⊗柒仟零伍拾贰元肆角整				（小写）¥7 052.40			
销货单位	名 称：白云机械厂 纳税人识别号：653409121567998 地 址 、电 话：和兴路 133 号 6335379 开户行及账号：工商银行和兴支行 350901265579935					备注	起运地： 到达地： 车种车号： 运输货物信息：	

第二联：发票联 购货单位记账

收款人：杜子美 复核：张 莉 开票人：王 宇 销货单位：（章）

白云机械厂 653409121567998 发票专用章

7. 2020 年 6 月 30 日，生产的 A、B 产品完工，验收入库，填写入库单如下：

产品入库单

凭证编号：12

交库部门：加工车间 2020 年 6 月 30 日 产成品库：2#

产品类别	产品名称及规格	产品编号	计量单位	实收数量	单位成本	实际成本
	A 产品	001	件	300	126.00	37 800.00
	B 产品	002	件	400	273.00	109 200.00
合计						147 000.00

记账：赵伟 主管： 保管：王小田 制单：蒋艳

8. 2020 年 6 月 15 日，从长春一厂购进的甲材料验收入库，填写收料单如下：

收　料　单

2020 年 6 月 15 日　　　　编码：23001

<table>
<tr><td rowspan="2">材料编号</td><td rowspan="2">材料名称</td><td rowspan="2">规定</td><td rowspan="2">材质</td><td rowspan="2">单位</td><td colspan="2">数量</td><td rowspan="2">实际单价</td><td rowspan="2">材料金额</td><td rowspan="2">运杂费</td><td rowspan="2">合计(材料实际成本)</td></tr>
<tr><td>发货票</td><td>实收</td></tr>
<tr><td>15405</td><td>甲材料</td><td></td><td>优</td><td>千克</td><td>200</td><td>200</td><td>130.00</td><td>26 000.00</td><td></td><td>26 000.00</td></tr>
<tr><td>供货单位</td><td>长春一厂</td><td colspan="4">合同号</td><td>450</td><td>计划单价</td><td colspan="3">材料/计划成本</td></tr>
<tr><td>备注</td><td colspan="6"></td><td>150.00</td><td colspan="3">30 000.00</td></tr>
</table>

主管：　　　质量检验员：　　　仓库验收：　　　经办人：

9. 2020 年 7 月 1 日，企业收到 404 厂前欠货款 40 000 元。

中国工商银行进账单(回单或收账通知)　1

2020 年 7 月 1 日

<table>
<tr><td rowspan="3">收款人</td><td>全　称</td><td></td><td rowspan="3">付款人</td><td>全　称</td><td colspan="10">404 厂</td></tr>
<tr><td>账　号</td><td>4683852674</td><td>账　号</td><td colspan="10">2811501</td></tr>
<tr><td>开户银行</td><td></td><td>开户银行</td><td colspan="10">工商银行工农办事处</td></tr>
<tr><td colspan="5" rowspan="2">人民币(大写)：肆万元整</td><td>千</td><td>百</td><td>十</td><td>万</td><td>千</td><td>百</td><td>十</td><td>元</td><td>角</td><td>分</td></tr>
<tr><td></td><td></td><td>¥</td><td>4</td><td>0</td><td>0</td><td>0</td><td>0</td><td>0</td><td>0</td></tr>
<tr><td colspan="2">票据种类</td><td></td><td colspan="12" rowspan="3">收款人开户行盖章</td></tr>
<tr><td colspan="2">票据张数</td><td></td></tr>
<tr><td colspan="3">单位主管：赵刚　会计：李兰　复核：李强
记账：王大力</td></tr>
</table>

此联是收款人开户行交给收款人的回单或收账通知

资料(二)

对实训一所填制的原始凭证进行审核。

四、实训要求

本单项实训要求学生在扮演不同角色，对资料中提供的经济业务逐一填制证明经济业务发生的原始凭证的基础上，再以小组为单位从财务人员的角度，相互之间对所填制的原始凭证逐一进行审核，找出其中存在的问题，并提出处理意见，以熟练掌握具有一定代表性的原始凭证的填制和审核方法。

五、实训步骤

1. 熟悉实训资料所列出的经济业务。
2. 对资料(一)列示的原始凭证进行审核，指出存在的问题并进行更正。
3. 对实训一所填制的原始凭证进行审核，原始凭证见附录一。

实训三　记账凭证的填制

一、实训目标

通过记账凭证填制实务模拟，使学生能够认识企业会计实务中应用的记账凭证的种类、最常见的格式；明确记账凭证必备的基本要素；熟练地根据原始凭证判断不同经济业务应该填制的专用记账凭证；掌握会计实务中各种记账凭证填制的要求和方法等基本操作技能。

根据审核无误的原始凭证填制各种专用记账凭证实务模拟的主要流程如下：

(1)根据审核无误的原始凭证所反映的经济业务的内容判断应填制专用记账凭证的种类；

(2)按照记账凭证的填制要求和方法，填制各种专用记账凭证；

(3)根据各种记账凭证的审核内容，由有关审核人员对填制的各种专用记账凭证进行审核。

二、记账凭证的填制规范

(一)记账凭证的填制内容

记账凭证作为记账的直接依据，不仅要全面反映经济业务的基本情况，还要满足正确登记账簿的要求。它的主要作用在于顺利记账，减少差错，保证记账工作的质量，提高记账工作的效率。因此，必须具备以下内容：

1. 记账凭证的名称。记账凭证都应标明为何种凭证，如收款凭证、付款凭证、转账凭证或(通用)记账凭证等。

2. 记账凭证的填制日期。记账凭证必须写明填制的日期，以表明该记账凭证所记载的经济业务发生或完成的具体时间。一般为填制记账凭证的当天日期，但在实际工作中也可以根据管理需要，并视具体情况填制经济业务发生的日期或月末日期。因此，它可以与所依据的原始凭证日期一致，也可以不一致。

3. 记账凭证的编号。记账凭证必须连续编号，以方便记账、备查及保证记账凭证的安全。

4. 经济业务的内容摘要。记账凭证必须写明概括说明经济业务具体内容的摘要，以便于登记账簿。

5. 所附原始凭证的张数。

6. 经济业务所涉及的账户名称、方向和金额。

7. 会计主管、审核、记账、出纳、制单等有关人员签章。

(二)记账凭证的填制要求

记账凭证作为登记账簿的直接依据，必须做到真实可靠、内容完整、填制及时、书写清楚。一般情况下，填制记账凭证应做到以下几点：

1. 必须根据审核无误的原始凭证填制。记账凭证可以根据一张或若干张反映同一经济业务的原始凭证填制，也可以把若干张同类经济业务的原始凭证汇总成原始凭证汇总表，根据原始凭证汇总表填制，但不得将不同内容和类别的原始凭证汇总填制在一张记账凭证上。

2. 日期填写要规范。一般来说，记账凭证填制日期应当以会计部门受理会计事项日期为准，年、月、日应当填写齐全。记账凭证填写日期的具体要求是：报销差旅费填写报销当日日期；现金收付时应根据实际收付日期填写；涉及银行存款的收、付时，银行收款业务一般根据财会部门收到银行进账单或银行回执的戳记日期填写收款凭证，但当实际收到进账单日期与银行戳记日期相隔较远，或当日收到上月银行收款凭证时，则应按财会部门实际办理业务的日期填写；银行付款业务，应根据财会部门开出银行付款单据的日期或承付日期填写付款凭证；属于计提费用、分配利润等转账业务的，应填写当月最末日期。

3. 正确填写会计分录。应根据经济业务内容，按照企业会计准则规定的会计科目，确定应借、应贷的账户名称及金额，不得任意简化或改动会计科目以及不写科目名称。

4. 正确选择记账凭证的种类、格式。企业可以使用收款凭证、付款凭证和转账凭证作为记账凭证；规模小、业务量少的企业，也可以使用通用的记账凭证。企业所使用的各种记账凭证的格式应相对稳定，特别是在同一会计年度内，不得随意更换，以免引起编号、装订、保管等方面的不便与混乱。

5. 记账凭证的摘要应简明扼要，正确表达出经济业务的主要内容，不可漏填或错填。

6. 除结账和更正错账的记账凭证外，记账凭证后面应附有原始凭证作为附件，并在记账凭证上注明附件的张数。如果根据同一张原始凭证编制两张或两张以上的记账凭证，应注明“单据×张，附在第×号记账凭证上”，以便复核和检查。如果一张凭证所附的原始凭证数量较多，也可将原始凭证单独装订，不附在记账凭证的后面，但应在该记账凭证上注明。如果一张原始凭证所列支出需要几个单位共同负担的，应将各单位负担的部分开出原始凭证分割单，并附原始凭证复印件，进行结算。原始凭证分割单必须具备原始凭证的基本内容（凭证名称、填制凭证日期、填制凭证单位名称或者填制人姓名、经办人的签名或者盖章、接受凭证单位名称以及经济业务内容、数量、单价、金额），标明费用分摊情况，并在分割单上加盖单位的财务印章。

7. 各种记账凭证应按照填制的顺序，每月分别从第 1 号开始连续编号，不得跳号、重号。编号时，可采用单一统一编号的形式，即每张记账凭证只有一个编号；也可采用双式统一编号，即每张记账凭证有两个编号，一个编号由总账会计统一按记账凭证顺序编号，另一个编号由出纳根据需要将涉及现金和银行存款收、付的记账凭证顺序编号。企业无论采用哪种形式的编号，一经确定，在 1 个会计年度内不得更换。一般如采用通用记账凭证格式，应采用顺序编号；如采用专用记账凭证格式，则采用字号编号。例如，收款凭证应用“现收字第××号”“银收字第××号”；付款凭证用“现付字第××号”“银付字第××号”；转账凭证用“转字第××号”。如果一项交易或事项需要填制一张以上的记账凭证时，记账凭证的编号应采用“分数编号法”，即每一项交易或事项编一总号，再按凭证张数编几个分号。例如，第五项经济业务需填制 3 张转账凭证，则可编为“转字第 $5\frac{1}{3}$”“转字第 $5\frac{2}{3}$”“转字第 $5\frac{3}{3}$”，表示一笔转账交易或事项需要连续编制 3 张记账凭证。

8. 金额登记必须字迹清楚、书写规范。角分位不留空格，如有空行，应当自“金额”栏最后一笔金额数字下的空行处至合计数上的空行处画线注销。

9. 严格按照财务制度履行记账凭证的传递和签章。记账凭证上必须有填制人员、审核人员、记账人员和主管会计人员签章，以示负责。其一般程序是：填制人员填毕后先签章，再由审核人员审核后签章，之后由会计主管人员复核后签章，最后记账人员再据以记账后签章。收付款凭证在办完收付款业务后，应加盖“收讫”或“付讫”的戳记，并由出纳人员签章。

10. 填写错误的记账凭证应按规定更正方法更正或作废重新填写。记账凭证填制错误时，对于还没有登记入账的记账凭证应当重新填制；对于已经登记入账的记账凭证，在当年内发现填写错误时，应用红字填写一张与原记账凭证的内容相同的凭证，在“摘要”栏内注明“订正某月某日某号凭证”。如果会计科目没有错误，只是金额错误，也可将正确数字与错误数字之间的差额另编一张记账凭证，调增金额用蓝字，调减金额用红字。比如发现以前年度的错误，用蓝字填制一张更正的记账凭证。

11. 填写记账凭证应当使用蓝色或黑色的钢笔书写，以下内容记账凭证的记录金额应当使用红色墨水钢笔书写：

(1)用红字更正法冲减原错误记账凭证的；

(2)记录实际成本小于计划成本的材料成本差异；

(3)记录售价低于进价的商品进销差价；

(4)冲减费用或成本项目金额的；

(5)根据红字原始凭证填制的。

(三)记账凭证的填制方法

记账凭证的填制必须根据审核无误的原始凭证或原始凭证汇总表或有关账簿记录为依据填制。由于记账凭证反映经济业务的内容不同，其种类、格式和填制方法也有所不同。

1. 专用记账凭证的填制方法

(1)收款凭证。收款凭证是用来记录货币资金收款业务的凭证，它是由出纳人员根据审核无误的原始凭证收款后编制的记账凭证。在借贷记账法下，收款凭证的设证科目是借方科目。在收款凭证左上方所填列的借方科目，应是“库存现金”或“银行存款”科目；在凭证内所反映的贷方科目，应填列与“库存现金”或“银行存款”相对应的总账科目和所属明细科目；“摘要”栏填列经济业务的简要说明；“金额”栏填列经济业务实际发生的数额；在收款凭证的右侧填写所附原始凭证张数；相关经手人员都要签名或盖章。审核无误的收款凭证可据以登记现金日记账和银行存款日记账以及其他相关的总账和明细账，登记入账后，在“过账”栏打上“√”，表示已入账，以免重记、漏记。

【例 12】 白云机械厂 2020 年 12 月 3 日收到金城投资公司的支票一张，收讫投资款 300 000 元，已存入银行。出纳人员根据审核无误的银行收账通知单编制的收款凭证如图 3－12 所示。

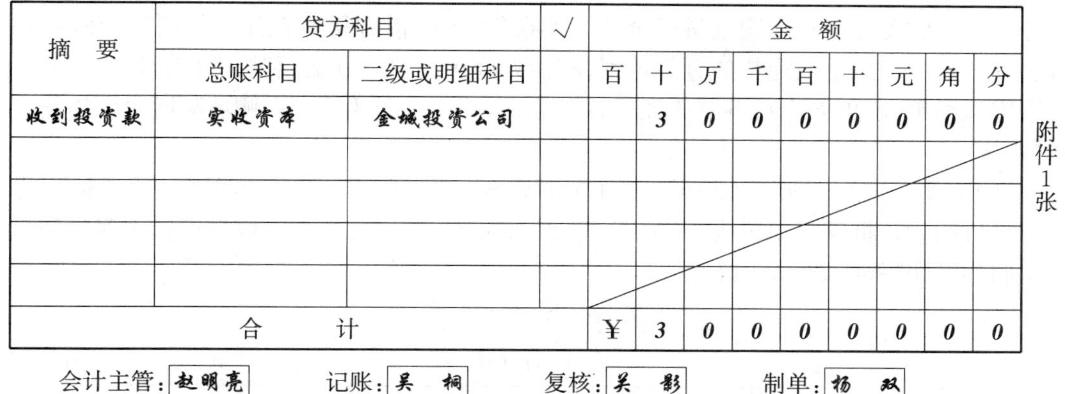

收　款　凭　证

借方科目：银行存款　　　　2020年12月3日　　　　银收　字第1号

摘　要	贷方科目		√	金　额								
	总账科目	二级或明细科目		百	十	万	千	百	十	元	角	分
收到投资款	实收资本	金城投资公司			3	0	0	0	0	0	0	0
合　　计				¥	3	0	0	0	0	0	0	0

附件1张

会计主管：赵明亮　　记账：吴　桐　　复核：吴　影　　制单：杨　双

图3—12　收款凭证

(2)付款凭证。付款凭证是用来记录货币资金付款业务的凭证,它是由出纳人员根据审核无误的原始凭证付款后编制的记账凭证。在借贷记账法下,付款凭证的设证科目是贷方科目。在付款凭证左上方所填列的贷方科目,应是“库存现金”或“银行存款”科目;在凭证内所反映的借方科目,应填列与“库存现金”或“银行存款”相对应的总账科目和所属明细科目;“摘要”栏填列经济业务的简要说明;“金额”栏填列经济业务实际发生的数额;在付款凭证的右侧填写所附原始凭证张数;相关经手人员都要签名或盖章。审核无误的付款凭证可据以登记现金日记账和银行存款日记账以及其他相关的总账和明细账,登记入账后,在“过账”栏打上“√”,表示已入账,以免重记、漏记。

要注意,凡属于现金与银行存款之间相互转化的经济业务(将现金存入银行或从银行提取现金),一般只填写付款凭证(现金付款凭证或银行存款付款凭证),以免重复记账。

【例13】 白云机械厂2020年12月4日将现金350 000元存入基本存款账户。出纳人员根据审核无误的现金存款单编制的付款凭证如图3—13所示。

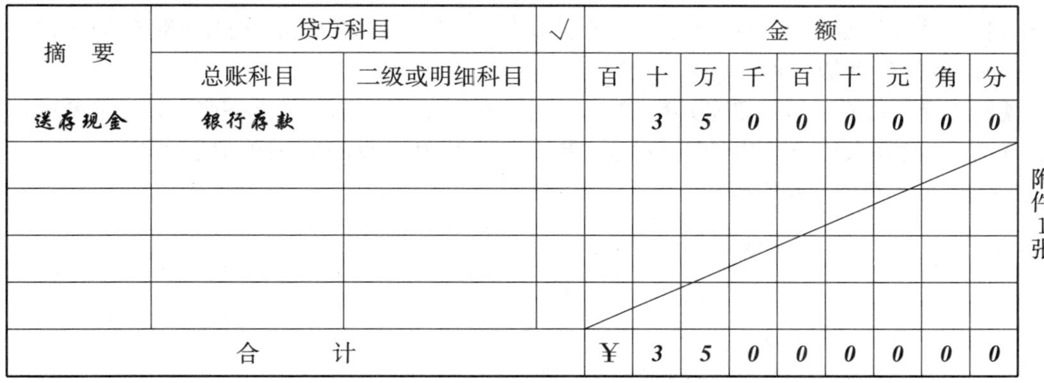

付　款　凭　证

贷方科目：库存现金　　　　2020年12月4日　　　　现付　字第1号

摘　要	贷方科目		√	金　额								
	总账科目	二级或明细科目		百	十	万	千	百	十	元	角	分
送存现金	银行存款				3	5	0	0	0	0	0	0
合　　计				¥	3	5	0	0	0	0	0	0

附件1张

会计主管：赵明亮　　记账：吴　桐　　复核：吴　影　　制单：杨　双

图3—13　付款凭证

(3)转账凭证。转账凭证是用以记录与货币资金收付无关的转账业务的凭证，它是由会计人员根据审核无误的转账业务原始凭证编制的记账凭证。在借贷记账法下，将经济业务所涉及的总账科目及明细科目全部填列在凭证内，借方科目在先，贷方科目在后，将各会计科目所记应借或应贷的金额填列在“借方金额”或“贷方金额”栏内，借、贷方金额合计数应该相等，制单人应在编制凭证后签名盖章，并在转账凭证的右侧填写所附原始凭证张数。

【例 14】 白云机械厂 2020 年 12 月 9 日基本生产车间本月生产领用钢材 30 吨，以生产 1 号机床。该批钢材单价为 4 500 元，总计 135 000 元。会计人员根据审核无误的领料单编制的转账凭证如图 3－14 所示。

转 账 凭 证

2020 年 12 月 9 日　　　　转　　字第 1 号

摘　要	总账科目	明细科目	√	借方金额									贷方金额								
				百	十	万	千	百	十	元	角	分	百	十	万	千	百	十	元	角	分
生产领料	生产成本	1号机床			1	3	5	0	0	0	0	0									
	原材料	钢材												1	3	5	0	0	0	0	0
合　计				¥	1	3	5	0	0	0	0	0	¥	1	3	5	0	0	0	0	0

附件 1 张

会计主管：赵明亮　　记账：吴 桐　　复核：吴 影　　制单：海 星

图 3－14　转账凭证

2. 通用记账凭证的填制方法

通用记账凭证是用以记录各种经济业务的凭证。采用通用记账凭证的经济单位，不再根据经济业务的内容分别编制收款凭证、付款凭证和转账凭证，所以，涉及货币资金收、付款业务的记账凭证由出纳员根据审核无误的原始凭证收、付款后编制，涉及转账业务的记账凭证由会计人员根据审核无误的原始凭证编制。通用记账凭证的格式与转账凭证基本相同，编制方法也基本一致。通用记账凭证的格式和转账凭证的格式一般有按科目分借贷和按金额分借贷两种。

【例 15】 白云机械厂 2020 年 12 月 10 日收到思源公司的支票一张，收讫前欠货款 585 000 元，已存入银行。出纳人员根据审核无误的银行收账通知单编制的通用记账凭证如图 3－15、图 3－16 所示。

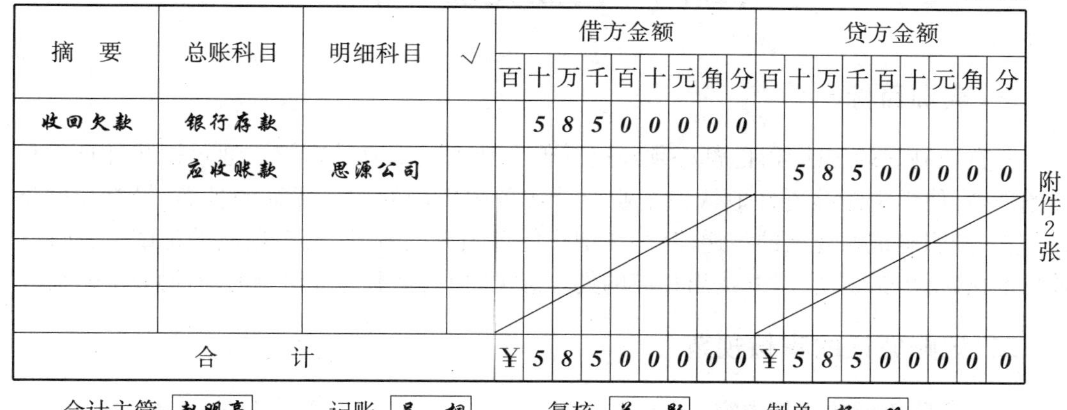

记 账 凭 证

2020 年 12 月 10 日　　　　编号 1

摘　要	总账科目	明细科目	√	借方金额									贷方金额								
				百	十	万	千	百	十	元	角	分	百	十	万	千	百	十	元	角	分
收回欠款	银行存款				5	8	5	0	0	0	0	0									
	应收账款	思源公司												5	8	5	0	0	0	0	0
合　计				¥	5	8	5	0	0	0	0	0	¥	5	8	5	0	0	0	0	0

附件 2 张

会计主管：赵明亮　　记账：吴 桐　　复核：吴 影　　制单：杨 双

图 3—15　按金额分借贷的通用记账凭证

记 账 凭 证

2020 年 12 月 10 日　　　　编号 1

摘　要	借方科目		贷方科目		贷方金额									记账
	总账科目	明细科目	总账科目	明细科目	百	十	万	千	百	十	元	角	分	
收回欠款	银行存款		应收账款	思源公司		5	8	5	0	0	0	0	0	
合　计					¥	5	8	5	0	0	0	0	0	

附件 1 张

会计主管：赵明亮　　记账：吴 桐　　复核：吴 影　　制单：杨 双

图 3—16　按科目分借贷的通用记账凭证

三、实训资料

以实训一填制的原始凭证为例，填制记账凭证（所需空白记账凭证见附录一中：二）。

四、实训要求

由于企业各种记账凭证的填制与审核涉及企业内部的多个财务会计人员，因此，学生需要按学习小组建立、组织和配备企业需要的主要财务会计人员，如财务主管、记账、出纳、审核等会计人员，并进行合理的分工，明确相关人员的职责，为企业设计会计核算体系。然后，根据企业发生的经济业务以及审核无误的原始凭证，完成各种记账凭证的填制实务模拟。通过个别经济业务的单项实务模拟，使学生熟练掌握各种记账凭证的填制方法。

五、实训步骤

根据实训一填制的原始凭证填制记账凭证。

实训四 记账凭证的审核

一、实训目标

所有填制好的记账凭证，都必须经过其他会计人员认真的审核。通过记账凭证审核实务模拟，使学生能够更好地认识企业会计实务中应用的记账凭证的种类、最常见的格式，进一步明确记账凭证的传递流程，在记账凭证填制的基础上，对填制的记账凭证逐一进行审核，指出错误所在，并提出相应的处理意见，把握记账凭证填制时应注意的事项。

二、记账凭证的审核规范

（一）记账凭证的审核内容

记账凭证是会计人员根据审核无误的原始凭证编制的，它是记账的直接依据，其填制的正确与否直接影响会计信息的正确性。因此，填制完毕后，应由会计主管人员和专职人员进行认真的审核。其审核的主要内容是：

1. 记账凭证是否附有原始凭证，所附原始凭证的张数、手续是否齐全，内容是否合法，记账凭证所记录的经济业务与所附原始凭证所反映的经济业务是否相符。

2. 记账凭证中所列项目是否填写完整，有关人员的签字盖章是否齐全，如填制凭证的日期、凭证编号、摘要、会计科目的明细科目、附件张数以及有关人员签章等。

3. 会计科目的使用是否正确，凭证填写的总账科目、明细科目是否正确，其名称是否为全称，会计科目前后使用是否一致。

4. 金额计算是否准确，记账凭证所反映的每项经济业务内容的数量、单价及据以计算的金额是否准确，合计金额计算是否准确。

5. 书写是否规范，记账凭证中的记录是否文字工整、数字清晰，是否按规定使用蓝黑墨水或碳素墨水，是否按规定进行更正，等等。

（二）记账凭证审核后的处理

记账凭证可能出现诸如摘要记录、数量金额、凭证格式、科目运用等错误。记账凭证的错误可能是来源于原始凭证，这是原始凭证错误的继续，如会计人员取得伪造的原始凭证，而对其真伪未能鉴别，将其编制记账凭证、登记入账；也可能是编制记账凭证时操作的错误，与原始凭证的正确性无关，如会计人员由于缺乏基本的账务处理知识，将有关业务的会计分录做反，使之不能反映经济业务活动的本来面目。因此，对记账凭证的错误既可以从原始凭证的“入口”处设防，也可以在登记记账凭证时对原始凭证审核把关，这种审核把关是将经济信息输入企业单位财务核算系统前的最后一次检查，如果该检查功能失效，对会计信息质量的影响将是直接的，因为登入会计账簿的记账凭证会混入账簿数字的海洋中，以后再对其进行单独检查将是十分困难的。

在审核过程中，如果发现记账凭证有错误，应查明原因，按规定办法及时处理和更正。只有经过审核无误的记账凭证，才能据以登记账簿。凡不符合规定要求的记账凭证，不能作为登记账簿的依据，并应视不同情况处理：项目不全的凭证，应补齐；错误的凭证，要采用规范的方法更正或重新填制，经再次审核无误后，才能据此登记账簿。

(三)记账凭证审核实例

【例 16】　白云机械厂 2020 年 12 月 10 日以支票向友谊商场支付购买办公用品款 10 000 元。出纳人员根据审核无误的购物发票和支票存根编制的付款凭证如图 3－17 所示。

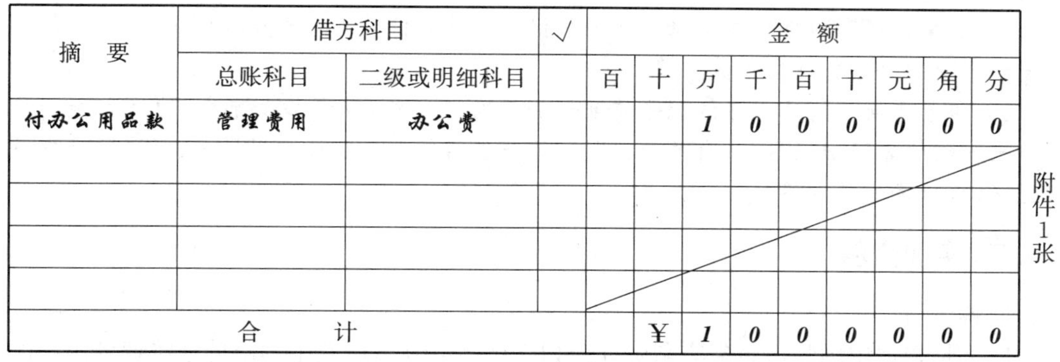

付　款　凭　证

贷方科目：银行存款　　　　2020 年 12 月 10 日　　　　银付　字第 2 号

摘　要	借方科目		√	金　额								
	总账科目	二级或明细科目		百	十	万	千	百	十	元	角	分
付办公用品款	管理费用	办公费				1	0	0	0	0	0	0
合　　计					¥	1	0	0	0	0	0	0

附件 1 张

会计主管：赵明亮　　记账：吴　桐　　复核：吴　影　　制单：杨　双

图 3－17　付款凭证

根据经济业务审核记账凭证的过程如下：

(1)审核填制内容：与原始凭证相符。

(2)填写项目：齐全。

(3)会计科目：借贷科目填写正确。

(4)金额：计算填写准确。

(5)书写：规范。

(6)出纳人员应加盖：付款章“付讫”。

(7)附件张数错误。

【小经验】

记账凭证的格式通常有两种：一种是按科目分借贷的；另一种是按金额分借贷的。按科目分借贷的格式，一般只能编制一借一贷或一借多贷或一贷多借的业务，不能编制多借多贷的业务；按金额分借贷的格式，既能编制一借一贷或一借多贷或一贷多借的业务，也能编制多借多贷的业务。在实务中应选择按金额分借贷的格式，这样便于将一项交易或事项填列在一张记账凭证上，以反映业务的全貌。

在采用专用记账凭证的企业中，如果采用汇总记账凭证会计核算形式的，在编制转账凭证时，为了便于编制汇总转账凭证，所有转账凭证也只能按一个贷方科目与一个借方科目或几个借方科目对应来填制，不能填制一个借方科目与几个贷方科目相对应的转账凭证。也就是说，可以填制一借一贷和一贷多借的转账凭证，而不能填制一借多贷或多借多贷的转账凭证。

记账凭证填制和审核中常存在的问题主要有：

(1)摘要记录错误。记账凭证中有的摘要过于简单，无法说明经济业务活动的情况，或者摘要的形式不规范，用语不准确，文字说明词不达意，与实际情况相距甚远，容易造成误解，甚至空出不写。

(2)科目运用错误。没有正确运用企业会计准则规定的会计科目,不能反映经济业务的来龙去脉,出现了科目运用错误(如将应收与应付、待摊与预提等混淆)以及科目对应关系错误等。

(3)凭证格式错误。收款凭证、付款凭证和转账凭证的用途不明,互相串用,特别对从银行提取现金或向银行存入现金,未按规定编制付款凭证,而是分别编制收款和付款凭证,重复制证。

(4)数量金额和附件错误。原始凭证所记金额的合计数与记账凭证记录金额不符,记账凭证所附的原始凭证的张数不符。

(5)印鉴错误。对已入账的记账凭证未加盖有关印章,或者加盖不全,使已入账的凭证与未入账的凭证难以区分;有效的记账凭证与出错作废的凭证难以区分;记账凭证中没有记账、审核等人员的签章。

三、实训资料

资料(一)

以下是根据中国临沂金雀有限责任公司 2020 年 10 月份发生的部分经济业务填制的记账凭证和所附的原始凭证。

1. 2020 年 10 月 3 日,生产 A 产品领用钢材。填制转字第 2 号转账凭证一张。

转 账 凭 证

2020 年 10 月 3 日　　　　转字第 2 号

摘 要	科目名称		借方金额								贷方金额								记账符号
	总账科目	明细科目	十	万	千	百	十	元	角	分	十	万	千	百	十	元	角	分	
领用材料	制造费用	A 产品		1	3	5	0	0	0	0									
	原材料	螺纹钢										1	3	5	0	0	0	0	
附件 1 张	合	计	¥	1	3	5	0	0	0	0	¥	1	3	5	0	0	0	0	

会计主管:于树文　　记账:冯吉　　复核:李丽　　制单:陈尘

领 料 单

领料单位:生产车间

用　途:A 产品　　2020 年 10 月 3 日　　No 23654

材料类别	材料名称及规格	计量单位	数量		单价	金额
			请领	实领		
原料及主要材料	20mm 钢材	吨	6	6	2 550	15 300.00
合 计			6	6		15 300.00

第二联 记账联

记账:陈尘　　发料:黄敏　　领料:李利

2. 2020 年 10 月 8 日，以现金购买办公用品。填制付字第 3 号付款凭证一张。

付　款　凭　证

贷方科目：库存现金　　　　2020 年 10 月 8 日　　　　付字第 3 号

摘　要	总账科目	明细科目	金额									记账
			百	十	万	千	百	十	元	角	分	
支付办公用品费(印纸)	管理费用	办公费					1	0	8	0	0	
附件　张	合计金额					¥	1	0	8	0	0	

会计主管：于树文　记账：冯吉　复核：李丽　出纳：张晓菡　制单：陈生

辽宁省通用机打发票

(印章：全国统一发票监制章 发票联 国家税务总局监制)

发票代码 236548

开票日期：2020—10—8　　行业分类：××××××　　锦州税(07)59 号

付款单位名称：	白云机械厂	付款单位识别号：	653409121567998		
项目：	规　格	单　位	单　价	数　量	金　额
印纸		捆	90	2	180.00

合计人民币(大写)：壹佰捌拾元整

免税标志：否　减免原因　　合计：¥180.00

收款单位名称(盖章)及纳税人识别号：×××××××××××××

收款单位开户银行及账号：××××××××××

开票人：张　惠　　备注：

(印章：白云机械厂 653409121567998 发票专用章)

第一联　发票联(购货单位付款凭证)(手开无效)

3. 2020 年 10 月 12 日，职工李兴出差借款。填制付字第 4 号付款凭证一张。

付　款　凭　证

贷方科目：库存现金　　　　2020 年 10 月 12 日　　　　付字第 4 号

摘　要	总账科目	明细科目	金额									记账
			百	十	万	千	百	十	元	角	分	
职工预借差旅费	其他应收款	李兴				3	2	0	0	0	0	
附件 1 张	合计金额				¥	3	2	0	0	0	0	

会计主管：于树文　记账：冯吉　复核：李丽　出纳：张晓菡　制单：陈生

借 款 单

2020 年 10 月 12 日

工作单位	姓名	借款金额	批准金额	备注
供应科	李兴	¥2 300.00	¥2 300.00	
借款金额(大写)贰仟叁佰元整				
借款理由	采购商品			

批准人： 审核： 借款人：李兴 经办人：

4. 2020 年 10 月 15 日，销售废料一批。填制收字第 3 号收款凭证一张。

收 款 凭 证

借方科目：库存现金　　2020 年 10 月 15 日　　收字第 3 号

摘 要	总账科目	明细科目	金额									记账
			百	十	万	千	百	十	元	角	分	
销售废铁一批	其他业务收入						9	6	0	0	0	
附件 1 张	合计金额					¥	9	6	0	0	0	

会计主管：于树文　记账：冯言　复核：李丽　出纳：张晓菡　制单：陈生

辽宁省通用机打发票

发票联

开票日期：2020—10—15　　行业分类：×××××　　发票代码 236548　锦州税(07)59 号

付款单位名称：	白云机械厂	付款单位识别号：	653409121567998		
项目：	规 格	单 位	单 价	数 量	金 额
废铁		公斤	0.8	1 200	960.00

合计人民币(大写)：玖佰捌拾元整

免税标志：否　减免原因　　合计 ¥960.00

收款单位名称(盖章)及纳税人识别号：××××××××××××××

收款单位开户银行及账号：×××××××××

开票人：张　惠　　备注：

（印章：白云机械厂 653409121567998 发票专用章）

第一联 发票联(购货单位付款凭证)(手开无效)

5. 2020 年 10 月 16 日，从银行提取现金 2 000 元，以备零星开支。填制收字第 5 号收款凭证一张。

收款凭证

借方科目：库存现金　　　　2020 年 10 月 16 日　　　　收字第 5 号

摘　要	总账科目	明细科目	金　额									记账
			百	十	万	千	百	十	元	角	分	
从银行提取现金	银行存款					2	0	0	0	0	0	
附件 1 张	合计金额				¥	2	0	0	0	0	0	

会计主管：于树文　　记账：冯吉　　复核：李丽　　出纳：张晓菡　　制单：陈尘

序　号：0036
中国工商银行
现金支票存根
附加信息：__________

出票日期 2020 年 10 月 16 日

收款人：李华
金　额：¥2 000.00
用　途：库存现金
备　注：

单位主管：李文　　会计：张文

6. 2020 年 10 月 18 日，从南沙钢铁厂购入 40＃圆钢一批，价款 260 000 元，增值税额 33 800 元，圆钢已验收入库。填制付字第 6 号付款凭证一张。

付款凭证

贷方科目：银行存款　　　　2020 年 10 月 18 日　　　　付字第 6 号

摘　要	总账科目	明细科目	金　额									记账
			百	十	万	千	百	十	元	角	分	
从南沙钢铁厂购入 40＃圆钢 200 吨，单价 1 300 元	原材料	圆钢		2	6	0	0	0	0	0	0	
	应交税费	应交增值税			3	3	8	0	0	0	0	
附件 3 张	合计金额		¥	2	9	3	8	0	0	0	0	

会计主管：于树文　　记账：冯吉　　复核：李丽　　出纳：张晓菡　　制单：陈尘

黑龙江省增值税专用发票

开票日期:2020年10月18日　　No 003625

购货单位	名　　称:中国临沂金雀有限责任公司 纳税人识别号:5101241786 地 址 、电 话:黑龙江省牡丹江市解放路122号0539－8995798 开户行及账号:中国工商银行临沂市解放路支行268－45678999					密码区	略	
商品或应税劳务名称	规格型号	单位	数量	单价	金　额	税率	税　额	
税收科目十圆钢	40#	吨	200.00	1 300.00	260 000.00	13%	33 800.00	
合　计					￥260 000.00		￥33 800.00	
价税合计(大写)	贰拾玖万叁仟捌佰零拾零元零角零分				(小写)￥293 800.00			
销货单位	名　　称:南沙钢铁厂 纳税人识别号:25669856002 地 址 、电 话:长堤路23号 开户行及账号:工商银行长堤路办事处36987444				备注	结算方式:转账		

收款人:许海　　复核:徐三代　　开票人:张虎

序　号:0036
中国工商银行
转账支票存根
附加信息:____________

出票日期2020年10月18日

收款人:南沙钢铁厂
金　额:￥293 800.00
用　途:购货
备　注:

单位主管:李义　　会计:张义

收　料　单

2020年10月18日　　单位:元

材料编号	材料名称	规定	材质	单位	数量		实际单价	材料金额	采购费用	合计
					计划	实际				
1-780	圆钢	40#	标准	吨	200	200	1 300.00	260 000.00	0	260 000.00

主管:张洁　　质检:陈建　　验收:王宁　　采购员:李立　　结算:转账

7. 2020年10月18日,以现金购买办公用品。填制付字第7号付款凭证一张。

付 款 凭 证

贷方科目:库存现金　　　　2020 年 10 月 18 日　　　　付字第 7 号

摘　要	总账科目	明细科目	金额									记账
			百	十	万	千	百	十	元	角	分	
以现金购买打印纸 2 箱,单价 300 元	管理费用	打印纸					6	0	0	0	0	
附件 1 张	合计金额					¥	6	0	0	0	0	

会计主管:于树文　　记账:冯言　　复核:李丽　　出纳:　　制单:陈尘

辽宁省通用机打发票

发票联

发票代码 236548

开票日期:2020—10—18　　行业分类:××××　　锦州税(07)59 号

付款单位名称:	白云机械厂	付款单位识别号:	653409121567998		
项目:	规　格	单　位	单　价	数　量	金　额
打印纸		箱	300	2	600.00

合计人民币(大写):陆佰元整

免税标志:否　减免原因　　　　合计 ¥600.00

收款单位名称(盖章)及纳税人识别号:×××××××××××××××

收款单位开户银行及账号:××××××××××

开票人:张　惠　　　　备注:

第一联　发票联(购货单位付款凭证)(手开无效)

8. 2020 年 10 月 26 日,销售甲产品一批。填制收字第 7 号收款凭证一张。

收 款 凭 证

借方科目:银行存款　　　　2020 年 10 月 26 日　　　　收字第 7 号

摘　要	总账科目	明细科目	金额									记账
			百	十	万	千	百	十	元	角	分	
销售甲产品	主营业务收入			4	1	4	1	5	9	2	9	
	应交税费	应交增值税			5	3	8	4	0	7	1	
附件 2 张	合计金额		¥	4	6	8	0	0	0	0	0	

会计主管:于树文　　记账:冯言　　复核:李丽　　出纳:张晓菡　　制单:陈尘

黑龙江省增值税专用发票

No. 00609896

校验码(略)　　开票日期 2020 年 10 月 26 日

购货单位	名　称：光明工厂 纳税人识别号：26968354441 地址、电话：光明路 10 号 开户行及账号：工商银行大河支行 698541233					密码区	略	
商品或应税劳务名称	规格型号	单位	数量	单价	金额	税率	税额	
甲产品		台	200.00	2 340.00	414 159.29	13%	53 840.71	
合　计					¥414 159.29		¥53 840.00	
价税合计(大写)	×仟×佰肆拾陆万捌仟零佰零拾零元零角零分　　(小写)¥468 000.00							
销货单位	名　称：新华公司 纳税人识别号：56247896001 地址、电话：新华街 36 号 开户行及账号：建设银行大河办事处 265489111					备注		

收款人：李华　　复核：李华　　开票人：韩茜　　销货单位：

中国工商银行进账单(收账通知)

2020 年 10 月 26 日　　第 12 号

收款人	全　称	新华公司	付款人	全　称	光明工厂
	账　号	265489111		账　号	698541233
	开户银行	工商银行新华办事处		开户银行	工商银行大河支行
人民币(大写)肆拾陆万捌仟元整				千百十万千百十元角分	¥46800000
票据种类	转账支票	收款人开户银行盖章			
票据张数	1 张				
单位主管　会计　复核　记账					

此联是银行交给收款人的回单

9. 2020 年 10 月 27 日，销售部推销员王倩到上海参加商品展览会借差旅费 3 000 元。填制付字第 11 号付款凭证一张。

付　款　凭　证

贷方科目：银行存款　　2020 年 10 月 27 日　　付字第 11 号

摘　要	总账科目	明细科目	金额									记账
			百	十	万	千	百	十	元	角	分	
王倩预借到上海差旅费	其他应付款	王倩				3	0	0	0	0	0	
附件 1 张	合计金额				¥	3	0	0	0	0	0	

会计主管：于树文　　记账：冯言　　复核：李丽　　出纳：张晓菡　　制单：陈尘

借　款　单

2020 年 10 月 27 日

借款人	王倩	部门	销售	职务	推销员
借款事由	开商品展览会				
借款金额	人民币(大写)叁仟元整　　¥3 000.00				
出纳	××		经手	××	

10. 2020 年 10 月 30 日，计提本月固定资产折旧。填制转字第 8 号转账凭证一张。

转　账　凭　证

2020 年 10 月 30 日　　转字第 8 号

摘　要	科目名称		借方金额								贷方金额								记账
	总账科目	明细科目	十	万	千	百	十	元	角	分	十	万	千	百	十	元	角	分	
计提本月固定资产折旧	制造费用												7	7	9	2	5	0	
	管理费用												3	1	1	7	0	0	
	累计折旧			1	0	9	0	9	5	0									
附件 1 张	合　计		¥	1	0	9	0	9	5	0	¥	1	0	9	0	9	5	0	

会计主管：于树文　　记账：冯言　　复核：李丽　　制单：陈尘

固定资产折旧计算表

2020年10月30日 单位:元

应借科目	使用部门	月初固定资产原值	月折旧率(%)	月折旧额
制造费用	车间	155 850.00	5%	7 792.50
管理费用	厂部	103 900.00	3%	3 117.00
	合计			10 909.50

主管: 审核: 制单:刘义

资料(二)

实训三所填制的记账凭证。

四、实训要求

本单项实训要求学生在扮演不同角色,对资料中提供的经济业务,根据审核无误的原始凭证逐一填制各种记账凭证的基础上,相互之间再进行角色的互换,以审核人员的身份对所填制的记账凭证逐一进行审核,找出其中存在的问题,并提出处理意见,以熟练掌握记账凭证的审核方法。

五、实训步骤

1. 熟悉实训资料所列的经济业务。

2. 对资料(一)列示的记账凭证进行审核,指出存在的问题并进行更正。

3. 对实训三所填制的记账凭证由同桌之间进行相互审核,指出存在的问题并提出更正意见。

实训五 账簿登记与错账更正

一、实训目标

通过实训,使学生了解账簿的基本内容和种类,会启用账簿;掌握不同格式账簿的登记方法,了解错账发生的原因,熟知记账规则和错账更正方法;掌握对账、结账的方法;学会装订活页账、更换新的账簿的方法。

二、会计账簿的规范

(一)会计账簿设置的规范

1. 会计账簿的概念及种类

会计账簿是由相互联系的具有一定格式的账页组成,并以会计凭证为依据,用以全面、系统、连续、分类地记录和反映经济业务的簿籍。

账簿的种类是多种多样的，不同的账簿所登记的内容、方法各不相同。按用途分为日记账、分类账簿和备查账簿。日记账主要有库存现金日记账、银行存款日记账。分类账簿包括总分类账和相关明细分类账。账簿按外表形式分为订本式账簿、活页式账簿和卡片式账簿。

2．设置账簿的原则

为了充分发挥会计账簿的作用，各会计主体必须按照规定根据各自经济活动的特点和经营管理的要求设置账簿。一般来说，应遵循以下原则：

(1)确保全面、系统地反映和监督各单位的经济活动和财务收支状况，为经营管理和编制会计报表提供完整、系统的会计核算资料。

(2)从单位实际出发，考虑人力和物力的节约，注意防止重复记账。

(3)在格式设计上，要从需要核算的经济业务的内容和需要提供的核算指标出发，力求简明，以提高会计工作效率。

3．账簿的基本内容

各种账簿所记录的经济业务内容不同，提供核算资料的详细程度不一样，格式也多种多样，但其基本内容是相同的，主要有三部分：

(1)封面。账簿封面主要写明账簿的名称和记账单位名称及会计年度，如总分类账、银行存款日记账、库存现金日记账、材料明细账等。

(2)扉页。扉页主要附有账户目录、账簿启用和经管人员一览表(格式和内容见表3—1)。

账户目录是指由会计记账人员在账簿中开设账页户头后，按顺序将每个账户的名称和页数登记，以便查阅账簿中登记的内容。

(3)账页。账页是账簿的主要组成部分，用来具体记录经济业务，其格式因记录经济业务内容的不同而有所不同，但一般须包括：

①账户名称(包括总账账户、二级账户或明细账户)；

②登账日期栏；

③凭证种类和号数栏；

④摘要栏(简要说明所记录经济业务的内容)；

⑤金额栏(包括借、贷方发生额及相应的余额栏)；

⑥总页次和分户页次(账页号数)。

4．账页的格式

账页格式根据要记录的内容分类，主要有三栏式、数量金额式、多栏式等。只记录金额的一般采用三栏式，要同时记录金额和实物单位的可以采用数量金额式、多栏式。通常，库存现金日记账、银行存款日记账、总分类账均采用三栏式账页，明细分类账则根据经济业务的需要分别采用三栏式、数量金额式、多栏式和与增值税等有关的专用账页。账簿按账页格式主要有以下几种：

(1)账簿的启用和交接记录(格式见表3—1)；

(2)目录(格式见表3—2)；

(3)总分类账(三栏式)(格式见表3—3)；

(4)库存现金日记账(三栏式)(格式见表3—4)；

(5)银行存款日记账(三栏式)(格式见表3—5)；

(6)三栏式明细分类账(格式见表3—6);

(7)实物明细账为数量金额式(格式见表3—7);

(8)收入、费用明细账为多栏式(格式见表3—8);

(9)固定资产明细账(格式见表3—9);

(10)增值税专用明细账(格式见表3—10);

(11)科目汇总表(格式见表3—11);

(12)总分类账本期发生额和期末余额试算平衡表(格式见表3—12)。

(二)会计账簿登记的规范

1. 账簿的启用及交接记录

账簿是各单位重要的经济档案之一,为保证账簿使用的合法性,明确经济责任,防止舞弊行为,保证账簿资料的完整和便于查找,各单位在启用时,首先要按规定内容逐项填写"账簿启用表"和"账簿目录表"。在账簿启用表中,应写明单位名称、账簿名称、账簿编号和启用日期;在"经管人员"一栏中写明经管人员姓名、职别、接管或交出日期,由会计主管人员签名盖章,并加盖单位公章。在第二页"账簿目录表"中注明各账户的名称和页码,以方便登记和查核。如果初次建账使用,第一笔直接根据现金(银行)收、付款凭证登记;如果是更换新账,第一笔根据上年期末余额抄列余额栏内,日期填当年1月1日,摘要填写"结转上年"。

2. 账簿登记依据

(1)库存现金日记账的设置与登记。库存现金日记账是记录和反映库存现金收付业务的日记账,通过库存现金日记账的设置和登记,可以随时反映库存现金收入、支出和结存情况,从而加强对库存现金的日常管理。三栏式库存现金日记账设收入栏、支出栏和余额栏。库存现金日记账由出纳人员根据现金收款凭证、现金付款凭证及有关库存现金的银行存款付款凭证,逐日、逐笔、序时进行登记。

(2)银行存款日记账的设置与登记。银行存款日记账是用来逐日、逐笔反映企业银行存款增加、减少和结存情况的账簿。由出纳人员根据审核后的银行存款收、付款凭证及有关存入现金的现金付款凭证逐日、逐笔按经济业务发生的先后顺序进行登记,通过银行存款日记账的设置和登记可以加强对各项存款的日常监督与管理,同时也便于同银行核对账目。银行存款日记账一般采用收入栏、支出栏和余额栏三栏式。

(3)分类账的设置与登记。分类账分为总分类账和明细分类账。总分类账简称总账,它是按照一级科目来分类、连续地记录和反映各种资产、负债、所有者权益等总括情况的账簿。应用总分类账能够全面、总括地反映经济活动和财务收支情况,并为编制会计报表提供所需要的主要资料。各会计主体必须设置总分类账。总分类账的格式按采用的记账方法不同和会计核算形式不同,有三栏式、多栏式等不同格式。

明细分类账简称明细账,它是根据二级科目或明细科目开设,用以分类、连续地记录和反映有关资产、负债、所有者权益和收入、费用、利润等各会计要素的详细情况,为编制会计报表提供所需的详细资料。各单位结合自己的经济业务特点和经营管理的要求,在总分类账基础上设置若干明细账,作为总分类账的必要补充。这样既可以根据总分类账了解某一账户的总括情况,又可以根据明细账了解该账户更详细的情况。明细分类账账页格式因经济活动的特点和经济管理要求不同而不同,比较常用的明细分类账账页格式有三栏式、数量金额式、多栏式三种。

3. 科目汇总表的编制方法

科目汇总表是根据一定时期内的全部记账凭证，按照科目进行归类编制的。在科目汇总表中，分别计算出每一个总账科目的借方发生额合计数、贷方发生额合计数。由于借贷记账法的记账规则是“有借必有贷，借贷必相等”，所以在编制的科目汇总表内，全部总账科目的借方发生额合计数与贷方发生额合计数相等。其编制步骤如下：

(1)将需要汇总的记账凭证所涉及的会计科目按照总账科目的排列顺序填写在科目汇总表的“会计科目”栏内。

(2)根据全部记账凭证按借方科目和贷方科目汇总发生额合计数，并将发生额汇总数填写在科目汇总表的各科目的“发生额”栏内。

(3)汇总所有科目的借方发生额合计数和贷方发生额合计数，并进行试算平衡，检查无误后，即可作为登记总分类账的依据。

4. 登记账簿的基本要求

(1)内容准确、完整。登记会计账簿时，应当将会计凭证日期、编号、业务内容摘要、金额和其他有关资料逐项记入账内，做到数字准确、摘要清楚、登记及时、字迹工整。

对于每一项会计事项，一方面要记入有关账户的总账，另一方面要记入该总账所属的明细账。账簿记录中的日期应该填写记账凭证上的日期；以自制的原始凭证作为记账凭证依据的，账簿记录中的日期应按有关自制凭证上的日期填列。

此外，负责登记账簿的会计人员，在登记账簿前，应对已经复核的记账凭证再复核一遍，这是岗位责任制和内部牵制制度的要求。如果记账人员对记账凭证中的某些问题有疑问，应及时向会计主管人员反映，由其作出更改或照登的决定。在任何情况下，凡不兼任填制记账凭证工作的记账人员，都不得自行更改记账凭证。

(2)登记账簿要及时。登记账簿的间隔时间长短没有统一的规定，可以根据企业所采用的具体会计核算方式而定。一般情况下，总账可以三五天登记一次；明细账的登记时间间隔要短；日记账和债权债务明细账一般一天登记一次；库存现金、银行存款日记账应根据收、付款记账凭证，随时按照业务发生顺序逐笔登记，每日终了应结出余额。

(3)注明记账符号。登记完毕后，要在记账凭证上签名或者盖章，并注明已经登账的符号“∨”，表示已经过账，以免发生重登或漏登。

(4)书写留空。账簿中书写的文字和数字上面要留有适当空格，不要写满格，一般应占格距的 1/2。这样，一旦发生登记错误，就能比较容易地进行更正，同时也方便查阅。

(5)使用蓝黑墨水。登记账簿要用蓝黑墨水或者碳素墨水书写，不得使用圆珠笔或者铅笔书写。

红色墨水只能用于下列情况：按照红字冲账法，冲销错误记录；在不设“减少金额”栏的多栏式账页中，登记减少数；在三栏式账户的“余额”栏前，如未印明余额方向的，在“余额”栏内登记负数金额。因此，在会计上，数字的颜色不同传达出的会计信息也不同。如果书写墨水的颜色用错了，会导致错误的信息。

(6)顺序连续登记。各种账簿应按账页顺序连续登记，不得跳行、隔页。如果发生跳行、隔页，应在空行、空页处用红色墨水画对角线，注明“此行空白”“此页空白”字样，并由记账人员签名或者盖章。每登完一张账页结转下页时，应结出本页合计数和余额，登在本页最后一行和下页第一行有关栏内，并在“摘要”栏注明“过次页”和“承前页”字样，以保证账簿记录的连续性。这对避免在账簿登记中可能出现的漏洞是十分必要的防范措施。

(7)结出余额。凡需要结出余额的账户,结出余额后,应当在“借或贷”等栏内写明“借”或者“贷”等字样。没有余额的,应该在“借或贷”等栏内写“平”字,并在“余额”栏内“元”位上用“0”表示。库存现金日记账和银行存款日记账必须逐日结出余额。

5. 错账的更正方法

在记账过程中,如果账簿记录发生错误,不准涂改、挖补、刮擦或用药水消除字迹;不准重新抄写,应根据错误的性质和发现的时间等具体情况,按规定的更正错账方法予以更正。更正错账的方法一般有以下几种:

(1)划线更正法。在结账前,如发现账簿上所记的文字或数字有错误,而记账凭证无误,应采用划线更正法。更正的方法是:先将错误的文字或数字用一条单红线注销,但必须使原有字迹仍可辨认;然后在红线上方的空白处写上正确的文字或数字,并由记账人员在更正处盖章,以示负责。划线注销时要注意在划掉错误数字时,应将整笔数字划红线注销,不能只注销个别写错的数字。例如,把 809 元误写成 890 元时,应将错误数字即 890 全部用红线注销,而不能只注销“90”。

(2)红字更正法。红字更正法又叫红字冲账法,它是指会计核算中由于记账凭证错误导致账簿记录有误,用红字冲销或冲减原计数额,以更正或调整账簿记录的一种方法。一般适用于下列两种情况:

①记账以后,若发现记账凭证中应借应贷科目和金额有错误,导致账簿记录错误,应采用红字更正法更正。具体做法:先用红字填写一张与原错误记账凭证完全相同的记账凭证,在“摘要”栏注明更正某年某月某日的错账,并据以用红字登记入账,以冲销原来的错误记录。然后,再用蓝字填写一张正确的记账凭证,在“摘要”栏注明更正某年某月某日的错账,并据以登记有关账户。

②记账后,若发现记账凭证和账簿记录的金额有错误(所填金额>应填金额),而原记账凭证中应借、应贷科目并无错误,应采用红字更正法。具体做法:将多记的金额用红字填制一张记账凭证,“摘要”栏注明更正某年某月某日的错账,并据以登记入账,以冲销多记金额。

(3)补充登记法。记账后,若发现记账凭证和账簿中应借应贷的科目并无错误,但是所填金额小于应填金额,应采用补充登记法更正。具体做法:按正确数字与错误数字的差额(即少记的金额)用蓝字编制一张应借、应贷科目与原记账凭证相同的记账凭证,在“摘要”栏中注明更正某年某月某日的错账,并据以登记入账,以补充少计的金额。

【小经验】

账簿登记中常出现的问题

1. 记账凭证没有错误,过账时常把数字记错行或记错方向,如应记借方金额却误记入贷方。不按专门的方法更正,随意涂改,造成账面不整洁。

2. 记账容易跳行、隔页。

3. 结账时不画红线。

4. 经常出现漏记和重记错误。

表 3—1

账簿启用登记表

<table>
<tr><td colspan="2">单位名称</td><td colspan="5"></td><td colspan="4" rowspan="5"></td></tr>
<tr><td rowspan="4">本账簿</td><td>名称</td><td colspan="5"></td></tr>
<tr><td>册次</td><td colspan="5">第　册</td></tr>
<tr><td>页数</td><td colspan="5">第　号至第　号共计　页</td></tr>
<tr><td>使用起讫日期</td><td colspan="5">自　公元　年　月　日　起
至　止</td></tr>
<tr><td rowspan="2">单位负责人</td><td>姓名</td><td>盖章</td><td rowspan="2">主管会计</td><td>姓名</td><td>盖章</td><td rowspan="2">记账</td><td>姓名</td><td colspan="3">盖章</td></tr>
<tr><td></td><td></td><td></td><td></td><td></td><td colspan="3"></td></tr>
<tr><td rowspan="6">交接记录</td><td colspan="2">经管人员</td><td colspan="4">接　管</td><td colspan="4">交　出</td></tr>
<tr><td>职别</td><td>姓名</td><td>年</td><td>月</td><td>日</td><td>盖章</td><td>年</td><td>月</td><td>日</td><td>盖章</td></tr>
<tr><td></td><td></td><td></td><td></td><td></td><td></td><td></td><td></td><td></td><td></td></tr>
<tr><td></td><td></td><td></td><td></td><td></td><td></td><td></td><td></td><td></td><td></td></tr>
<tr><td></td><td></td><td></td><td></td><td></td><td></td><td></td><td></td><td></td><td></td></tr>
<tr><td></td><td></td><td></td><td></td><td></td><td></td><td></td><td></td><td></td><td></td></tr>
<tr><td>备注</td><td colspan="10"></td></tr>
</table>

表 3—2

目　录

账号	户　名	页数	账号	户　名	页数	账号	户　名	页数

表 3—3

总分类账

账户：________ 账号：(________) 年度：________ 页数：________

年		凭证		摘要	借方										贷方										借或贷	余额									
月	日	字	号		千	百	十	万	千	百	十	元	角	分	千	百	十	万	千	百	十	元	角	分		千	百	十	万	千	百	十	元	角	分

表 3—4

库存现金日记账

年		凭证		摘要	对方科目	收入(借方)										支出(贷方)										余额										核对
月	日	字	号			千	百	十	万	千	百	十	元	角	分	千	百	十	万	千	百	十	元	角	分	千	百	十	万	千	百	十	元	角	分	

表 3-5

银行存款日记账

年		凭证		结算方式	摘要	对方科目	收入(借方)										支出(贷方)										余额										核对
月	日	字	号				千	百	十	万	千	百	十	元	角	分	千	百	十	万	千	百	十	元	角	分	千	百	十	万	千	百	十	元	角	分	

表 3—6 **三栏式明细分类账**

户名：________

年		凭证		摘要	借方										贷方										借或贷	余额									
月	日	字	号		千	百	十	万	千	百	十	元	角	分	千	百	十	万	千	百	十	元	角	分		千	百	十	万	千	百	十	元	角	分

表 3—7

数量金额式明细分类账

本账页数	
本户页数	

货名：________ 品名：________ 计量单位：________ 备注：________

年		凭证		摘要	收入(借方)										发出(贷方)										结存									
月	日	字	号		数量	单价	金额								数量	单价	金额								数量	单价	金额							
							十	万	千	百	十	元	角	分			十	万	千	百	十	元	角	分			十	万	千	百	十	元	角	分

表 3—8

多栏式(费用)明细账

年		凭证		摘要	对应科目																																													
月	日	字	号			百	十	万	千	百	十	元	角	分	百	十	万	千	百	十	元	角	分	百	十	万	千	百	十	元	角	分	百	十	万	千	百	十	元	角	分	百	十	万	千	百	十	元	角	分

表 3—9

固定资产明细账

停止使用日期	恢复使用日期

编号______ 使 用 年 限______ 折旧率 年___% 月___%

名称______ 开始使用日期______ 折旧额 年___月______

规格______ 预计净残值__________

年		凭证		摘要	数量	原值																				折旧																				净值
						借方										贷方										借方										贷方										
月	日	字	号			千	百	十	万	千	百	十	元	角	分	千	百	十	万	千	百	十	元	角	分	千	百	十	万	千	百	十	元	角	分	千	百	十	万	千	百	十	元	角	分	

表 3—10

增值税专用明细账

年		凭证		摘要	借方																																																					
月	日	字	号		合计									进项税额									已交税金									减免税款									出口抵减内销产品应纳税									转出未交增值税								
					百	十	万	千	百	十	元	角	分	百	十	万	千	百	十	元	角	分	百	十	万	千	百	十	元	角	分	百	十	万	千	百	十	元	角	分	百	十	万	千	百	十	元	角	分	百	十	万	千	百	十	元	角	分

续表

贷方																																																						借或贷	余额								
合计									销项税额									出口退税									进项税额转出									转出多交增值税																											
百	十	万	千	百	十	元	角	分	百	十	万	千	百	十	元	角	分	百	十	万	千	百	十	元	角	分	百	十	万	千	百	十	元	角	分	百	十	万	千	百	十	元	角	分	百	十	万	千	百	十	元	角	分		百	十	万	千	百	十	元	角	分

表 3—11

科目汇总表

年 月 日　　　　字第 号

会计科目	本期发生额																		会计科目	本期发生额																	
	借方									贷方										借方									贷方								
	百	十	万	千	百	十	元	角	分	百	十	万	千	百	十	元	角	分		百	十	万	千	百	十	元	角	分	百	十	万	千	百	十	元	角	分

会计主管　　　　记账　　　　审核　　　　制表

表 3－12 **总分类账本期发生额和期末余额试算平衡表**

年 月 日

会计科目	期初余额		本期发生额		期末余额	
	借方	贷方	借方	贷方	借方	贷方
合　计						

三、实训资料

资料(一)

2020 年 11 月 1 日，临沂市金雀有限责任公司有关账户的期初余额如下：

1. 库存现金：200 元。
2. 银行存款：5 804 815 元。
3. 原材料：A 材料 28 000 千克，10 元/千克，计 280 000 元；B 材料 24 000 千克，5 元/千克，计 120 000 元。

资料(二)

实训一的原始凭证和实训三所编制的记账凭证。

资料(三)

临沂市金雀有限责任公司在 2020 年 11 月 30 日对账时，发现由于记账凭证错误导致错账如下：

1. 2 日，收到山东向阳工厂订购甲产品货款。

工商银行临沂市分行进账单(回单或收账通知)

交款日期　2020 年 11 月 2 日　　　　第　号

收款人	全　称	临沂市金雀有限公司	付款人	全　称	山东向阳工厂
	账　号	268—45778961		账　号	268—45678999
	开户银行	中国工商银行解放路支行		开户银行	中国工商银行济南市山大南路支行

人民币(大写)：	柒拾捌万元整	千	百	十	万	千	百	十	元	角	分
			¥	7	8	0	0	0	0	0	0

票据种类：支票	收款人开户行盖章
票据张数：1	
单位主管：王宁　会计：张娜	
复核：李丽　记账：王平	

此联是收款人开户行交给收款人的回单或收账通知

收　款　凭　证

借方科目：银行存款　　　　2020 年 11 月 2 日　　　　银收字第 1 号

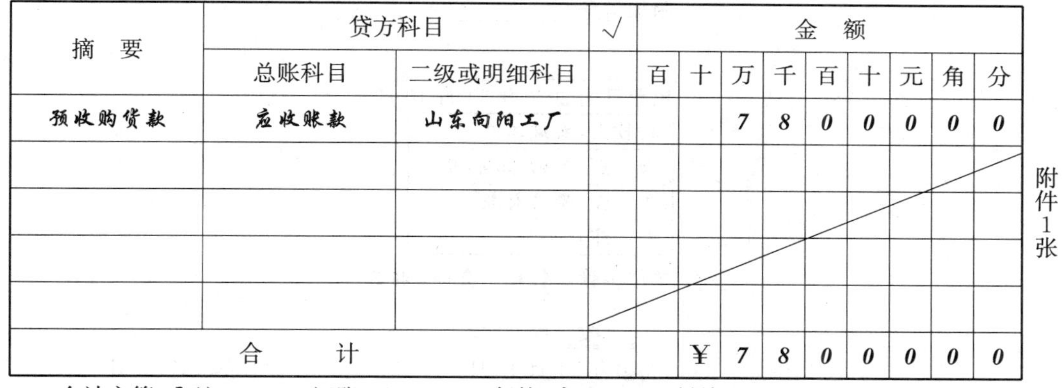

摘　要	贷方科目		√	金　额								
	总账科目	二级或明细科目		百	十	万	千	百	十	元	角	分
预收购货款	应收账款	山东向阳工厂				7	8	0	0	0	0	0
合　　计					¥	7	8	0	0	0	0	0

附件 1 张

会计主管：于树文　　记账：冯言　　复核：李丽　　制单：陈尘

2.3 日，金雀有限责任公司因设备陈旧影响生产，决定向工商银行借入短期借款，存入开户银行。

银行借款单	
资金性质：技术改造借款	2020 年 11 月 3 日
借款单位：临沂市金雀有限责任公司	
借款理由：改造设备	
借款数额：人民币（大写）柒万元整	¥70 000.00
本单位负责人意见	借款人（签章）
贷款银行（盖章） 银行会计主管：王丽	付款记录：　年　月　日 以第　号支票或现金支出凭单付给。

收　款　凭　证

借方科目：银行存款　　　　2020 年 11 月 3 日　　　　银收字第 2 号

摘　要	贷方科目		√	金　额								
	总账科目	二级或明细科目		百	十	万	千	百	十	元	角	分
借款	短期借款						7	0	0	0	0	0
合　　计						¥	7	0	0	0	0	0

附件 1 张

会计主管：于树文　　记账：冯言　　复核：李丽　　制单：陈尘

3.10 日，以银行存款偿还前欠东风工厂货款。

序　号:0036
中国工商银行
现金支票存根
附加信息:______

出票日期 2020 年 11 月 10 日

收款人:东风工厂
金　额:¥91 000.00
用　途:偿还欠款
备　注:

单位主管:李义　会计:张丽

收　据

2020 年 11 月 10 日　　No. 4772851

付款单位 临沂市金雀有限责任公司　　收款方式 支票

人民币(大写) 玖万壹仟元整　　¥ 91 000.00

收款事由 收到欠款

收款单位(盖章)　会计:秦亮　经手人:张强　出纳:李玫

第三联 记账联

收　款　凭　证

借方科目:银行存款　2020 年 11 月 10 日　银收字第 3 号

摘　要	贷方科目		√	金　额								
	总账科目	二级或明细科目		百	十	万	千	百	十	元	角	分
偿还欠款	应付账款	东风工厂				9	1	0	0	0	0	0
合　计					¥	9	1	0	0	0	0	0

附件 2 张

会计主管:于树文　记账:冯言　复核:李丽　制单:陈尘

4.12 日，厂长张俭预借差旅费，财务科用库存现金支付。

借款单

2020 年 11 月 12 日

借款部门		厂部		借款人	张俭	使用部门		
款项类别		现金√		支票		支票号码：		
借款用途及理由		差旅费						
借款金额		（大写）叁仟元整						¥500.00
还款方式		报销						
批准人	王丽		财务核准	¥500.00	财务审核	于树文	部门审核	李分
附件（张）	1		备　注					

付　款　凭　证

贷方科目：库存现金　　　　2020 年 11 月 12 日　　　　现付字第 1 号

摘　要	贷方科目		√	金　额								
	总账科目	二级或明细科目		百	十	万	千	百	十	元	角	分
预借差旅费	其他应收款	张俭					5	0	0	0	0	0
合　　计						¥	5	0	0	0	0	0

附件1张

会计主管：于树文　　记账：冯言　　复核：李丽　　制单：陈宝

5.14 日，以现金购买厂部办公用品。

辽宁省通用机打发票

发票联

发票代码 121070721021

发票号码 00201732

开票日期：2020－11－14　　行业分类：×××××　　锦州税(07)57 号

付款单位名称：	辽宁省金雀有限责任公司	付款单位识别号：	××××××××		
项目：	规　格	单　位	单　价	数　量	金　额
印纸		箱	90.00	4	360.00

合计人民币（大写）：叁佰陆拾元整

免税标志：否　减免原因　　　　合计：¥360.00

收款单位名称（盖章）及纳税人识别号：××××××××××××××

收款单位开户银行及账号：××××××××××

锦州市古塔区奥德机电商行 发票专用章 210703716457890

第一联　发票联（购货单位付款凭证）（手开无效）

开票人：张　惠　　　备注：

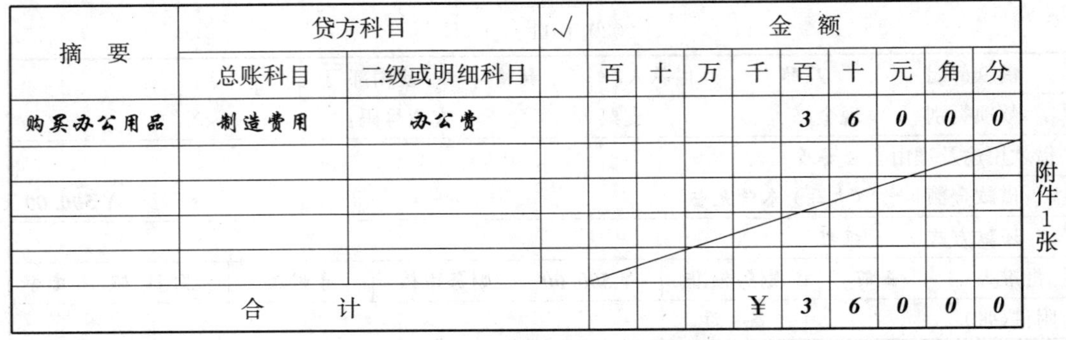

付 款 凭 证

贷方科目：库存现金　　　　2020 年 11 月 14 日　　　　现付字第 2 号

摘 要	贷方科目		√	金 额									附件 1 张
	总账科目	二级或明细科目		百	十	万	千	百	十	元	角	分	
购买办公用品	制造费用	办公费						3	6	0	0	0	
合 计							¥	3	6	0	0	0	

会计主管：于树文　　记账：冯言　　复核：李丽　　制单：陈尘

6.18 日，厂长张俭出差回厂报销差旅费，交回多余库存现金。

差旅费报销单

姓名 张俭 职别 厂长　　　　2020 年 11 月 18 日　　　　金额单位：元

起日		止日		合计天数	各项补助费										车船杂支费							合计金额	附件 10 张
					伙食补助			住宿补助			未买卧铺补助			夜间乘硬座超过12小时补助	火车费	汽车费	轮船费	飞机费	市内交通	住宿费	其他杂支		
月	日	月	日		天数	标准	金额	天数	标准	金额	票价	标准	金额										
12	3	12	12	10	2	30	60								130					140		430.00	
合计人民币大写：零万零仟肆佰零拾零元零角零分																						¥430.00	
原借差旅费 ¥500.00 元　　报销 ¥ 430.00 元　　剩余交回 ¥70.00 元																							
出差事由	参加会议																						

审批人签字：张雄　　会计主管签字：于树文　　报账人签字：张俭　　领款人签字：

收 据

2020 年 11 月 18 日　　　　No. 4772851

收据内容	联次
付款单位 张俭　　收款方式 现金 人民币(大写) 柒拾元整　　¥70.00 收款事由 出差退回余款 收款单位(盖章)　　会计：冯言　　经手人：张俭　　出纳：陈尘	第三联 记账联

收 款 凭 证

借方科目：库存现金　　　　2020 年 11 月 18 日　　　　现收字第 1 号

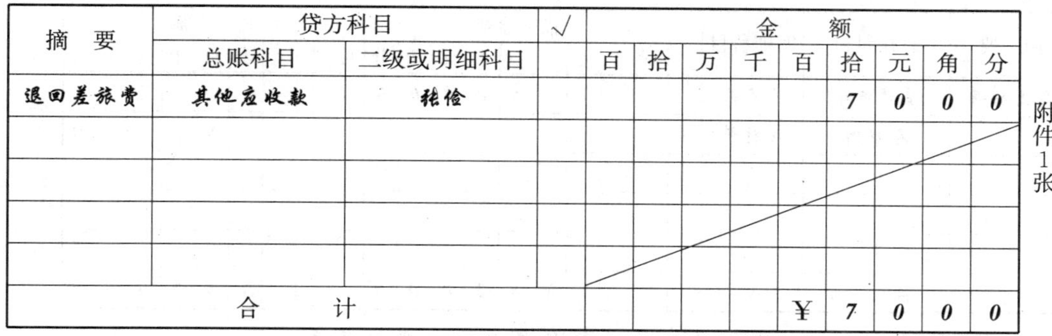

摘要	贷方科目		√	金额								
	总账科目	二级或明细科目		百	拾	万	千	百	拾	元	角	分
退回差旅费	其他应收款	张俭							7	0	0	0
合　计								￥	7	0	0	0

附件 1 张

会计主管：于树文　　记账：冯言　　复核：李丽　　制单：陈生

转 账 凭 证

2020 年 11 月 18 日　　　　转字第 5 号

摘要	总账科目	明细科目	√	借方金额									贷方金额								
				百	十	万	千	百	十	元	角	分	百	十	万	千	百	十	元	角	分
报销差旅费	管理费用	差旅费						3	4	0	0	0									
	其他应收款	张俭															3	4	0	0	0
合　计							￥	3	4	0	0	0				￥	3	4	0	0	0

附件 1 张

会计主管：于树文　　记账：冯言　　复核：李丽　　制单：刘亮

7.19 日，领用 A 材料生产甲产品。

领料单

领料部门：基本生产车间　　　　编　号：235617

用　途：生产甲产品　　　　2020 年 11 月 19 日　　　　发料仓库：2 号库

材料编号	材料名称	规格	计量单位	数量		价格	
				请领	实领	单价	金额
005	A 材料		千克	820	820	10	8 200.00
备注：						合计	￥8 200.00

第三联　记账

记账：杨明　　发料：许梅　　审批：孙红　　领料：李静

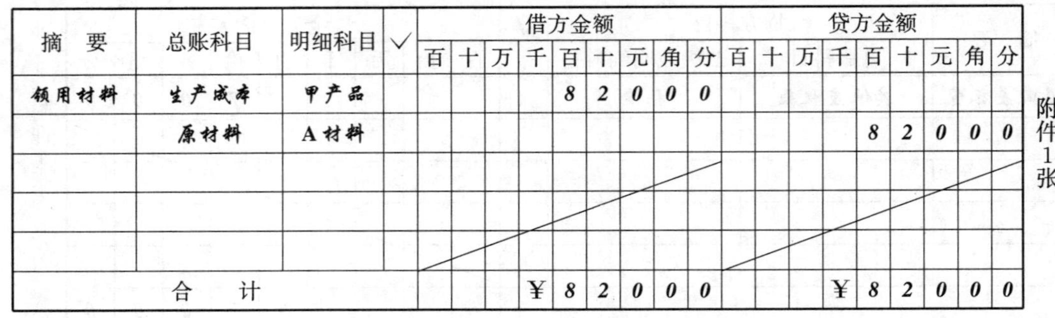

转 账 凭 证

2020 年 11 月 19 日　　　　转字第 6 号

摘　要	总账科目	明细科目	√	借方金额									贷方金额								
				百	十	万	千	百	十	元	角	分	百	十	万	千	百	十	元	角	分
领用材料	生产成本	甲产品						8	2	0	0	0									
	原材料	A材料															8	2	0	0	0
合　计							¥	8	2	0	0	0				¥	8	2	0	0	0

附件1张

会计主管：于树文　　记账：冯吉　　复核：李丽　　制单：刘亮

8.20 日，销售废料 A 材料，款项存入银行。

山 东 省 通 用 机 打 发 票

发票代码 121004621231
发票号码 06519864

开票日期：2020－12－20　　行业分类：×××××　　鲁税票通(2020)111 号

付款单位名称：	×××××	付款单位识别号：	××××××××

项目：	规　格	单　位	单　价	数　量	金　额
A材料		公斤	10	12	120.00

合计人民币(大写)：壹佰贰拾元整

免税标志：否　减免原因　　　　合计：¥120.00

收款单位名称(盖章)及纳税人识别号：××××××××××××××

收款单位开户银行及账号：×××××××××

开票人：杜　文　　　备注：

第一联　发票联（购货单位付款凭证）（手开无效）

收 款 凭 证

借方科目：银行存款　　2020 年 11 月 20 日　　银收字第 4 号

摘　要	贷方科目		√	金　额								
	总账科目	二级或明细科目		百	十	万	千	百	十	元	角	分
销售废料	主营业务收入							2	1	0	0	0
合　计							¥	2	1	0	0	0

附件1张

会计主管：于树文　　记账：冯吉　　复核：李丽　　制单：陈尘

9. 30 日，计提固定资产折旧。

固定资产折旧计算表

2020 年 11 月 30 日

应借科目	使用部门	月初固定资产原值	月折旧率	月折旧额
制造费用	车间	360 000.00	5%	18 000.00
管理费用	厂部	200 000.00	4%	8 000.00
	合计			¥26 000.00

主管：于树文　　　　审核：李丽　　　　制单：刘文

转　账　凭　证

2020 年 11 月 30 日　　　　转字第 7 号

摘　要	总账科目	明细科目	✓	借方金额									贷方金额								
				百	十	万	千	百	十	元	角	分	百	十	万	千	百	十	元	角	分
计提折旧	制造费用	折旧费					1	8	0	0	0	0									
	管理费用	折旧费						8	0	0	0	0									
	累计折旧															2	6	0	0	0	0
合　　计						¥	2	6	0	0	0	0			¥	2	6	0	0	0	0

附件 1 张

会计主管：于树文　　记账：冯言　　复核：李丽　　制单：刘亮

10. 30 日，开出支票支付广告费。

山东省通用机打发票

发票代码 121007265231

发票号码 06576264

开票日期：2020—12—30　　行业分类：×××××　　鲁税票通(2020)111 号

付款单位名称：	×××××	付款单位识别号：	××××××××

项目：	规　格	单　位	单　价	数　量	金　额
产品广告		次	200	20	4 000.00

合计人民币(大写)：肆仟圆整

免税标志：否　减免原因　　　　合计：¥4 000.00

收款单位名称(盖章)及纳税人识别号：××××××××××××××××

收款单位开户银行及账号：××××××××××

开票人：杨　星　　　　备注：

临沂市新星公司 5101241786901 发票专用章

第一联　发票联(购货单位付款凭证)(手开无效)

中国工商银行转账支票存根

支票号码:2009623
科　目银行存款
对方科目销售费用
出票日期 2020 年 11 月 30 日

收款人:创新广告公司
金　额:¥4 000.00
用　途:产品广告费
备　注:

单位主管:　　会计:张义

付　款　凭　证

贷方科目:银行存款　　2020 年 11 月 30 日　　银付收字第 3 号

摘　要	借方科目		√	金　额								
	总账科目	二级或明细科目		百	十	万	千	百	十	元	角	分
支付广告费	管理费用	广告费					4	0	0	0	0	0
合　计												

附件 2 张

会计主管:于树文　　记账:冯言　　复核:李丽　　制单:陈尘

四、实训要求

1. 熟悉账簿格式,了解登记账簿的要求,掌握登记账簿的方法。
2. 根据资料(三)对账簿记录中发生的错误按规定进行检查。

五、实训步骤

1. 根据资料(一)登记库存现金日记账、银行存款日记账、原材料明细账、应收账款明细账期初余额(账页见附录一中:三)。
2. 根据实训三所编制的记账凭证登记库存现金日记账、银行存款日记账、原材料明细分类账。
3. 根据资料(三)的资料对错账进行更正 ,编制更正错账的记账凭证。
4. 根据更正记账凭证登记有关账簿(账页见附录一中:四)。

实训六　对账、结账与试算平衡

一、实训目标

通过本单元的学习，使学生掌握账账、账证和账实核对的方法，能正确地结账，学会总分类账户本期发生额和期末余额的试算平衡，会编制“总分类账户发生额及余额平衡表”。

二、对账和结账的规范

（一）对账

在会计工作中，由于多种原因，可能造成账簿记录产生差错或与实物出现不一致的情况。比如填制记账凭证出现差错、记账过程产生差错、财产物资因自然原因发生溢余或短缺等，这些情况都会造成账账、账证和账实不符，只有通过对账才能发现。对账是对账簿记录所进行的核对工作，所以必须定期进行对账，以确保账簿记录提供的会计资料真实、正确、可靠，做到账证、账账和账实相符。

1. 账证核对

账证核对是将各种会计账簿（总分类账、明细分类账以及库存现金日记账和银行存款日记账等）与有关的会计凭证（收款凭证、付款凭证和转账凭证及其所附原始凭证）进行核对。

2. 账账核对

账账核对是将各种账簿之间的有关数字进行核对。每月末至少进行一次。核对内容主要包括：

(1)全部总分类账户本月借方发生额合计数与贷方发生额合计数、期末借方余额合计数与贷方余额合计数核对相符。

(2)总分类账各账户期末余额与其所属各有关明细分类期末余额合计数核对相符。

(3)库存现金日记账、银行存款日记账期末余额分别与总分类账“库存现金”期末余额、“银行存款”期末余额核对相符。

(4)会计部门的各种财产物资明细账余额与财产物资使用或保管部门的有关明细账余额核对相符。

3. 账实核对

账实核对是指各种财产物资、债权债务等账面余额与其实有数相核对。这项工作一般是通过财产清查进行的，核对的具体内容包括：

(1)库存现金日记账账面余额与库存现金实有数核对相符。

(2)银行存款日记账账面发生额、余额定期与银行对账单核对一致。

(3)各种财产物资明细账余额与财产物资实存数额核对一致。

(4)各种债权、债务明细账账面余额与有关债务、债权单位的账面记录相核对。

通过对账后，如发现登账存在错误，必须采用专门的方法更正。

（二）结账

结账是指在将本期内所发生的经济业务全部登记入账的基础上，按照规定的方法对该期内账簿记录进行小结，结算出各账户本期发生额合计和期末余额，并将余额结转下期或转入新账簿内的账务工作。

各个单位的经济活动是连续不断进行的，通过结账，可以定期总结各个会计期间（月、季、年）的经济活动情况及其结果，并为编制会计报表及时提供资料。结账工作通常于会计期末进行，一般分为月结、季结和年结。

1. 结账的程序

（1）结账前，必须将本期内发生的各项经济业务全部登记入账。如发生漏记、错记，应及时补记、更正。既不能提前结账，也不能延迟结账。

（2）实行权责发生制的单位，应按照权责发生制的要求进行账项调整的账务处理，合理确定本期应计的收入和应计的费用，将有关收入（收益）、费用（损失）转入“本年利润”账户，结平所有损益类账户，以计算确定本期的成本、费用、收入和财务成果。

（3）计算登记各账户的本期发生额和期末余额。这项工作一般在月末进行，称为“月结”；有的账户还需按季结算，称为“季结”；年度终了，还应进行年终结账，称为“年结”。

2. 结账内容

结账工作一般包括两项内容：

（1）结算收入、费用类账户。对于收入、费用类账户，会计期末应将其余额结平，据以计算确定本期的盈利或亏损，在账面上揭示出经营成果，为编制利润表提供依据。

（2）结算各资产、负债和所有者权益类账户。会计期末（月末、季末、年末），应分别结出资产、负债和所有者权益总分类账户和明细分类账户的本期发生额及期末余额，并将期末余额结转为下期的期初余额，以分清上下期的会计记录，并为编制资产负债表提供依据。

3. 结账的方法

结账的标志是画红线，目的是突出有关数字，表示本期的会计记录已经截止或者结束，并将本期与下期的记录明显分开，一目了然，便于编制报表。画线的具体方法在办理月结、季结和年结时有所不同。

（1）月结。办理月结时，月末应在各账户本月最后一笔记录下面画一条通栏红线，表示本月经济业务已经结束。然后，在红线下面一行结算出本月发生额和月末余额，在“摘要”栏内注明“本月合计”或“本月发生额及余额”字样；如无余额，应在“余额”栏“元”位注明“0”，并在“借或贷”栏内写上“平”字。最后，再在下面画一条通栏红线，表示完成月结工作。

（2）季结。季结的结账方法与月结基本相同：季末，在各账户本季度最后一个月的月结下面画一条通栏红线，表示本季经济业务已经结束。然后，在红线下面一行结算出本季发生额和季末余额，在“摘要”栏内注明“本季合计”或“本季发生额及余额”字样。最后，再在下面画一条通栏红线，表示完成季结工作。

（3）年结。年末，应在 12 月份月结下面（需办理季结的，应在第四季度的季结下面）结算填列全年 12 个月的发生额及年末余额，在“摘要”栏内注明“本年合计”或“本年发生额及余额”字样；最后，再在下面画通栏双红线，表示封账。

结账的具体方法见前面账簿表格所示。

（三）试算平衡

试算平衡是指按记账规则记账后，根据会计恒等式的平衡关系，检查资产与负债及所有者权益是否平衡的一种方法。在完成对所有经济业务填制会计凭证、登记账簿、对账、调账和结账之后，在编制会计报表之前，先要进行试算平衡。

按照“有借必有贷，借贷必相等”的记账规则记账后，每项经济业务自然平衡，借方金额一定等于贷方金额。根据这个原理，将全部经济业务都登记到有关账户后，全部账户的借方金额之和一定应等于全部账户的贷方金额之和。然而，事实上要做到这一点很不容易，这就需要有一种方法能够达到上述目的，这就是试算平衡。

1. 发生额平衡

按照"有借必有贷，借贷必相等"的记账规则记账，因为每笔业务借贷双方的发生额必然相等，所以，一定时期（如一个月）全部经济业务记入有关账户后的所有账户的借方发生额合计一定等于贷方发生额合计。用公式表示如下：

全部账户本期借方发生额合计＝全部账户本期贷方发生额合计

2. 余额平衡

按照"资产＝负债＋所有者权益"会计恒等式的原理，各账户结出余额后，全部账户借方余额合计一定等于全部账户贷方余额合计。用公式表示如下：

全部账户本期借方余额合计＝全部账户本期贷方余额合计

3. 编制"总分类账户发生额及余额平衡表"

试算平衡可以将发生额平衡与余额平衡的原理统一于一张表格内，编制出"总分类账户发生额及余额平衡表"。具体做法是：

先将全部总分类账户名称抄列到"会计科目"栏内，然后将各账户的期初余额、期末余额和本期借方发生额合计与贷方发生额合计分别填入各金额栏。按上述两个公式检查相关各项是否相等，相等即试算平衡，由此可以基本上推断总分类账一般是正确的。

【小经验】

试算平衡不能发现的问题

试算平衡只是检查账户记录是否正确的基本方法，但不能肯定记账没有错误。有些错误发生并不会影响平衡关系，试算平衡时发现不了。例如，经济业务漏记或重记，一笔经济业务的借贷双方金额发生同样错误，会计分录双方在记入总分类账时记错了账户，一笔经济业务借贷账户相互颠倒，或使用账户名称错误等，发现不了记账错误。

三、实训资料

资料（一）

大华企业 2020 年 11 月 30 日资产、负债和所有者权益的有关余额如下：

大华企业 2020 年 11 月 30 日总账户余额表

编制单位：大华企业　　　　2020 年 11 月 30 日　　　　单位：元

资　产	金　额	负债及所有者权益	金　额
银行存款	28 000	短期借款	28 000
应收账款	12 000	应付账款	22 000
原材料	25 000	实收资本	70 000
库存商品	20 000	盈余公积	40 000
固定资产	75 000		
合　计	160 000	合　计	160 000

资料（二）

该企业 12 月份发生下列业务：

(1)5日,收到红旗工厂偿还的前欠货款50 000元,存入银行。

(2)8日,以银行存款58 500元购买A材料10 000千克,单价5元,增值税税率13%,材料验收入库。

(3)13日,用银行存款偿还4个月的借款10 000元。

(4)15日,接受M公司投资款200 000元,存入银行。

(5)16日,用银行存款偿还前欠宝地公司货款80 000元。

(6)18日,购买机器设备一台,价值100 000元,增值税13 000元,价税款尚未支付,设备已交付使用。

(7)20日,领用A材料10 000元用于甲产品的生产。

(8)22日,销售给光明公司甲产品200件,单价50元,共计10 000元,增值税税率13%,货款未收。

(9)28日,收到光明公司的欠款11 700元,款项存入银行。

(10)29日,向银行借入半年期借款100 000元,年利率7%,存入银行。

四、实训要求

依据试算平衡的原理编制试算平衡表。

五、实训步骤(所需凭证和平衡表见附录一中:五)

1. 熟悉实训资料所列的经济业务。
2. 根据实训资料填制记账凭证。
3. 根据记账凭证登记"T"型账户,结出发生额和期末余额("T"型账户在草稿纸上做)。
4. 编制发生额及余额试算平衡表。

实训七 财务会计报表的编制

一、实训目标

通过编制资产负债表、利润表,使学生熟悉资产负债表、利润表的基本结构和编制要求,掌握其编制的具体操作方法。

二、财务报表的编制规范

(一)资产负债表的编制规范

1. 资产负债表的内容

资产负债表属于静态报表,是反映企业在某一特定日期财务状况的报表,主要提供有关企业财务状况方面的信息。通过资产负债表,可以提供企业在某一特定日期的资产总额及其结构,表明企业拥有或控制的资源及其分布情况;可以提供企业在某一特定日期的负债总额及其结构,表明企业未来需要用多少资产或者劳务清偿债务以及清偿时间;可以反映企业所有者在某一特定日期所拥有的权益,据以判断资本保值、增值的情况以及对负债的保障程度。

2. 资产负债表的格式

资产负债表一般有表首、正表两部分。其中，表首概括地说明报表名称、编制单位、报表日期、报表编号、货币名称、计量单位等。正表则列示了用以说明企业财务状况的各个项目，它一般有两种格式：报告式资产负债表和账户式资产负债表。报告式资产负债表是上下结构，上半部分列示资产，下半部分列示负债和所有者权益。账户式资产负债表是左右结构，左边列示资产，右边列示负债和所有者权益。不管采取什么格式，资产各项目的合计等于负债和所有者权益各项目的合计这一等式不变。在我国，资产负债表采用账户式，资产负债表左右双方平衡，即资产总计等于负债和所有者权益总计。

在资产负债表中，资产按照其流动性分类分项列示，包括流动资产和非流动资产；负债按照其流动性分类分项列示，包括流动负债和非流动负债；所有者权益按照实收资本(股本)、资本公积、盈余公积、未分配利润等项目分项列示。

财政部于 2019 年 5 月发布了《关于修订印发 2019 年度一般企业财务报表格式的通知》(财会〔2019〕6 号)，对一般企业财务报表格式进行了修订。本次修订包括两套财务报表格式，分别适用于未执行新金融准则、新收入准则和新租赁准则的非金融企业和已执行新准则和新租赁准则的非金融企业。

3. 资产负债表的编制方法

(1)资产负债表中的“上年年末余额”和“期末余额”

《企业会计准则》规定：会计报表至少应当反映相关两个期间的比较数据。也就是说，企业需要提供比较资产负债表，所以资产负债表各项目需要分为“上年年末余额”和“期末余额”两栏分别填列。

表中“上年年末余额”栏内各项目数字，应根据上年年末资产负债表“期末余额”栏内所列数字填列。如果本年度资产负债表规定的各个项目的名称和内容同上年度不相一致，应对上年年末资产负债表各项目的名称和数字按照本年度的规定进行调整，按调整后的数字填入本表“上年年末余额”栏内。

“期末余额”是指某一会计期末的数字，即月末、季末、半年末或年末的数字。资产负债表各项目“期末余额”栏内的数字可通过以下几种方式取得：

①根据总账余额直接填列。如“短期借款”“应收股利”等项目。

②根据总账余额计算填列。如“货币资金”项目，需要根据“库存现金”“银行存款”“其他货币资金”账户的期末余额合计数填列。

③根据明细账余额计算填列。如“应付账款”项目，需要根据“应付账款”“预付账款”账户所属相关明细账的期末贷方余额计算填列。

④根据总账和明细账余额分析计算填列。如“长期借款”项目，需要根据“长期借款”总账期末余额，扣除“长期借款”总账所属明细账中反映的、将于 1 年内到期且企业不能自主地将清偿义务展期的长期借款部分，分析计算填列。

⑤根据有关账户余额减去其备抵户余额后的净额填列。如“无形资产”项目是用“无形资产”账户余额减去“累计摊销”和“无形资产减值准备”账户余额后的净额填列。

⑥综合用上述填列方法分析填列。如“应收账款”项目，应根据“应收账款”和“预收账款”账户所属各明细账户的期末借方余额合计数，减去“坏账准备”账户中有关应收账款计提的坏账准备期末余额后的金额填列。

(2)资产负债表中各项目的填列方法

①“货币资金”项目，反映企业库存现金、银行存款、外埠存款，银行汇票存款、银行本

票存款、信用证保证金存款等的合计数。本项目应根据“库存现金”“银行存款”“其他货币资金”账户的期末余额合计填列。

②“以公允价值计量且其变动计入当期损益的金融资产”项目，反映企业购入的各种能随时变现并准备随时变现的股票、债券和基金投资。本项目应根据“交易性金融资产”账户的期末余额填列。

“交易性金融资产”项目，反映资产负债表日企业分类为以公允价值计量且其变动计入当期损益的金融资产，以及企业持有的直接指定为以公允价值计量且其变动计入当期损益的金融资产的期末账面价值。该项目应根据“交易性金融资产”账户的相关明细账户期末余额分析填列。自资产负债表日起超过一年到期且预期持有超过一年的以公允价值计量且其变动计入当期损益的非流动金融资产的期末账面价值，在“其他非流动金融资产”行项目反映。

③“应收票据”项目，反映资产负债表日以摊余成本计量的，企业因销售商品、提供服务等收到的商业汇票，包括银行承兑汇票和商业承兑汇票。“应收账款”项目，反映资产负债表日以摊余成本计量的，企业因销售商品、提供服务等经营活动应收取的款项。应根据“应收票据”和“应收账款”账户的期末余额，减去“坏账准备”账户中相关坏账准备期末余额后的金额填列。“应收票据”项目应根据“应收票据”账户的期末余额填列，已向银行贴现和已背书转让的应收票据不包括在本项目内。“应收账款”项目应根据“应收账款”账户和“预收账款”账户所属各明细账的期末借方余额合计，减去“坏账准备”账户中有关应收账款计提的坏账准备期末余额后的金额填列。如“应收账款”账户所属明细账期末有贷方余额，应在本表“预收款项”项目内填列。

④“其他应收款”项目，反映企业除应收票据、应收账款、预付账款以外的应收和暂付其他单位和个人的款项，应根据“应收利息”“应收股利”“其他应收款”账户的期末余额合计数，减去“坏账准备”账户中相关坏账准备期末余额后的金额填列。“应收股利”项目，反映企业因股权投资而应收取的现金股利，企业应收其他单位的利润，也包括在本项目内，本项目应根据“应收股利”账户的期末余额填列。“应收利息”项目，反映企业因债权投资而应收取的利息，本项目应根据“应收利息”账户的期末余额填列。

⑤“预付款项”项目，反映企业预付给供应单位的款项。本项目应根据“预付账款”账户和“应付账款”账户所属各明细账的期末借方余额合计，减去“坏账准备”账户中有关预付账款计提的坏账准备期末余额后的金额填列。如“预付账款”账户所属有关明细账期末有贷方余额的，应在本表“应付账款”项目内填列。

⑥“存货”项目，反映企业期末库存、在途和加工中的各项存货的价值，包括各种材料、商品、在产品、半成品、包装物、低值易耗品等。本项目应根据“在途物资”(或“材料采购”)、“原材料”“库存商品”“周转材料”“委托加工物资”“生产成本”等账户的期末余额合计，减去“存货跌价准备”账户期末余额后的金额填列。原材料采用计划成本核算的企业，还应按加或减材料成本差异后的金额填列。

⑦“持有待售资产”项目，反映资产负债表日划分为持有待售类别的非流动资产及划分为持有待售类别的处置组中流动资产和非流动资产的期末账面价值。本项目应根据“持有待售资产”账户的期末余额，减去“持有待售资产减值准备”账户的期末余额后的金额填列。

⑧“其他流动资产”项目，反映企业除以上流动资产项目外的其他流动资产，本项目应

根据有关账户的期末余额填列。如其他流动资产价值较大，应在会计报表附注中披露其内容和金额。

⑨“可供出售金融资产”项目，反映企业持有的可供出售金融资产的净值。本项目应根据“可供出售金融资产”账户的期末余额，减去“可供出售金融资产减值准备”账户余额后的金额填列。

“债权投资”项目，反映资产负债表日企业以摊余成本计量的长期债权投资的期末账面价值。该项目应根据“债权投资”账户的相关明细账户期末余额，减去“债权投资减值准备”账户中相关减值准备的期末余额后的金额分析填列。自资产负债表日起一年内到期的长期债权投资的期末账面价值，在“一年内到期的非流动资产”行项目反映。企业购入的以摊余成本计量的一年内到期的债权投资的期末账面价值，在“其他流动资产”行项目反映。

⑩“持有至到期投资”项目，反映企业所拥有的期限在1年以上而且到期日确定的债权性投资的净值。本项目应根据“持有至到期投资”账户的期末余额，减去“持有至到期投资减值准备”账户的余额后填列。

“其他债权投资”项目，反映资产负债表日企业分类为以公允价值计量且其变动计入其他综合收益的长期债权投资的期末账面价值。该项目应根据“其他债权投资”账户的相关明细账户期末余额分析填列。自资产负债表日起一年内到期的长期债权投资的期末账面价值，在“一年内到期的非流动资产”行项目反映。企业购入的以公允价值计量且其变动计入其他综合收益的一年内到期的债权投资的期末账面价值，在“其他流动资产”行项目反映。

⑪“长期应收款”项目，反映企业应收期限在1年以上的款项。本项目应根据“长期应收款”账户的期末余额减去相应的“未实现融资收益”账户期末余额和“坏账准备”账户期末余额，再减去所属相关明细账中将于1年内到期的部分后的金额进行填列。

⑫“长期股权投资”项目，反映企业不准备在1年内（含1年）变现的各种股权性质投资的可收回金额。本项目应根据“长期股权投资”账户的期末余额，减去“长期股权投资减值准备”账户余额后的金额填列。

⑬“其他权益工具投资”项目，反映资产负债表日企业指定为以公允价值计量且其变动计入其他综合收益的非交易性权益工具投资的期末账面价值。该项目应根据“其他权益工具投资”账户的期末余额填列。

⑭“投资性房地产”项目，反映企业拥有的用于出租的建筑物和土地使用权的金额。本项目应根据“投资性房地产”账户的期末余额填列。

⑮“固定资产”项目，反映资产负债表日企业固定资产的期末账面价值和企业尚未清理完毕的固定资产清理净损益。该项目应根据“固定资产”账户的期末余额，减去“累计折旧”和“固定资产减值准备”账户的期末余额后的金额，以及“固定资产清理”账户的期末余额填列。“固定资产清理”项目，反映企业因出售、毁损、报废等原因转入清理但尚未清理完毕的固定资产的账面价值，与固定资产清理过程中所发生的清理费用和变价收入等各项金额的差额。

⑯“在建工程”项目，反映资产负债表日企业尚未达到预定可使用状态的在建工程的期末账面价值和企业为在建工程准备的各种物资的期末账面价值。该项目应根据“在建工程”账户的期末余额，减去“在建工程减值准备”账户的期末余额后的金额，以及“工程物

资”账户的期末余额，减去“工程物资减值准备”账户的期末余额后的金额填列。

⑰“无形资产”项目，反映企业各项无形资产的期末可收回金额。本项目应根据“无形资产”账户的期末余额，减去“累计摊销”和“无形资产减值准备”账户期末余额后的金额填列。

⑱“开发支出”项目，反映企业自行研究开发无形资产在期末尚未完成开发阶段的无形资产的价值。本项目应根据“开发支出”账户的期末余额填列。

⑲“长期待摊费用”项目，反映企业尚未摊销的摊销期限在1年以上（不含1年）的各种费用，如租入固定资产改良支出、摊销期限在1年以上（不含1年）的其他待摊费用。本项目应根据“长期待摊费用”账户的期末余额填列。

⑳“其他非流动资产”项目，反映企业除以上资产以外的其他长期资产。本项目应根据有关账户的期末余额填列。如其他非流动资产价值较大，应在会计报表附注中披露其内容和金额。

㉑“短期借款”项目，反映企业借入尚未归还的1年期以下（含1年）的借款。本项目应根据“短期借款”账户的期末余额填列。

㉒“以公允价值计量且其变动计入当期损益的金融负债”项目，反映企业承担的以公允价值计量且其变动计入当期损益的为交易目的持有的金融负债。本项目应根据“交易性金融负债”账户的期末余额填列。“交易性金融负债”项目，反映资产负债表日企业承担的交易性金融负债，以及企业持有的直接指定为以公允价值计量且其变动计入当期损益的金融负债的期末账面价值。该项目应根据“交易性金融负债”账户的相关明细科目期末余额填列。

㉓“应付票据”项目，反映资产负债表日以摊余成本计量的，企业因购买材料、商品和接受服务等开出、承兑的商业汇票，包括银行承兑汇票和商业承兑汇票。“应付账款”项目，反映资产负债表日以摊余成本计量的，企业因购买材料、商品和接受服务等经营活动应支付的款项。“应付票据”项目应根据“应付票据”账户的期末余额填列。“应付账款”项目应根据“应付账款”账户和“预付账款”账户所属各有关明细账的期末贷方余额合计填列。如“应付账款”账户所属各明细账期末有借方余额，应在本表“预付款项”项目内填列。

㉔“预收款项”项目，反映企业预收购买单位的账款。本项目应根据“预收账款”和“应收账款”账户所属各有关明细账户的期末贷方余额合计填列。如“预收账款”账户所属有关明细账户有借方余额的，应在本表“应收账款”项目内填列。

㉕“应付职工薪酬”项目，反映企业应付未付的职工薪酬。应付职工薪酬包括应付职工的工资、奖金、津贴和补贴、职工福利费和医疗保险费、养老保险费等各种保险费以及住房公积金等。本项目应根据“应付职工薪酬”账户期末贷方余额填列。如“应付职工薪酬”账户期末有借方余额，以“—”号填列。

㉖“应交税费”项目，反映企业期末未交、多交或未抵扣的各种税金和其他费用。本项目应根据“应交税费”账户的期末贷方余额填列。如“应交税费”账户期末为借方余额，以“—”号填列。

㉗“其他应付款”项目，应根据“应付利息”“应付股利”“其他应付款”账户的期末余额合计数填列。“其他应付款”项目，反映企业除应付票据、应付账款、应付工资、应付利润等以外的应付和暂收其他单位和个人的款项。本项目应根据“其他应付款”账户的期末余额填列。“应付股利”项目，反映企业尚未支付的现金股利。本项目应根据“应付股利”账户

的期末余额填列。

㉘“持有待售负债”项目，反映资产负债表日处置组中与划分为持有待售类别的资产直接相关的负债的期末账面价值。本项目应根据“持有待售负债”账户的期末余额填列。

㉙“其他流动负债”项目，反映企业除以上流动负债以外的其他流动负债。本项目应根据有关账户的期末余额填列。如其他流动负债价值较大，应在会计报表附注中披露其内容及金额。

㉚“长期借款”项目，反映企业借入尚未归还的 1 年期以上（不含 1 年）的借款本息。本项目应根据“长期借款”账户的期末余额填列。

㉛“应付债券”项目，反映企业发行的尚未偿还的各种长期债券的本息。本项目应根据“应付债券”账户的期末余额填列。

㉜“长期应付款”项目，反映资产负债表日企业除长期借款和应付债券以外的其他各种长期应付款项的期末账面价值。该项目应根据“长期应付款”账户的期末余额，减去相关的“未确认融资费用”账户的期末余额，再减去所属相关明细账中将于 1 年内到期的部分后的金额，以及“专项应付款”账户的期末余额填列。其中“专项应付款“项目，反映企业取得的政府作为企业所有者投入的具有专项或特定用途的款项，本项目应根据“专项应付款”账户的期末余额填列。

㉝“预计负债”项目，反映企业确认的对外提供担保、未决诉讼、产品质量保证等事项的预计负债的期末余额。本项目应根据“预计负债”账户的期末余额填列。

㉞“其他非流动负债”项目，反映企业除以上非流动负债项目以外的其他非流动负债。本项目应根据有关账户的期末余额填列。如其他非流动负债价值较大的，应在会计报表附注中披露其内容和金额。

上述非流动负债各项目中将于 1 年内（含 1 年）到期的负债，应在“1 年内到期的非流动负债”项目内单独反映。上述非流动负债各项目均应根据有关账户期末余额减去将于 1 年内（含 1 年）到期的非流动负债后的金额填列。

㉟“合同资产”和“合同负债”行项目。企业应按照《企业会计准则第 14 号——收入》（2017 年修订）的相关规定，根据本企业履约义务与客户付款之间的关系在资产负债表中列示合同资产或合同负债。“合同资产”项目、“合同负债”项目，应分别根据“合同资产”账户、“合同负债”账户的相关明细账户期末余额分析填列，同一合同下的合同资产和合同负债应当以净额列示，其中净额为借方余额的，应当根据其流动性在“合同资产”或“其他非流动资产”项目中填列，已计提减值准备的，还应减去“合同资产减值准备”账户中相关的期末余额后的金额填列；其中净额为贷方余额的，应当根据其流动性在“合同负债”或“其他非流动负债”项目中填列。

按照《企业会计准则第 14 号——收入》（2017 年修订）的相关规定确认为资产的合同取得成本，应当根据“合同取得成本”账户的明细账户初始确认时摊销期限是否超过一年或一个正常营业周期，在“其他流动资产”或“其他非流动资产”项目中填列，已计提减值准备的，还应减去“合同取得成本减值准备”账户中相关的期末余额后的金额填列。

按照《企业会计准则第 14 号——收入》（2017 年修订）的相关规定确认为资产的合同履约成本，应当根据“合同履约成本”账户的明细账户初始确认时摊销期限是否超过一年或一个正常营业周期，在“存货”或“其他非流动资产”项目中填列，已计提减值准备的，还应减去“合同履约成本减值准备”账户中相关的期末余额后的金额填列。

按照《企业会计准则第 14 号——收入》(2017 年修订)的相关规定确认为资产的应收退货成本,应当根据"应收退货成本"账户是否在一年或一个正常营业周期内出售,在"其他流动资产"或"其他非流动资产"项目中填列。

按照《企业会计准则第 14 号——收入》(2017 年修订)的相关规定确认为预计负债的应付退货款,应当根据"预计负债"账户下的"应付退货款"明细账户是否在一年或一个正常营业周期内清偿,在"其他流动负债"或"预计负债"项目中填列。

㊱"实收资本(或股本)"项目,反映企业各投资者实际投入的资本(或股本)总额。本项目应根据"实收资本(或股本)"账户的期末余额填列。

㊲"资本公积"项目,反映企业资本公积的期末余额。本项目应根据"资本公积"账户的期末余额填列。

㊳"盈余公积"项目,反映企业盈余公积的期末余额。本项目应根据"盈余公积"账户的期末余额填列。

㊴"未分配利润"项目,反映企业尚未分配的利润。本项目应根据"本年利润"账户和"利润分配"账户的余额计算填列。未弥补的亏损,在本项目内以"—"号填列。

(二)利润表的编制规范

1. 利润表的内容

利润表属于动态报表,是反映企业在一定会计期间经营成果的报表,主要提供有关企业经营成果方面的信息。通过利润表,可以反映企业一定会计期间的收入实现情况和费用耗费情况;可以反映企业一定会计期间生产经营活动的成果,据以判断资本保值、增值情况。

一般情况下,利润表主要反映以下几方面的内容:(1)构成营业利润的各项要素。从营业收入出发,减去营业成本、税金及附加、销售费用、管理费用、财务费用等项目后得出营业利润。(2)构成利润总额的各项要素。在营业利润的基础上,加上营业外收入、减去营业外支出等项目后得出。(3)构成净利润的各项要素。在利润总额的基础上,减去所得税费用后得出。

2. 利润表的格式

利润表一般有表首、正表两部分。其中,表首概括地说明报表名称、编制单位、报表所属期间、报表编号、货币名称、计量单位等;正表反映形成经营成果的各个项目和计算过程。利润表正表的格式一般有两种:单步式利润表和多步式利润表。单步式利润表是将当期所有的收入列在一起,然后将所有的费用列在一起,两者相减得出当期净利润。多步式利润表是通过对当期的收入、费用、支出项目按性质或功能加以归类,按利润形成的主要环节列示一些中间性利润指标,如营业利润、利润总额、净利润,分布计算当期净利润。在我国,利润表一般采用多步式。

3. 利润表的编制方法

(1)利润表中的"本期金额"与"上期金额"

《企业会计准则》规定,会计报表至少应当反映相关两个期间的比较数据。也就是说,企业需要提供比较利润表,所以利润表各项目需要分为"本期金额"和"上期金额"两栏分别填列。

利润表中"本期金额"栏反映各项目的本期实际发生数。在编报某月、某季度、某半年利润表时,填列上年同期实际发生数;在编报年度利润表时,填列上年全年实际发生数。

如果上年度利润表与本年度利润表的项目名称和内容不相一致，应对上年度利润表项目的名称和数字按本年度的规定进行调整，填入本表“上期金额”栏。

(2)利润表中各项目的填列方法

利润表中各项目的金额，一般是根据有关账户的本期发生额来填列的。“本期金额”栏内各项数字，根据以下方法填列：

①“营业收入”项目，反映企业经营主要业务和其他业务所取得的收入总额。本项目应根据“主营业务收入”账户和“其他业务收入”账户的发生额合计分析填列。

②“营业成本”项目，反映企业经营主要业务和其他业务发生的实际成本总额。本项目应根据“主营业务成本”账户和“其他业务成本”账户的发生额合计分析填列。

③“税金及附加”项目，反映企业经营业务应负担的消费税、城市维护建设税、资源税、教育费附加及房产税、城镇土地使用税、车船税、印花税等。本项目应根据“税金及附加”账户的发生额分析填列。

④“销售费用”项目，反映企业在销售商品过程中发生的包装费、广告费等费用和为销售本企业商品而专设的销售机构的职工薪酬、业务费等经营费用。本项目应根据“销售费用”账户的发生额分析填列。

⑤“管理费用”项目，反映企业为组织和管理生产经营发生的管理费用。本项目应根据“管理费用”账户的发生额扣除“研发费用”明细科目的发生额填列。

⑥“研发费用”项目，反映企业进行研究与开发过程中发生的费用化支出，以及计入管理费用的自行开发无形资产的摊销。该项目应根据“管理费用”账户下的“研发费用”明细账户的发生额，以及“管理费用”科目下的“无形资产摊销”明细科目的发生额分析填列。

⑦“财务费用”项目，反映企业为筹集生产经营所需资金而发生的利息支出等。本项目应根据“财务费用”账户的发生额分析填列。

其中，“利息费用”项目，反映企业为筹集生产经营所需资金等而发生的应予费用化的利息支出。该项目应根据“财务费用”账户的相关明细账户的发生额分析填列。“利息收入”行项目，反映企业确认的利息收入。该项目应根据“财务费用”账户的相关明细账户的发生额分析填列。

⑧“资产减值损失”项目，反映企业因资产减值而发生的损失。本项目应根据“资产减值损失”账户的发生额分析填列。

⑨“信用减值损失”行项目，反映企业按照《企业会计准则第22号——金融工具确认和计量》(2017年修订)的要求计提的各项金融工具减值准备所形成的预期信用损失。该项目应根据“信用减值损失”账户的发生额分析填列。

⑩“其他收益”项目，反映计入其他收益的政府补助，以及其他与日常活动相关且计入其他收益的项目。该项目应根据在损益类账户新设置的“其他收益”账户的发生额分析填列。

⑪“投资收益”项目，反映企业以各种方式对外投资所取得的净收益。该项目应根据“投资收益”账户的发生额分析填列；如为投资净损失，以“－”号填列。

⑫“净敞口套期收益”项目，反映净敞口套期下被套期项目累计公允价值变动转入当期损益的金额或现金流量套期储备转入当期损益的金额。该项目应根据“净敞口套期损益”账户的发生额分析填列；如为套期损失，以“－”号填列。

⑬“公允价值变动收益”项目，反映企业资产因公允价值变动而发生的损益。本项目

应根据“公允价值变动损益”账户的发生额分析填列；如为净损失，以“－”号填列。

⑭“资产处置收益”项目，反映企业出售划分为持有待售的非流动资产（金融工具、长期股权投资和投资性房地产除外）或处置时确认的处置利得或损失，以及处置未划分为持有待售的固定资产、在建工程、生产性生物资产及无形资产而产生的处置利得或损失。债务重组中因处置非流动资产产生的利得或损失和非货币性资产交换产生的利得或损失也包括在本项目内。本项目应根据在损益类账户新设置的“资产处置收益”账户的发生额分析填列；如为处置损失，以“－”号填列。

⑮“营业外收入”项目，反映企业发生的营业利润以外的收益，主要包括与企业日常活动无关的政府补助、盘盈利得、捐赠利得（企业接受股东或股东的子公司直接或间接的捐赠、经济实质属于股东对企业的资本性投入的除外）等。本项目应根据“营业外收入”账户的发生额分析填列。

⑯“营业外支出”项目，反映企业发生的营业利润以外的支出，主要包括公益性捐赠支出、非常损失、盘亏损失、非流动资产毁损报废损失等。本项目应根据“营业外支出”账户的发生额分析填列。

⑰“所得税费用”项目，反映企业按规定从本期利润总额中减去的所得税。本项目应根据“所得税费用”账户的发生额分析填列。

⑱“净利润”项目，反映企业实现的净利润；如为净亏损，以“－”号填列。

“（一）持续经营净利润”和“（二）终止经营净利润”行项目，分别反映净利润中与持续经营相关的净利润和与终止经营相关的净利润；如为净亏损，以“－”号填列。这两个项目应按照《企业会计准则第 42 号——持有待售的非流动资产、处置组和终止经营》的相关规定分别列报。

⑲“基本每股收益”和“稀释每股收益”项目，反映企业根据每股收益准则计算的两种每股收益指标的金额。

⑳“其他综合收益”和“综合收益总额”项目。“其他综合收益”反映企业未在当期损益中确认的各项利得和损失扣除所得税影响后的净额。“综合收益总额”反映净利润和其他综合收益扣除所得税影响后的净额相加后的合计数额。“其他综合收益”项目根据有关账户的明细发生额分析计算填列，“综合收益总额”项目根据本表中相关项目计算填列。

“其他权益工具投资公允价值变动”项目，反映企业指定为以公允价值计量且其变动计入其他综合收益的非交易性权益工具投资发生的公允价值变动。该项目应根据“其他综合收益”账户的相关明细账户的发生额分析填列。

“企业自身信用风险公允价值变动”项目，反映企业指定为以公允价值计量且其变动计入当期损益的金融负债，由企业自身信用风险变动引起的公允价值变动而计入其他综合收益的金额。该项目应根据“其他综合收益”账户的相关明细账户的发生额分析填列。

“其他债权投资公允价值变动”行项目，反映企业分类为以公允价值计量且其变动计入其他综合收益的债权投资发生的公允价值变动。企业将一项以公允价值计量且其变动计入其他综合收益的金融资产重分类为以摊余成本计量的金融资产，或重分类为以公允价值计量且其变动计入当期损益的金融资产时，之前计入其他综合收益的累计利得或损失从其他综合收益中转出的金额作为该项目的减项。该项目应根据“其他综合收益”账户下的相关明细账户的发生额分析填列。

“金融资产重分类计入其他综合收益的金额”行项目，反映企业将一项以摊余成本计量的金融资产重分类为以公允价值计量且其变动计入其他综合收益的金融资产时，计入其他综合收益的原账面价值与公允价值之间的差额。该项目应根据“其他综合收益”账户下的相关明细账户的发生额分析填列。

“其他债权投资信用减值准备”行项目，反映企业按照《企业会计准则第 22 号——金融工具确认和计量》(2017 年修订)第十八条分类为以公允价值计量且其变动计入其他综合收益的金融资产的损失准备。该项目应根据“其他综合收益”账户下的“信用减值准备”明细账户的发生额分析填列。

“现金流量套期储备”行项目，反映企业套期工具产生的利得或损失中属于套期有效的部分。该项目应根据“其他综合收益”账户下的“套期储备”明细账户的发生额分析填列。

【小经验】

1. 资产负债表应根据“资产＝负债＋所有者权益”这一会计恒等式关系来编制。
2. 利润表应根据“利润＝收入－费用”这一会计等式来编制。
2. 报表编制完成后，要注意勾稽关系是否正确。

三、实训资料

资料(一)　中国临沂金雀有限责任公司 2020 年 12 月 31 日编制的资产、负债、所有者权益的总分类账户期末余额试算平衡表如下：

总分类账户期末余额试算平衡表

2020 年 12 月 31 日　　单位：元

编号	账户名称	期末余额	
		借方	贷方
1	库存现金	940	
2	银行存款	5 918 800	
3	应收账款	498 700	
4	预付账款	3 000	
5	其他应收款	300	
6	原材料	209 900	
7	库存商品	108 000	
8	生产成本	430 790	
9	固定资产	2 800 000	
10	累计折旧		479 000
11	短期借款		240 000
12	应付账款		29 000
13	应付利息		1 700
14	应付职工薪酬		71 000
15	应交税费		139 862.9
16	实收资本		2 800 000
17	资本公积		
18	盈余公积		689 046.71

续表

编号	账户名称	期末余额	
		借方	贷方
19	本年利润		
20	利润分配		5 520 820.39
21			
22	合计	9 970 430	9 970 430

注:“应收账款”账户余额 498 700 元,其中,山东向阳工厂贷方 3 000 元,江苏大华企业借方 501 700 元。

资料(二) 临沂金雀有限责任公司 2020 年 12 月各损益类账户的本期发生额以及 1～11 月份的累计发生额如下表所示:

损益类账户的发生额

单位:元

账户名称	1～11 月的累计发生额		12 月份的发生额	
	借 方	贷 方	借 方	贷 方
主营业务收入		11 820 000		410 000
其他业务收入		0		200
投资收益		0		0
营业外收入		0		0
主营业务成本	5 004 000		192 000	
税金及附加	0		10 000	
其他业务成本	0		100	
销售费用	128 500		2 500	
管理费用	576 600		41 470	
财务费用	96 900		0	
营业外支出	0		50 000	
所得税费用	1 984 620		37 662.9	

四、实训要求

为了使会计报表能够满足信息使用者的需要,实现编制会计目标,充分发挥财务会计报告的作用,企业编制的财务会计报告应当真实可靠、相关可比、内容完整、编报及时、便于理解。

五、实训步骤(所需资产负债表及利润表见附录一中:六)

1. 根据资料(一)编制资产负债表。
2. 根据资料(二)编制利润表。

实训八 会计凭证装订与会计资料保管

一、实训目标

1. 掌握会计凭证装订方法。
2. 掌握会计资料保管方法。

二、会计凭证装订规范

在国家颁布的《会计档案管理办法》中明确规定：各单位要建立会计档案的立卷、归档、保管、查阅和销毁等管理制度，保证会计档案妥善保管，有序存放，方便查阅，防止毁损、丢失和泄密。

会计档案就是会计资料立卷、归档形成的重要文献，包括会计凭证、会计账簿和会计报告以及其他会计资料等会计核算的专业材料。

会计凭证类：原始凭证、记账凭证、汇总凭证和其他凭证。

会计账簿类：总账、明细账、日记账、固定资产卡片、辅助账簿和其他会计账簿。

会计报告类：月度、季度和年度会计报告，包括会计报表、附表、附注及其文字说明。

其他会计资料类：银行存款余额调节表，银行对账单，其他应当保存的会计核算专业资料，会计档案移交清册、保管清册和销毁清册。

(一)会计凭证装订前的整理

会计凭证记账后，应及时装订。装订的范围包括原始凭证、记账凭证、科目汇总表、银行对账单等。科目汇总表的底稿也可作为科目汇总表的附件装订在内。装订前应整理好会计凭证，会计凭证的整理工作主要有按类别、凭证顺序号对凭证进行排序、粘贴和折叠。

对于纸张面积大于记账凭证的原始凭证，要按记账凭证的面积尺寸，将凭证的上边、左边与记账凭证对齐，然后将多出部分先自右向后，再自下向后两次折叠。应把凭证的左上角或左侧面让出来，以便凭证装订后还可以展开阅读。

对于纸张面积略小于记账凭证的原始凭证，可以先用回形针或大头针别在记账凭证后面，待装订凭证时，抽出回形针或大头针直接装订，不用胶水粘贴。

对于纸张面积过小的原始凭证(如车票等)，一般也不能直接装订，可先按一定类别和顺序排列，再用胶水粘在一张与记账凭证大小相同的原始凭证粘贴单上。如果没有，也可以用白纸替代。粘贴时，小票要分张排列，同类同金额的单据尽量粘在一起，应注意张数和合计金额。

如果一项经济业务的原始凭证不仅面积大，而且数量多，可以与记账凭证分开，单独装订，如工资单、材料消耗单等，但在记账凭证上要注明保管地点。

原始凭证附在记账凭证后的顺序要与记账凭证所记载的内容顺序一致，不应按原始凭证的面积大小来排序，为汇总装订打好基础。

(二)装订会计凭证

装订就是将分散的会计凭证装订成册，从而方便保管和使用。装订之前，要根据会计凭证的类别和数量确定需要装订的册数，每册的厚薄应基本保持一致。通常，一本凭证的厚度以1.5～2.0厘米为宜，以便于放置和翻阅。

会计凭证的装订，一般以月份为单位，每月末将会计凭证装订成册。会计凭证少的单位，可以将若干月份(如3个月)的会计凭证合并装订成一册，并在封皮注明本册所包含的会计凭证月份。

装订会计凭证前，要以会计凭证的左上侧为准，放齐，准备好铁锥或装订机、线、铁夹、胶水、凭证封皮、包角纸等用具和材料。

装订会计凭证时，凭证封皮和封底分别附在要装订的会计凭证上，再拿一张质地相同、面积为记账凭证1/2纸放在封皮上角，做护角线。然后，在凭证的左上角画一边长为5厘米的等腰三角形，用夹子夹住，用装订机在底线上分布均匀地打两个眼；再用大针引线穿过两个眼，在会计凭证的背面打结，再将护角向左上侧面折，并将一侧剪开至凭证的左上角，然后抹上胶水，向上折叠，将侧面和背面的线扣粘死。待胶水晾干后，要在凭证的侧面写上“某年某月第几册共几册”的字样。装订人在装订线封签处签名后盖章。

三、会计资料的保管

(一)立卷

会计年度终了后，应对会计资料进行整理立卷。会计档案的整理一般采用“三统一”的办法，即分类标准统一、档案形成统一、管理要求统一，并分门别类按各卷顺序编号。

1. 分类标准统一

一般将财务会计资料分成一类账簿、二类凭证、三类报表、四类文字资料及其他。

2. 档案形成统一

案册封面、档案卡夹、存放柜和存放序列统一。

3. 管理要求统一

建立财务会计资料档案簿、会计资料档案目录，会计资料档案、会计凭证装订成册，报表和文字资料分类立卷，其他零星资料按年度排序汇编装订成册。

(二)保管要求

《会计档案管理办法》规定，当年形成的会计档案，在会计年度终了后，可由会计机构保管一年，期满后，应当由会计机构编制移交清册，移交本单位档案机构统一保管；未设立档案机构的，应当在会计机构内部指定专人保管。出纳人员不得兼管会计档案。

1. 会计资料的移交手续

当财务会计部门将会计资料移交本单位档案部门时，应首先开列清册，填写交接清单；其次，在账簿使用日期栏填写移交日期；最后，交接人员按移交清册和交接清单项目核查无误后签章。

2. 会计资料的日常保管

会计档案室应选择在干燥防水的地方，保持通风透光，留有适当的空间、通道和查阅地方，以便于查阅，并防止潮湿；会计档案室应远离易燃品堆放地，周围应备有防火器材；应采用透明塑料膜做防尘罩、防尘布，遮盖所有档案架和堵塞鼠洞；会计档案室内应经常用消毒药剂喷洒，保持清洁卫生，以防虫蛀；设置归档登记簿、档案目录登记簿、档案借阅登记簿，严防毁坏损失、散失和泄密。

3. 会计资料的借阅

会计资料只限本单位使用，原则上不得借出，有特殊需要的，须经上级主管单位或单位领导、会计主管人员批准。

外部借阅会计资料档案时，应持有单位正式介绍信，经会计主管或单位领导人批准后，方可办理借阅手续；单位内部人员借阅时，经会计主管或单位领导人批准，才可办理借阅手续；借阅人应填写借阅登记簿，将借阅人的姓名、单位、日期、数量、内容、归期等情况登记清楚；借阅人员不得在案卷中乱画、标记，拆散原卷册，也不得涂改抽换、携带外出或复制原件（如有特殊情况，须经单位领导人批准后方能携带外出或复制原件）。借出的会计资料档案，会计资料档案管理人员要按期如数收回，并办理注销借阅手续。

4. 会计资料的保管期限

会计资料档案的保管期限，按其特点可分为永久性和定期性两类。凡是在立档单位会计核算中形成的、记录和反映会计核算的，对工作总结、研究经济活动具有长远利用价值的会计资料档案，应永久保存。定期保管期限分 3 年、5 年、10 年、15 年和 25 年五种。会计资料档案的保管期限应从会计年度终了后的第一天算起，如 2012 年 12 月 31 日是 2012 年会计年度终了日，2012 年会计资料档案保管期限应从 2013 年 1 月 1 日开始算起。

为了全面反映会计资料档案情况，档案部门应设置“会计档案备查表”，及时记载会计资料档案的保存数、借阅数和归档数，做到心中有数，不出差错。

（三）会计资料档案的销毁

会计资料档案保管期满需要销毁时，应由本单位档案部门提出销毁意见，会同财务会计部门共同鉴定和审查，编造会计资料档案销毁清册。

会计资料档案销毁清册是销毁会计资料的记录和报批文件，一般应包括会计资料档案的名称、卷号、册数、起止年度和档案编号、应保管期限、已保管期限、销毁日期等内容。

单位负责人应当在会计资料档案销毁清册上签署意见。

对于保管期满但未结清的债权债务以及其他未了事项的原始凭证不得销毁，应单独抽出，另行立卷，由档案部门保管到未了事项完结时为止。单独抽出另行立卷的会计资料档案，应当在会计资料档案销毁清册和会计资料档案保管清册中列明。

各单位按规定销毁会计资料档案时，应由档案部门和会计部门派人监销。财政部门销毁档案时，还应由同级审计部门派人参加监销。监销人在销毁档案以前，应当按照会计资料档案销毁清册所列内容认真清点、核对要销毁的会计资料档案；销毁后，应当在会计资料档案销毁清册上签名盖章，并将监销情况报告本单位负责人。

单位因撤销、解散、破产或者其他原因而终止的，在终止和办理注销登记手续之前形成的会计资料档案，应当由终止单位的业务主管部门或财产所有者代管或移交有关档案馆代管。

【小经验】

要保管好会计档案，首先，要严格执行安全和保密制度。安全，是指会计档案完好无损，做到不丢失、不破损、不被虫蛀等。安全制度包括会计档案的保存、保护责任制以及检查、监督方面的制度。保密，是指会计档案的信息不能超过规定传递的范围。保密制度包括接受会计档案信息的范围和对象、利用会计档案时保密的程序和方法以及各环节保密的责任等。其次，要严格执行检查、保管制度。要有专人负责保管会计档案。有关单位、人员要定期不定期地检查会计档案的保存情况，要严格按规定的程序、技术方法处理档案保存中的问题。

四、实训资料

实训三、实训四和实训五的资料。

五、实训要求

1. 将填制的会计凭证顺序编号,分两册加封皮后装订并归档。
2. 撰写不少于 1 000 字的实习总结报告。

六、实训步骤

1. 将本章填制的记账凭证和涉及的原始凭证按照前述装订规范进行整理。
2. 将整理过的凭证进行装订。

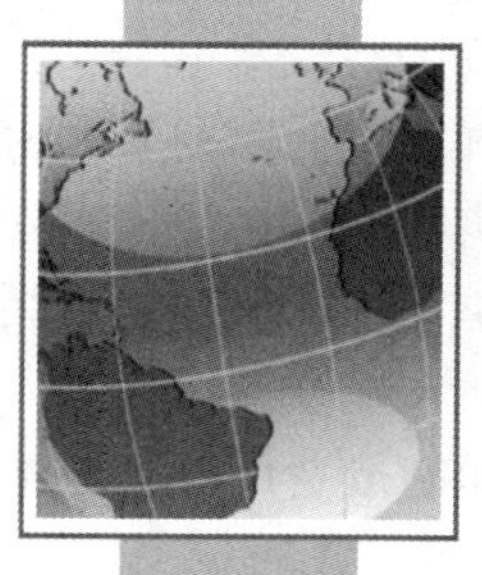

第四章 基础会计综合实训

基础会计综合实训是在基础会计单项实训的基础上，按照会计核算形式所进行的系统的、全面的实训。会计核算形式又称会计账务处理程序，是指在会计核算中，以账簿体系为中心，把会计凭证、会计账簿、会计报表、记账程序和记账方法等有机结合起来的技术组织形式。具体来讲，就是指从原始凭证的审核、整理、汇总开始，到填制记账凭证和汇总、登记日记账、明细分类账和总分类账以及编制会计报表全过程的步骤和方法。按照登记总分类账的依据不同，会计核算形式可以分为记账凭证核算形式、日记总账核算形式、多栏式日记账核算形式、科目汇总表核算形式、汇总记账凭证核算形式等。本教材在综合实训中，主要选择记账凭证核算形式和科目汇总表核算形式两种(实训企业采用的是科目汇总表核算形式)。在实际工作中，由财会人员填制的原始凭证很少，为了增加学生填制原始凭证的机会，实训企业会计主体的内部原始凭证均为空白凭证，由学生根据经济业务的发生情况进行填写。

一、实训会计主体情况介绍

(一)企业概况

企业名称：锦州市红星液压件制造有限公司

厂　　址：锦州市太和区松坡路 88 号；电话：0416－4565999

法定代表人：刘鑫

注册资本：人民币伍佰万元

经营范围：生产和销售多路阀、马达两种产品

所需原材料：钢材、铸件、油料和各种辅助材料

开户银行、账号：锦州市商业银行石化支行 402021749101888

纳税登记号：210711759117555

机构设置：公司下设财务科、生产车间、办公室、销售科、供应科、仓储部门

有关人员名单：法人代表刘鑫；总经理黄国华；财务主管林森；记账会计付艳；出纳刘欢；稽核王玲；销售部开票人陈杰；仓库保管员李利；车间负责人王浩

(二)企业产品生产流程

企业产品生产流程如图 4－1 所示。

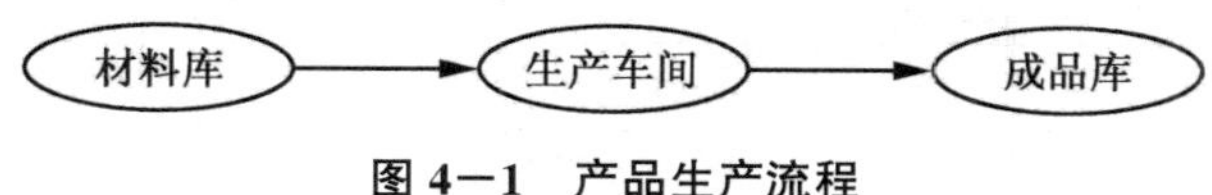

图 4－1　产品生产流程

(三)企业财务制度有关规定和说明

1. 流动资产部分

(1)库存现金限额 6 000 元。

(2)原材料日常核算采用实际成本法,设置"在途物资"账户,材料采购费用按采购材料重量比例分配,仓库进行数量明细核算,财务部门进行数量、金额核算。材料发出实际成本于月终根据"领料单"编制"原材料发出汇总表"一次结转,包装物、低值易耗品价值结转采用一次摊销法。

(3)"生产成本"明细分类账设直接材料、直接人工、燃料及动力和制造费用四个成本项目,分品种归集和计算生产成本。

(4)库存商品收发核算按实际成本计价,本月入库产成品的实际成本于月终根据"产品成本汇总表"一次结转,本月发出产品的实际成本按月末一次加权平均法计算,本月发出产品的实际总成本于月终根据"产品销售成本计算表"一次结转。

2. 固定资产部分

固定资产的折旧采用直线法依据分类折旧率按月计提。房屋月折旧率为 4‰,机器设备月折旧率为 8‰,电子、运输月折旧率为 9‰。

3. 会计核算程序

科目汇总表核算形式,每 10 天汇总一次(实训时也可以采用记账凭证核算形式)。

4. 纳税及其他

该企业为增值税一般纳税人,使用增值税专用发票,增值税税率为 13%,所得税税率为 25%,城市维护建设税税率为 7%,教育费附加为 3%,地方教育费为 1%;法定盈余公积金的计提比例是 10%,任意盈余公积金的计提比例是 10%。

(四)企业会计账务资料

1. 锦州市红星液压件制造有限公司 2020 年 12 月份总分类账建账资料如表 4—1 所示。

表 4—1　　锦州市红星液压件制造有限公司总账账户表

序号	账户名称	序号	账户名称	序号	账户名称
1	库存现金	14	累计摊销	27	生产成本
2	银行存款	15	长期待摊费用	28	制造费用
3	应收票据	16	短期借款	29	主营业务收入
4	应收账款	17	应付票据	30	其他业务收入
5	其他应收款	18	应付账款	31	营业外收入
6	预付账款	19	预收账款	32	主营业务成本
7	在途物资	20	应付职工薪酬	33	税金及附加
8	原材料	21	应交税费	34	销售费用
9	库存商品	22	其他应付款	35	管理费用
10	周转材料	23	实收资本	36	财务费用
11	固定资产	24	盈余公积	37	营业外支出
12	累计折旧	25	本年利润	38	所得税费用
13	无形资产	26	利润分配	39	

2. 锦州市红星液压件制造有限公司 2020 年 12 月份总分类账各账户期初余额资料见表 4—2。

表 4—2　　2020 年 12 月份总分类账账户期初余额表　　单位：元

账户名称	借方余额	账户名称	贷方余额
库存现金	5 734.08	短期借款	100 000.00
银行存款	610 157.37	应付账款	529 060.18
应收账款	893 901.71	预收账款	570 000.00
预付账款	8 162.28	应付职工薪酬	117 034.45
其他应收款	4 300.00	应交税费	50 773.86
原材料	342 761.37	其他应付款	61 345.48
库存商品	242 759.70	实收资本	5 000 000.00
周转材料	8 287.45	盈余公积	266 381.62
固定资产	5 677 537.92	本年利润	237 290.64
无形资产	600 000.00	利润分配	159 415.24
长期待摊费用	49 806.21	累计折旧	1 294 606.62
		累计摊销	57 500.00
合　　计	8 443 408.09	合　　计	8 443 408.09

3. 锦州市红星液压件制造有限公司 2020 年 12 月份明细分类账各账户期初余额资料分别见表 4—3 、表 4—4 、表 4—5 和表 4—6。

表 4—3　　2020 年 12 月份明细分类账有关账户期初余额　　单位：元

总账科目	明细账科目	借方金额	贷方金额
应收账款	佳木斯煤矿有限公司	187 059.70	
	太原市矿电设备配件有限公司	99 200.00	
	天津机电有限公司	168 759.81	
	山西柏林经贸有限公司	263 990.00	
	泰安腾飞机械有限公司	174 892.20	
预付账款	供电所	8 162.28	
其他应收款	王雷	800.00	
	李鑫	1 500.00	
	黄国华	2 000.00	
周转材料	包装物	7 503.54	
	低值易耗品	783.91	
无形资产	土地使用权	542 500.00	
长期待摊费用	租入固定资产改良支出	49 806.21	
短期借款	锦州银行		100 000.00
应付账款	大连远景铸造有限公司		80 984.13

续表

总账科目	明细账科目	借方金额	贷方金额
	沈阳液压件厂		145 579.80
	锦州铸造厂		72 840.65
	山东金力材料有限公司		229 655.60
预收账款	蚌埠机电贸易有限公司		250 000.00
	锦州华元重型机械有限公司		140 000.00
	平顶山机械有限公司		180 000.00
应付职工薪酬	职工福利		117 034.45
应交税费	未交增值税		42 823.63
	城市维护建设税		5 059.24
	教育费附加		2 168.24
	地方教育费		722.75
	应抵扣固定资产增值税	28 754.56	
其他应付款	个人风险金		27 000.00
	职工食堂		34 345.48
盈余公积	法定盈余公积		133 190.81
	任意盈余公积		133 190.81
利润分配	未分配利润		159 415.24

表 4—4　　2020 年 12 月份原材料明细分类账账户期初余额　　单位:元

材料名称	计量单位	数　量	单　价	金　额
钢材	吨	21	3 500.00	73 500.00
铸件	件	150	550.00	82 500.00
油料	桶	4	980.00	3 920.00
辅助材料				182 841.37
合　计				342 761.37

表 4—5　　2020 年 12 月份库存商品明细分类账账户期初余额　　单位:元

产品名称	计量单位	数　量	单　价	金　额
多路阀	台	89	1 378.80	122 713.20
马达	台	74	1 622.25	120 046.50
合　计				242 759.70

表 4—6　**2020 年 12 月份固定资产明细分类账账户期初余额**　单位:元

固定资产类别		固定资产原值	累计折旧	月折旧率(‰)
生产用	房屋及建筑物	2 006 311.41	272 501.76	4
	机器设备	2 714 139.45	762 879.88	8
	小　计	4 720 450.86	1 035 381.64	
非生产用	房屋及建筑物	211 750.00	70 192.89	4
	机器设备	29 860.00	9 162.14	8
	运输工具	622 800.00	139 867.62	9
	电子设备	92 677.06	40 002.33	9
	小　计	957 087.06	259 224.98	
合　计		5 677 537.92	1 294 606.62	

4. 锦州市红星液压件制造有限公司客户的基本资料

(1)山西柏林经贸有限公司

纳税人识别号:140107757250060

地址、电话:太原市杏花岭区精营东二道 35 号 3 幢 808 室　0351—3277272

开户行及账号:中行高支 04313852272809101O

(2)蚌埠机电贸易有限公司

纳税人识别号:340304713990256

地址、电话:蚌埠市大庆路 258 号　0552—4928564

开户行及账号:工行涂办 1303007609024532799

(3)平顶山机械有限公司

纳税人识别号:410402791903133

地址、电话:新华区新程街北口　0375—7508629

开户行及账号:农行天河宫分理处 231801040019981

(4)天津机电有限公司

纳税人识别号:12013797262861

地址、电话:天津市河西东江道 57 号四季馨园 45—203　022—28153879

开户行及账号:农行天津微山路支行 02180101040005047

(5)太原市矿电设备配件有限公司

纳税人识别号:140105731893131

地址、电话:太原市高新技术开发区产业路 48 号　0351—7036206

开户行及账号:太原市商行东北支行 0782—294013021305017

(6)泰安腾飞机械有限公司

纳税人识别号:370902762864931

地址、电话:泰安市东岳大街中段　0538—8503598

开户行及账号:中国银行泰安分行东关分理处 412000119038091010

(7)锦州广林液压有限公司

纳税人识别号:210711736726921

地址、电话:锦州市太和区重型里 20 号北区　0416－3093969

开户行及账号:锦州市商业银行城建支行 40201390590101027

(8)锦州华元重型机械有限公司

纳税人识别号:210711788780803

地址、电话:锦州市太和区重型里 37 号北区　0416－7181072

开户行及账号:锦州市商业银行城内支行 402035830301018

(9)佳木斯煤矿有限公司

纳税人识别号:230800781949715

地址、电话:郊区长发镇北长发村　0454－8161165

开户行及账号:佳木斯市郊区向阳农村信用社 02019777－18

5. 锦州市红星液压件制造有限公司 2020 年 12 月份发生经济业务如下:

(1)12 月 1 日,司机刘国强报销公路车辆通行费 100 元,以现金支付。

附凭证:辽宁省公路车辆通行费专用收据 5 张,每张 20 元

(2)12 月 1 日,收到山西柏林经贸有限公司归还前欠货款 263 990 元。

附凭证:中国人民银行支付系统专用凭证汇兑凭证 No 000027197235

收款收据 4320442

(3)12 月 1 日,开出转账支票一张,偿还前欠锦州铸造厂货款 72 840.65 元。

附凭证:锦州市商业银行转账支票存根 $\frac{GS}{02}$00846876

付款通知单

(4)12 月 2 日,发给蚌埠机电贸易有限公司多路阀 50 台、马达 40 台;发给平顶山机械有限公司多路阀 35 台、马达 30 台。多路阀每台售价 1 700 元,马达每台售价 2 000 元,货款共计 284 500 元,增值税销项税额 36 985 元,款项已在上月预收。

附凭证:辽宁增值税专用发票发票联 No 00248035

辽宁增值税专用发票发票联 No 01819061

产品出库单 2 张

(5)12 月 2 日,从山东金力材料有限公司购进钢材 120 吨,单价 3 800 元,计货款 456 000 元,增值税进项税额为 59 280 元。价税款尚未支付,材料在运输途中。

附凭证:山东增值税专用发票发票联 No 05705038

山东增值税专用发票抵扣联 No 05705038

(6)12 月 3 日,开出现金支票向银行提取现金 202 468.87 元,备发工资。

附凭证:现金支票存根 $\frac{GS}{02}$00834765

(7)12 月 3 日,以现金支付职工工资 202 468.87 元。(职工食堂工资 4 860 元另在其他应付款挂账。)

附凭证:12 月份职工工资发放汇总表

(8)12 月 3 日,从锦州市机电工具有限公司购进铣刀 54 支,单价 30 元;丝锥 100 支,单价 20 元;加长锥钻 33 支,单价 70 元。价款共计 5 930 元,增值税进项税额为 770.90 元,价税款开出转账支票付讫。

附凭证:辽宁增值税专用发票发票联 No 00194025

辽宁增值税专用发票抵扣联 No 00194025

锦州市商业银行转账支票存根 $\frac{GS}{02}$00846877

入库单

(9)12 月 4 日,从锦州市洁康配件有限公司购进各种辅助材料 96 364.35 元,增值税税额为 12 527.37 元。价税款开出转账支票付讫,材料已验收入库。

附凭证:辽宁增值税专用发票发票联 No 00193611

辽宁增值税专用发票抵扣联 No 00193611

锦州市商业银行转账支票存根 $\frac{GS}{02}$00846878

入库单

(10)12 月 4 日,收到天津机电有限公司归还前欠货款 68 759.81 元。

附凭证:中国人民银行支付系统专用凭证汇兑凭证 No 00006141677

收款收据 5623432

(11)12 月 5 日,职工李峰报销医药费 378.89 元,以现金支付。

附凭证:锦州市医学院附属第三医院药费收据一张

辽宁省通用机打发票一张

(12)12 月 5 日,从北京金铸城物资有限公司购进钢材 12 吨,单价 7 200 元,计货款 86 400 元,增值税税额 11 232 元,对方代垫运费 3 000 元。价税及运费款开出一张期限为 4 个月、面值为 100 632 元的商业承兑汇票,材料已验收入库。

附凭证:北京增值税专用发票发票联 No 02994726

北京增值税专用发票抵扣联 No 02994726

入库单

运费单据

(13)12 月 6 日,以银行存款缴纳上月应交增值税 71 578.24 元。

附凭证:锦州市商业银行电子缴税付款凭证 No 00010107

(14)12 月 6 日,以银行存款缴纳房产税 1 552.64 元,印花税 622.60 元,土地使用税 7 337 元,教育费附加 2 168.24 元,地方教育费 722.75 元,城市维护建设税 5 059.24 元。

附凭证:中华人民共和国税收通用缴款书 2 张

(15)12 月 6 日,为生产车间购买开水器一台,价款 850 元以转账支票付讫。

附凭证:辽宁省通用机打发票一张

锦州市商业银行转账支票存根 $\frac{GS}{02}$00846879

(16)12 月 6 日,开出现金支票向银行提取现金 10 000 元,以备零星开支。

附凭证:锦州市商业银行现金支票存根 $\frac{GS}{02}$00834766

(17)12 月 6 日,从山东金力材料有限公司购进钢材 120 吨,已到达企业验收入库,以现金支付运费 12 000 元,结转入库材料实际成本。

附凭证:入库单

公路运费收据

(18)12 月 7 日，开出现金支票向银行提取现金 10 000 元，以备零星开支。

附凭证：锦州市商业银行现金支票存根 $\frac{GS}{02}$00834767

(19)12 月 7 日，用现金从北京市新华书店购买《机械设计手册》等书 4 968 元。

附凭证：北京市通用机打专用发票 06511895

(20)12 月 7 日，开出转账支票一张，向锦州市太和区钟屯供电所预付电费 20 000 元。

附凭证：电费收入报告整理票一张

锦州市商业银行转账支票存根 $\frac{GS}{02}$00846880

(21)12 月 8 日，开出转账支票支付广告费 5 600 元。

附凭证：锦州市广告业专业发票 00135024

锦州市商业银行转账支票存根 $\frac{GS}{02}$00846881

(22)12 月 8 日，出售废铁屑 13.01 吨，每吨 641 元，计价款 8 339.41 元，增值税税额 1 084.12 元，价税款一并收到现金。(作其他业务收入处理。)

附凭证：辽宁增值税普通发票 No 00210340

(23)12 月 9 日，收到太原市矿电设备配件有限公司归还前欠货款 99 200 元，泰安腾飞机械有限公司归还前欠货款 174 892.20 元。

附凭证：中国人民银行支付系统专用凭证汇兑凭证 No 000027197345

中国人民银行支付系统专用凭证汇兑凭证 No 000027197346

收款收据 5623433

收款收据 5623434

(24)12 月 9 日，偿还前欠山东金力材料有限公司货款 129 655.60 元。

附凭证：付款通知单

电汇回单

(25)12 月 10 日，从沈阳金瀚机电有限公司购进机床一台，价款 49 145 元，增值税税额 6 388.85 元，以现金支付运费 1 000 元，价税款以银行存款支付。

附凭证：辽宁增值税专用发票 发票联 No 01174042

辽宁增值税专用发票 抵扣联 No 01174042

铁路运费单据

电汇回单

(26)12 月 10 日，向锦州市广林液压有限公司销售多路阀 100 台，单价 1 700 元；马达 50 台，单价 2 000 元。计价款 270 000 元，增值税税额为 35 100 元，价税款收到转账支票，存入银行。

附凭证：辽宁增值税专用发票发票联 No 00248031

产品出库单

锦州市商业银行进账单(回单)

锦州市商业银行进账单(收账通知)

(27)12 月 11 日，采购员王雷出差回来，报销差旅费 842 元；采购员李鑫出差回来，报销差旅费 1 670 元。

附凭证：差旅费报销表 2 张

(28)12 月 12 日，偿还前欠大连远景铸造有限公司货款 80 984.13 元。

附凭证：付款通知单

电汇回单

(29)12 月 13 日，收到银行付款通知，支付电话费 4 385.10 元。

附凭证：辽宁省通用机打发票

(30)12 月 14 日，司机刘国强报销汽油费 1 408 元，以现金支付。

附凭证：辽宁省通用机打发票

(31)12 月 15 日，收到天津机电有限公司开出的面值为 10 万元、期限为 3 个月的商业承兑汇票一张，用来偿还前欠货款。

附凭证：收款收据 5623435

商业承兑汇票 $\frac{GA}{01}$02792344

(32)12 月 15 日，经理黄国华出差回来，报销差旅费 1 820 元，余款退回。

附凭证：差旅费报销单一张。

(33)12 月 16 日，从深圳希尔斯丹服装厂购进工作服 75 套，单价 75 元，计价款 5 625 元，款项以现金付讫，工作服验收已入库。

附凭证：广东省通用机打发票

入库单

(34)12 月 17 日，收到锦州华元重型机械有限公司预付货款 131 000 元，存入银行。

附凭证：锦州市商业银行进账单(回单)

锦州市商业银行进账单(收账通知)

(35)12 月 18 日，从锦州科捷润滑油有限公司购进油料 30 桶，单价 1 000 元，计价款 30 000 元，增值税税额为 3 900 元，价税款开出转账支票付讫，材料已验收入库。

附凭证：辽宁增值税专用发票发票联 No 00238432

辽宁增值税专用发票抵扣联 No 00238432

入库单

锦州市商业银行转账支票存根 $\frac{GS}{02}$00846882

(36)12 月 19 日，从锦州百货大楼购进电脑一台，价款 6 565 元，款项以银行存款付讫。

附凭证：辽宁省通用机打发票

锦州市商业银行转账支票存根 $\frac{GS}{02}$00846883

(37)12 月 19 日，向锦州华元重型机械有限公司销售多路阀 50 台，单价 1 700 元；马达 40 台，单价 2 000 元。计价款 165 000 元，增值税销项税额为 21 450 元，款已预收。

附凭证：辽宁增值税专用发票发票联 No 00248032

产品出库单

(38)12 月 19 日，以现金支付银行电汇手续费等 165 元。

附凭证：业务收费单一张

(39)12 月 19 日,从沈阳天元工贸有限公司购进钢材 50 吨,单价 4 200 元,计货款 210 000 元,增值税税额为 27 300 元,价税款尚未支付,材料已验收入库。

附凭证:辽宁增值税专用发票发票联 No 02086664

辽宁增值税专用发票抵扣联 No 02086664

入库单

(40)12 月 21 日,以转账支票向锦州市民政局捐赠救灾款 20 000 元。

附凭证:行政事业单位收款收据(第二联)

锦州市商业银行转账支票存根 $\frac{GS}{02}$00846884

(41)12 月 21 日,收到佳木斯煤矿有限公司以现金归还前欠货款 100 000 元。

附凭证:收款收据一张

(42)12 月 21 日,将现金 100 000 元送存银行。

附凭证:现金缴款单

(43)12 月 21 日,从大连远景铸造有限公司购进铸件 800 件,单价 600 元,计货款 480 000 元,增值税进项税额 62 400 元,对方代垫运费 4 000 元。价税款及运费以银行存款支付,材料尚未到达企业。

附凭证:辽宁增值税专用发票发票联 No 00308513

辽宁增值税专用发票抵扣联 No 00308513

铁路运费收据

电汇回单

(44)12 月 23 日,销售多路阀 260 台,单价 1 700 元;马达 140 台,单价 2 000 元。其中:佳木斯煤矿有限公司多路阀 80 台,马达 40 台;天津机电有限公司多路阀 80 台,马达 50 台;泰安腾飞机械有限公司多路阀 100 台,马达 50 台;价款合计 722 000 元,增值税税额 93 860 元,价税款未收。

附凭证:辽宁增值税专用发票发票联 No 00248033

辽宁增值税专用发票发票联 No 00248034

辽宁增值税专用发票发票联 No 00248035

产品出库单 3 张

(45)12 月 24 日,从大连远景铸造有限公司购进铸件 800 件,到达企业验收入库,结转入库实际成本。

附凭证:入库单

(46)12 月 24 日,收到银行存款利息 815.78 元。

附凭证:锦州市商业银行存款利息回单

(47)12 月 24 日,开出面值为 10 万元、期限为 2 个月的商业承兑汇票一张,偿还前欠山东金力材料有限公司货款。

附凭证:山东金力材料有限公司收款收据 0002075

(48)12 月 24 日,李华因公出差,借支差旅费 1 000 元,以现金支付。

附凭证:借款单

(49)12 月 25 日,向银行借款 100 000 元,借款期 6 个月,年利率 7.2%,款存入银行。

附凭证:商业银行借款凭证

短期借款申请书

(50)12 月 25 日，向太原市矿电设备配件有限公司销售多路阀 80 台，单价 1 700 元；马达 50 台，单价 2 000 元，增值税税率 13%，以银行存款代垫运费 5 000 元。向山西柏林经贸有限公司销售多路阀 50 台，单价 1 700 元；马达 60 台，单价 2 000 元，增值税税率 13%，以银行存款代垫运费 5 000 元。上述价税款和代垫运费一并办妥托收手续，取得回单。

附凭证：辽宁增值税专用发票发票联 No 00248036

辽宁增值税专用发票发票联 No 00248037

产品出库单 2 张

托收回单 2 张

锦州市商业银行转账支票存根 $\frac{GS}{02}$00846885

锦州市商业银行转账支票存根 $\frac{GS}{02}$00846886

(51)12 月 26 日，职工付艳等报销通勤费 180 元，以现金支付。

附凭证：辽宁省通用机打发票 3 张

(52)12 月 27 日，用现金从锦州市古塔区万事成炉具店购买液化气钢瓶两个，价款 430 元，当即交付给职工食堂使用。

附凭证：辽宁省通用机打发票

(53)12 月 28 日，以银行存款支付本月水费 1 886.50 元，增值税 245.25 元(其中，行政管理部门耗用 170 吨，车间耗用 600 吨)。

附凭证：特约委托收款凭证(付款通知)

辽宁增值税专用发票发票联 No 02086536

辽宁增值税专用发票抵扣联 No 02086536

水费分配表

(54)12 月 28 日，财产清查中盘亏各种辅助材料 200 元(不考虑增值税)，盘盈机器设备一台，价值 3 000 元，原因待查。

附凭证：账存实存报告表

(55)12 月 28 日，职工王志明报销取暖费 1 248 元，以现金支付。

附凭证：辽宁省通用机打发票

(56)12 月 29 日，用现金购买办公用品 1 480 元。其中，行政管理部门 870 元，生产车间 610 元。.

附凭证：辽宁省通用机打发票 2 张

办公用品领用表

(57)12 月 29 日，用现金为行政管理部门购买饮水机一台，价款 300 元；为车间购买风钻 2 把，价款 480 元，直接交付车间使用。

附凭证：辽宁省通用机打发票 2 张

(58)12 月 29 日，从锦州市凌河区创新炊事机械商店为职工食堂购买多层蒸饭车一台，价款 1 980 元，款项开出转账支票付讫。

附凭证：锦州市商业银行转账支票存根 $\frac{GS}{02}$00846887

辽宁省通用机打发票

(59)12 月 29 日，接银行收账通知，太原市矿电设备配件有限公司和山西柏林经贸有限公司的款项已收回。

附凭证：托收凭证收账通知联 2 张

(60)12 月 30 日，用现金支付网上认证服务费 755 元。

附凭证：辽宁省通用机打发票

(61)12 月 30 日，以现金支付职工培训费 160 元。

附凭证：收款收据　2242982

(62)12 月 31 日，计提本月固定资产折旧费 37 263.55 元。其中，生产车间固定资产折旧 29 738.37 元，行政管理部门固定资产折旧 7 525.18 元。

附凭证：固定资产折旧计算表

(63)12 月 31 日，计提无形资产摊销额 2 500 元。

附凭证：无形资产摊销计算表

(64)12 月 31 日，接银行通知，支付本月短期借款利息 600 元。

附凭证：锦州市商业银行贷款利息通知单

(65)12 月 31 日，分配结转职工薪酬。2020 年 12 月应付工资 207 328.87 元，其中，产品生产工人工资 161 428.87 元(多路阀产品工人工资为 90 588.45 元，马达产品工人工资为 70 840.42 元)，车间管理人员工资 4 000 元，行政管理人员工资 32 300 元，专设销售机构人员工资 9 600 元。企业确定的职工福利费提取比例为工资总额的 14%。

附凭证：职工工资费用分配表

职工福利费计算表

(66)12 月 31 日，摊销本月应负担的经营租入固定资产改良支出 2 075.26 元。

附凭证：长期待摊费用摊销表

(67)12 月 31 日，分配结转本月电费总计 21 897.15 元，增值税进项税额 3 722.51 元。其中：行政管理部门 1 735 度，单价 0.69 元，计 1 197.15 元；生产车间 30 000 度，单价 0.69 元，合计 20 700 元。

其中：多路阀产品 12 000 度，单价 0.69 元，计 8 280 元

马达产品 16 000 度，单价 0.69 元，计 11 040 元

车间照明用电 2 000 度，单价 0.69 元，计 1 380 元

附凭证：辽宁增值税专用发票发票联 No 02076925

辽宁增值税专用发票抵扣联 No 02076925

电费分配表

(68)12 月 31 日，上述盘点结果盘亏材料属于收发错误，经领导批准做管理费用处理，盘盈设备作为以前年度重大会计差错处理，暂不做其他处理。

附凭证：管理层处理意见书

(69)12 月 31 日，生产车间本月领用材料和周转材料情况如下：

12 月 6 日，领用钢材 20 吨(其中，多路阀产品耗用 9 吨，马达产品耗用 11 吨)，单位成本 3 500 元；铸件 130 件(其中，多路阀产品耗用 90 件，马达产品耗用 40 件)，单价 550 元；油料 3 桶(其中，多路阀产品耗用 1 桶，马达产品耗用 2 桶)，单价 980 元；各种辅助材料 154 890 元，其中，管理部门领用 3 200 元。

12 月 7 日，领用钢材 80 吨(其中，多路阀产品耗用 35 吨，马达产品耗用 45 吨)，单位成本 3 900 元；各种辅助材料 44 274.75 元。

12 月 8 日，车间领用铣刀 20 支，丝锥 60 支，加长锥钻 20 支，工作服 75 套，单价 75 元；销售部门领用包装物 5 000 元。

12 月 12 日，领用钢材 9 吨(其中，多路阀产品耗用 3 吨，马达产品耗用 6 吨)，单位成本 7 450 元；各种辅助材料 59 435.25 元。

12 月 23 日，领用钢材 50 吨(其中，多路阀产品耗用 20 吨，马达产品耗用 30 吨)，单价 4 200 元；领用铸件 500 件(其中，多路阀产品耗用 350 件，马达产品耗用 150 件)，单位成本 605 元；油料 25 桶(其中，多路阀产品耗用 10 桶，马达产品耗用 15 桶)，单价 1 000 元；各种辅助材料 6 400 元。

(注：各种辅助材料费用按两种产品所耗铸件材料费用比例分配。)

附凭证：周转材料领用单

领料单 4 张

12 月份原材料领用汇总表

(70)12 月 31 日，分配结转制造费用(按工人工资比例分配，分配率保留四位小数)。

附凭证：制造费用分配表

(71)12 月 31 日，本月投产多路阀产品 650 台，马达产品 430 台，月末全部完工，结转完工入库产成品成本。

附凭证：产品成本计算单

产品成本汇总表

(72)12 月 31 日，结转本月销售产品成本。

附凭证：产品销售成本汇总表

(73)12 月 31 日，计算并结转本月应交城市维护建设税、教育费附加和地方教育费。

凭证：城市维护建设税、教育费附加计算表

(74)12 月 31 日，计算并结转本月份未交增值税。

附凭证：应交增值税计算表

(75)12 月 31 日，结转本月收入类账户。

附凭证：营业收入汇总表

(76)12 月 31 日，结转本月成本、费用、支出类账户。

附凭证：费用汇总表

(77)12 月 31 日，计算并结转应交所得税(没有调整事项)。

附凭证：所得税计算表

(78)12 月 31 日，结转本年净利润。

(79)12 月 31 日，按照本年净利润的 10%提取法定盈余公积，按照本年净利润的 10%提取任意盈余公积。

附凭证：提取盈余公积计算表

(80)12 月 31 日，将“利润分配”各明细账户的余额转入“未分配利润”明细账户。

二、综合实训

【知识回顾】

1. 会计循环及内容

会计循环是指一个会计主体在一定的会计期间内,从经济业务发生取得或填制会计凭证起,到登记账簿、编制会计报表止的一系列处理程序。它是按照划分的会计期间,周而复始进行的会计核算工作的内容。会计循环过程中的内容可概括为:(1)根据原始凭证填制记账凭证,按照复式记账法为经济业务编制会计分录;(2)根据编制的记账凭证登记有关账户,包括日记账、明细分类账和总分类账;(3)根据分类账户的记录编制结账(调整)前试算表;(4)按照权责发生制的要求编制调整分录并予以过账;(5)编制结账分录并登记入账,结清损益类账户和利润账户;(6)根据全部账户数据资料编制结账后试算表;(7)根据账户的数据资料编制会计报表,包括资产负债表或利润表等。

2. 记账凭证核算形式的内容及特点

记账凭证核算形式是指对发生的经济业务都要以原始凭证或原始凭证汇总表编制记账凭证,根据记账凭证逐笔登记总分类账的一种账务处理程序。这种账务处理程序的主要特点是直接根据记账凭证逐笔登记总账。这种账务处理程序是其他各种账务处理程序的基础。

3. 记账凭证核算形式下凭证和账簿设置

采用记账凭证核算形式时,记账凭证可采用一种通用格式,也可采用收款凭证、付款凭证和转账凭证三种格式。账簿设置一般采用三栏式库存现金、银行存款日记账和三栏式总分类账,明细账可根据管理需要采用三栏式、数量金额式或多栏式。

4. 记账凭证核算形式下的账务处理程序

(1)根据原始凭证或原始凭证汇总表编制记账凭证;

(2)根据收款凭证、付款凭证登记库存现金日记账;

(3)根据记账凭证和原始凭证(或原始凭证汇总表)登记各种明细账;

(4)根据记账凭证登记总账;

(5)日记账、明细账分别与总账定期核对;

(6)根据总账、明细账和其他有关资料编制会计报表。

5. 科目汇总表核算形式的内容及特点

科目汇总表核算形式是指对发生的经济业务,根据原始凭证或原始凭证汇总表编制记账凭证,根据记账凭证定期编制科目汇总表,并据以登记总分类账的一种账务处理程序。这种账务处理程序的主要特点是,根据记账凭证定期编制科目汇总表,然后根据科目汇总表登记总账。

6. 科目汇总表核算形式下凭证和账簿设置

采用科目汇总表核算形式除了设置收款凭证、付款凭证和转账凭证外,为了定期将全部记账凭证进行汇总,应另设置科目汇总表。库存现金日记账、银行存款日记账及各种明细账和总分类账的设置与记账凭证核算形式下的设置相同。

7. 科目汇总表核算形式的核算程序

(1)根据原始凭证或原始凭证汇总表编制记账凭证;

(2)根据收款凭证、付款凭证登记库存现金日记账;

(3)根据记账凭证和原始凭证(或原始凭证汇总表)登记各种明细账;

(4)根据记账凭证编制科目汇总表;

(5)根据科目汇总表登记总账;

(6)日记账、明细账分别与总账定期核对;

(7)根据总账、明细账和其他有关资料编制会计报表。

(一)实训目标

通过本章的学习,了解企业的总体概况、产品生产流程,掌握企业内部财务制度要求,熟悉在记账凭证核算形式下和科目汇总表核算形式下凭证设置、账簿的组织以及记账程序的基本内容,并能熟练掌握其操作的基本程序和方法。

(二)实训指导与准备

1. 三栏式总账 1 本
2. 三栏式库存现金日记账 2 页
3. 三栏式银行存款现金日记账 2 页
4. 三栏式明细账 35 页
5. 数量金额式明细账 6 页
6. 多栏式明细账 6 页
7. 固定资产明细账 6 页
8. 增值税明细账 1 页
9. 现金收款凭证 4 张
10. 现金付款凭证 20 张
11. 银行存款收款凭证 10 张
12. 银行存款付款凭证 25 张
13. 转账凭证 35 张
14. 凭证封皮 1 张
15. 科目汇总表 3 张(每 10 天汇总一次)
16. 总分类账本期发生额和期末余额试算平衡表 1 张
17. 资产负债表 1 张
18. 利润表 1 张
19. 账簿启用及交接记录 1 张
20. 账簿目录 1 张
21. 账夹 1 副
22. 账绳 2 根

(三)实训步骤

任务一　建账

【小知识】

建账时应注意的问题

第一,建账时所填写的内容应使用蓝黑或碳素墨水笔。

第二,建账时书写错误应按照《会计法》规定的方法更正。

第三,印花税按年缴纳,由会计人员自行计算、贴花、加盖印章、画线注销。

【知识回顾】

会计账簿体系

会计账簿体系见图 4－2。

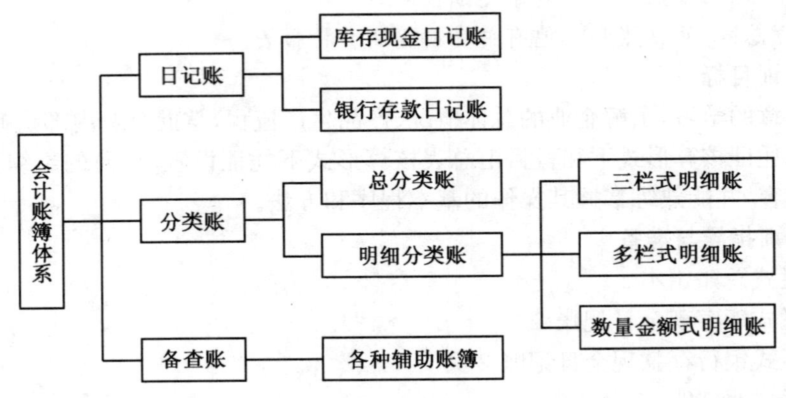

图 4－2　会计账簿体系

任务二　根据经济业务填制和审核原始凭证

任务三　根据原始凭证填制和审核专用记账凭证

任务四　根据记账凭证登记日记账、明细分类账

任务五　根据记账凭证登记总分类账

任务六　根据记账凭证登记“T”型账户

任务七　编制科目汇总表

任务八　根据科目汇总表登记总分类账

任务九　对账与结账

任务十　编制试算平衡表

任务十一　编制资产负债表和利润表

任务十二　整理和装订会计资料

三、实训报告

实训结束后，要求学生编写实训报告，内容主要包括：

(1)实训内容；

(2)实训中存在的问题及解决的方法；

(3)实训体会及建议。

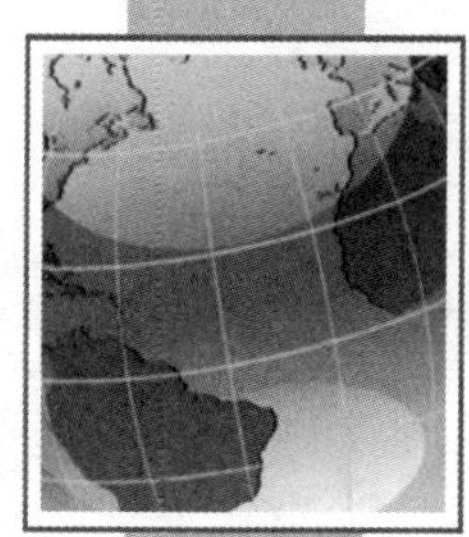

附录一 单项实训空白会计凭证和账表

一、实训一所需空白原始凭证

业务 1—1

中国工商银行进账单(收账通知)

年　月　日　　**1**　　第　号

<table>
<tr><td rowspan="3">出票人</td><td>全　称</td><td></td><td rowspan="3">持票人</td><td>全　称</td><td colspan="10"></td></tr>
<tr><td>账　号</td><td></td><td>账　号</td><td colspan="10"></td></tr>
<tr><td>开户银行</td><td></td><td>开户银行</td><td colspan="10"></td></tr>
<tr><td colspan="5" rowspan="2">人民币
（大写）</td><td>千</td><td>百</td><td>十</td><td>万</td><td>千</td><td>百</td><td>十</td><td>元</td><td>角</td><td>分</td></tr>
<tr><td></td><td></td><td></td><td></td><td></td><td></td><td></td><td></td><td></td><td></td></tr>
<tr><td colspan="2">票据种类</td><td></td><td colspan="12" rowspan="3">持票人开户行盖章</td></tr>
<tr><td colspan="2">票据张数</td><td></td></tr>
<tr><td colspan="3">主管单位　会计　复核　记账</td></tr>
</table>

此联是收款人开户行交给收款人的回单或收账通知

业务 1—2

银行借款单

年　月　日

<table>
<tr><td colspan="2">资金性质：</td></tr>
<tr><td colspan="2">借款单位：</td></tr>
<tr><td colspan="2">借款理由：</td></tr>
<tr><td colspan="2">借款数额：人民币（大写）</td></tr>
<tr><td colspan="2">本单位负责人意见　　借款人（盖章）</td></tr>
<tr><td>贷款银行（盖章）</td><td>付款记录：　年　月　日以第　号
支票或库存现金支出凭单付给。</td></tr>
</table>

业务专用章

中国临沂金雀有限责任公司 财务专用章

银行会计主管：王二小

业务 2—1

山东增值税专用发票

发　票　联

3700071140　　　　　　　　　　　　　　№ 05807983

开票日期：2020 年 12 月 3 日

购货单位	名　称：临沂金雀有限责任公司 纳税人登记号：5101241786901 地 址 、电 话：解放路 122 号 9877899 开户行及行号：工商银行东湖支行 268456789990002	密码区	（略）

货物或应税劳务名称	规格型号	单位	数量	单价	金　额	税率%	税额
*税收分类科目*A 材料		千克	3 000	10	30 000	13	3 900
*税收分类科目*B 材料		千克	4 000	5	20 000	13	2 600
合　计					￥50 000.00		￥6 500.00
价税合计(大写)	人民币伍万陆仟伍佰元整				（小写）￥56 500.00		

销货单位	名　称：临沂市东风工厂 纳税人登记号：37024601328188 地 址 、电 话：历下区 121 号 6335379 开户行及行号：工商银行历下区支行 955882343478325	备注	临沂市东风工厂 5101241786901 发票专用章

收款人：杜子美　　复核：张莉　　开票人：王宇　　销货单位(章)：

第二联：发票联　购货单位记账

业务 2—2

山东增值税专用发票

抵　扣　联

3700071140　　　　　　　　　　　　　　№ 05807983

开票日期：2020 年 12 月 3 日

购货单位	名　称：临沂金雀有限责任公司 纳税人登记号：5101241786901 地 址 、电 话：解放路 122 号 9877899 开户行及行号：工商银行东湖支行 268456789990002	密码区	（略）

货物或应税劳务名称	规格型号	单位	数量	单价	金　额	税率%	税额
*税收分类科目*A 材料		千克	3 000	10	30 000	13	3 900.00
*税收分类科目*B 材料		千克	4 000	5	20 000	13	2 600
合　计					￥50 000.00		￥6 500.00
价税合计(大写)	人民币伍万陆仟伍佰元整				（小写）￥56 500.00		

销货单位	名　称：临沂市东风工厂 纳税人登记号：37024601328188 地 址 、电 话：历下区 121 号 6335379 开户行及行号：工商银行历下区支行 955882343478325	备注	临沂市东风工厂 5101241786901 发票专用章

收款人：杜子美　　复核：张莉　　开票人：王宇　　销货单位(章)：

第三联：抵扣联　购货单位抵税

业务 2—3

中国工商银行
转账支票存根（鲁）
GS/02　00846878

附加信息

出票日期　年　月　日

收款人：
金　额：
用　途：
备　注：

单位主管　会计

本支票付款期限十天

㊀ 中国工商银行**转账支票**（鲁）　临沂　GS/02　00846878

出票日期（大写）　年　月　日 付款行名称：

收款人：　出票人账号：

人民币（大写）		亿	千	百	十	万	千	百	十	元	角	分

用途：________

上列款项请从
我账户内支付
出票人签章

复核：　记账：

业务 3—1

收 料 单

供货单位：　年　月　日　合同号：

材料编号	材料品名	规格	材质	单位	数量		实际单价	材料金额	采购费用	合计（材料实际成本）
					计划	实际				

主管：　质检员：　仓库验收：　经办人：

业务 4—1

中国工商银行
现金支票存根(鲁)
GS/02 00846505

附加信息

出票日期 年 月 日

收款人：
金 额：
用 途：
备 注：

单位主管 会计

本支票付款期十天

中国工商银行**现金支票**(鲁) 临沂 GS/02 0084505

出票日期(大写) 年 月 日 付款行名称：

收款人： 出票人账号：

人民币(大写)		亿	千	百	十	万	千	百	十	元	角	分

用途：

上列款项请从

我账户内支付

出票人签章

复核： 记账：

业务 5—1

借 款 单

年 月 日

借款单位		借款人			
款项类别	现金 支票 支票号码：				
借款用途及理由					
借款金额	人民币(大写) ¥				
还款方式	报销				
批准人		财务审核		部门审核	
附件(张)		备 注			

注：本单由会计部门使用并管理。

业务 6—1

山东省通用机打发票

发票联

121002071231

065146525

发票代码 121004636591

发票号码 06519456

开票日期：2020—12—29　　　行业分类：×××××　　　鲁税票通(2020)111 号

付款单位名称：	×××××	付款单位识别号：	×××××××××

项目：	规格	单位	单价	数量	金额
饭费					360.00

合计人民币(大写)：叁佰陆拾元整

免税标志：否　减免原因　　　合计：¥360.00

收款单位名称(盖章)及纳税人识别号：××××××××××××××

收款单位开户银行及账号：××××××××××

临沂天天进年饺子楼 发票专用章

开票人：马　玉　　　　备注：

第一联　发票联(购货单位付款凭证)(手开无效)

业务 7—1

发出材料汇总表

用途	材料		材料		材料耗用合计
	数量	金额	数量	金额	
合计					

记账：　　　发料：　　　领料部门负责人：　　　领料：

业务 8—1

差旅费报销单

姓名 张俭　职别 厂长　2020 年 11 月 17 日　金额单位：元

起日		止日		合计天数	各项补助费										车船杂支费							合计金额
					伙食补助			住宿补助			未买卧铺补助			夜间乘硬座超过12小时补助	火车费	汽车费	轮船费	飞机费	市内交通	住宿费	其他杂支	
月	日	月	日		天数	标准	金额	天数	标准	金额	票价	标准	金额									
12	3	12	12	10	10	50	500											800	54	700		2 054.00
12	12	12	12															800				800.00
合计							500											1600	54	700		2 854.00

合计人民币大写：零万贰仟捌佰伍拾肆元零角零分　￥2 854.00

原借差旅费 ￥3 000.00 元，　报销 ￥2 854.00 元，　剩余交回 ￥146.00 元。

出差事由：参加会议

附件 10 张

审批人签字：赵明亮　会计主管签字：于树文　报账人签字：张俭　领款人签字：

业务 8—2

收　据

年　月　日　No. 4772851

付款单位＿＿＿＿＿＿＿＿ 收款方式＿＿＿＿＿＿＿

人民币(大写)＿＿＿＿＿＿＿＿＿＿＿＿＿

收款事由＿＿＿＿＿＿＿＿＿＿＿＿＿＿

（印章：中国临沂金雀有限责任公司 财务专用章）

会计：　经手人：　出纳：

第三联　记账联

业务 9—1

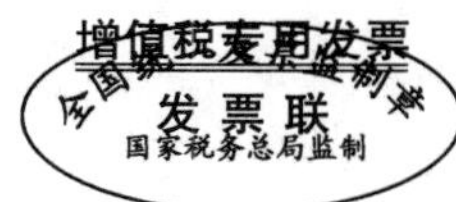

№

开票日期：

<table>
<tr><td>购货单位</td><td colspan="5">名　　称：
纳税人识别号：
地 址 、电 话：
开户行及账号：</td><td colspan="3">密码区</td></tr>
<tr><td colspan="2">商品或劳务名称</td><td>规格型号</td><td>单 位</td><td>数 量</td><td>单 价</td><td>金　额</td><td>税 率（%）</td><td>税　额</td></tr>
<tr><td colspan="2"></td><td></td><td></td><td></td><td></td><td></td><td></td><td></td></tr>
<tr><td colspan="2"></td><td></td><td></td><td></td><td></td><td></td><td></td><td></td></tr>
<tr><td colspan="2"></td><td></td><td></td><td></td><td></td><td></td><td></td><td></td></tr>
<tr><td colspan="2">合　计</td><td></td><td></td><td></td><td></td><td></td><td></td><td></td></tr>
<tr><td colspan="6">价税合计(大写)</td><td colspan="3"></td></tr>
<tr><td>销货单位</td><td colspan="8">名　　称：
纳 税 人 登 记 号：
地 址 、电 话：
开户银行及行号：</td></tr>
</table>

第四联：销货方作销售凭证

收款人：　　复核：　　开票人：　　销货单位：(章)

业务 9—2

中国工商银行进账单(收账通知)

年　月　日　　1　　第　号

<table>
<tr><td rowspan="3">出票人</td><td>全　称</td><td></td><td rowspan="3">持票人</td><td>全　称</td><td colspan="10"></td></tr>
<tr><td>账　号</td><td></td><td>账　号</td><td colspan="10"></td></tr>
<tr><td>开户银行</td><td></td><td>开户银行</td><td colspan="10"></td></tr>
<tr><td colspan="5" rowspan="2">人民币
(大写)</td><td>千</td><td>百</td><td>十</td><td>万</td><td>千</td><td>百</td><td>十</td><td>元</td><td>角</td><td>分</td></tr>
<tr><td></td><td></td><td></td><td></td><td></td><td></td><td></td><td></td><td></td><td></td></tr>
<tr><td>票据种类</td><td colspan="2"></td><td colspan="12" rowspan="3">持票人开户行盖章</td></tr>
<tr><td>票据张数</td><td colspan="2"></td></tr>
<tr><td colspan="3">主管单位　会计　复核　记账</td></tr>
</table>

此联是收款人开户行交给收款人的回单或收账通知

业务 10－1

临沂电视台广告收费收据

年 月 日

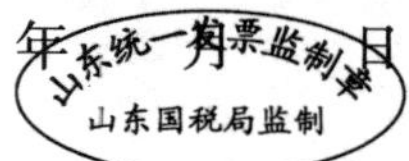

付款单位： 收款方式：

人民币(大写) ￥

收款事由：

中国临沂电视广告有限公司 财务专用章

收款单位(盖章) 审核 经手人 出纳 吴珍珍

第二联：发票联 交给客户

业务 10－2

中国工商银行

现金支票存根(鲁)

GS/02 0084464

附件信息

出票日期 年 月 日

收款人：
金 额：
用 途：

单位主管 会计

本支票付款期限十天

中国工商银行**现金支票**(鲁) 临沂 GS/02 0084464

出票日期(大写) 年 月 日 付款行名称：

收款人： 出票人账号：

人民币(大写)		亿	千	百	十	万	千	百	十	元	角	分

用途：

上列款项请从

我账户内支付

出票人签章

复核： 记账：

业务 11－1

固定资产折旧计算表

年　　月　　日　　　　单位:元

使用部门	本月计提折旧(元)
车间	
行政部门	
合计	

财务负责人:　　　　审检人:　　　　制表人:

业务 12－1

工资分配汇总表

部　门	应借科目	应付工资
合　计		

制表人:

业务 13－1

制造费用分配表

年　月　日　　　　单位:元

项　目	分配标准	分配率	分配金额
合　计			

分配率＝　　　　制表人:

业务 14－1

产品成本计算表

产品名称:甲产品　　　　产量:3 800 件

成本项目	总成本(元)	单位成本
直接材料	218 620	
直接人工	19 200	
制造费用	31 680	
合　计		

财务负责人:　　　　审核人:　　　　制表人:

业务 14－2

产品入库单

存放地点：　　　　　　　　　　　　　　　　　　　　产品名称：

编号：　　　　　　　　　　年　　月　　日　　　　　　　　　　单位：元

产品编号	品　名	数　量	单　价	金　额	备　注

负责人：　　　　复核人：　　　　库管员：　　　　经手人：

注：一式三联。一联成品库存根，一联交生产部，一联交财务核算部。

业务 15－1

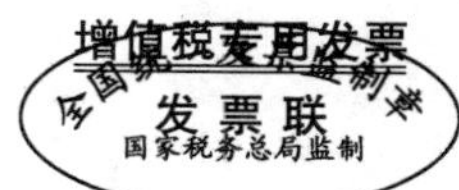

№

开票日期：

购货单位	名　　　称： 纳税人识别号： 地 址 、电 话： 开户行及账号：	密码区	

商品或劳务名称	规格型号	单 位	数 量	单 价	金　额	税 率（%）	税　额
合　计							
价税合计（大写）							

销货单位	名　　　称： 纳 税 人 登 记 号： 地 址 、电 话： 开户银行及行号：	中国临沂金雀有限责任公司 发票专用章

收款人：　　　　复核：　　　　开票人：　　　　销货单位：（章）

第四联：销货方作销售凭证

有关原始凭证样式：

原始凭证粘贴用纸

单据	张	合计金额		报销人	印	审核人	印

××银行电子缴税付款凭证

转账日期：　　　　　　　　　　　　　　　　　凭证序号：

纳税人纳税识别号：

纳税人全称：

银行账号：　　　　　　　　　　　　税务机关名称：

纳税人开户银行：　　　　　　　　　收款国库(银行)名称：

税款(合计)金额：　　　　　　　　　缴款书交易流水号：

税款(合计)金额：　　　　　　　　　税票号码：

(税费)种名称：　　　　　　　所属时期　　　　　　　实缴金额

次打印　　　　　　　　　　　　　　　　打印时间：

二联：作付款回单(无银行收讫章无效)　　　复核　　　记账

适用于纳税人、税务局、银行签署三方协议缴税完税凭证(含社会保险费)

二、实训三所需空白记账凭证

1. 空白收款凭证(3 张)

收 款 凭 证

总号	
分号	

借方科目：　　　　年　　月　　日

摘　要	会计科目	明细科目	金额											记账
			亿	千	百	十	万	千	百	十	元	角	分	
合　计	(附件　　　张)													

会计主管　　　　记账　　　　出纳　　　　审核　　　　填制

收 款 凭 证

总号	
分号	

借方科目：　　　　年　　月　　日

摘　要	会计科目	明细科目	金额											记账
			亿	千	百	十	万	千	百	十	元	角	分	
合　计	(附件　　　张)													

会计主管　　　　记账　　　　出纳　　　　审核　　　　填制

收 款 凭 证

总号	
分号	

借方科目：　　　　年　　月　　日

摘　要	会计科目	明细科目	金额											记账
			亿	千	百	十	万	千	百	十	元	角	分	
合　计	(附件　　　张)													

会计主管　　　　记账　　　　出纳　　　　审核　　　　填制

2. 空白付款凭证(6 张)

付　款　凭　证

总号	
分号	

贷方科目：　　　　　　　　年　　月　　日

摘　要	借方科目		金　　额											记账✓
	一级科目	二级或明细科目	亿	千	百	十	万	千	百	十	元	角	分	
附件　　　　张		合　计												

会计主管　　　　记账　　　　出纳　　　　审核　　　　制单

付　款　凭　证

总号	
分号	

贷方科目：　　　　　　　　年　　月　　日

摘　要	借方科目		金　　额											记账✓
	一级科目	二级或明细科目	亿	千	百	十	万	千	百	十	元	角	分	
附件　　　　张		合　计												

会计主管　　　　记账　　　　出纳　　　　审核　　　　制单

付　款　凭　证

总号	
分号	

贷方科目：　　　　　　　　年　　月　　日

摘　要	借方科目		金　　额											记账✓
	一级科目	二级或明细科目	亿	千	百	十	万	千	百	十	元	角	分	
附件　　　　张		合　计												

会计主管　　　　记账　　　　出纳　　　　审核　　　　制单

付　款　凭　证

总号	
分号	

贷方科目：　　　　　　　　年　　月　　日

摘　要	借方科目		金　　额											记账✓
	一级科目	二级或明细科目	亿	千	百	十	万	千	百	十	元	角	分	
附件　　　　张		合　计												

会计主管　　　　记账　　　　出纳　　　　审核　　　　制单

付　款　凭　证

总号	
分号	

贷方科目：　　　　　　　　年　　月　　日

摘　要	借方科目		金　　额											记账✓
	一级科目	二级或明细科目	亿	千	百	十	万	千	百	十	元	角	分	
附件　　　　张		合　计												

会计主管　　　　记账　　　　出纳　　　　审核　　　　制单

付　款　凭　证

总号	
分号	

贷方科目：　　　　　　　　年　　月　　日

摘　要	借方科目		金　　额											记账✓
	一级科目	二级或明细科目	亿	千	百	十	万	千	百	十	元	角	分	
附件　　　　张		合　计												

会计主管　　　　记账　　　　出纳　　　　审核　　　　制单

3. 空白转账凭证(15 张)

转　账　凭　证

年　　月　　日

总号	
分号	

摘　要	会计科目	明细科目	借方金额										贷方金额										记账
			千	百	十	万	千	百	十	元	角	分	千	百	十	万	千	百	十	元	角	分	
合　计	(附件　　　张)																						

会计主管　　　　记账　　　　审核　　　　填制

转　账　凭　证

年　　月　　日

总号	
分号	

摘　要	会计科目	明细科目	借方金额										贷方金额										记账
			千	百	十	万	千	百	十	元	角	分	千	百	十	万	千	百	十	元	角	分	
合　计	(附件　　　张)																						

会计主管　　　　记账　　　　审核　　　　填制

转　账　凭　证

年　　月　　日

总号	
分号	

摘　要	会计科目	明细科目	借方金额										贷方金额										记账
			千	百	十	万	千	百	十	元	角	分	千	百	十	万	千	百	十	元	角	分	
合　计	(附件　　　张)																						

会计主管　　　　记账　　　　审核　　　　填制

转 账 凭 证

年　月　日

总号	
分号	

摘要	会计科目	明细科目	借方金额										贷方金额										记账
			千	百	十	万	千	百	十	元	角	分	千	百	十	万	千	百	十	元	角	分	
合计	（附件　张）																						

会计主管　　记账　　审核　　填制

转 账 凭 证

年　月　日

总号	
分号	

摘要	会计科目	明细科目	借方金额										贷方金额										记账
			千	百	十	万	千	百	十	元	角	分	千	百	十	万	千	百	十	元	角	分	
合计	（附件　张）																						

会计主管　　记账　　审核　　填制

转 账 凭 证

年　月　日

总号	
分号	

摘要	会计科目	明细科目	借方金额										贷方金额										记账
			千	百	十	万	千	百	十	元	角	分	千	百	十	万	千	百	十	元	角	分	
合计	（附件　张）																						

会计主管　　记账　　审核　　填制

转　账　凭　证

年　　月　　日

总号	
分号	

摘　要	会计科目	明细科目	借方金额										贷方金额										记账
			千	百	十	万	千	百	十	元	角	分	千	百	十	万	千	百	十	元	角	分	
合　计	（附件　　张）																						

会计主管　　　　记账　　　　审核　　　　填制

转　账　凭　证

年　　月　　日

总号	
分号	

摘　要	会计科目	明细科目	借方金额										贷方金额										记账
			千	百	十	万	千	百	十	元	角	分	千	百	十	万	千	百	十	元	角	分	
合　计	（附件　　张）																						

会计主管　　　　记账　　　　审核　　　　填制

转　账　凭　证

年　　月　　日

总号	
分号	

摘　要	会计科目	明细科目	借方金额										贷方金额										记账
			千	百	十	万	千	百	十	元	角	分	千	百	十	万	千	百	十	元	角	分	
合　计	（附件　　张）																						

会计主管　　　　记账　　　　审核　　　　填制

转　账　凭　证

年　　月　　日

总号	
分号	

摘　要	会计科目	明细科目	借方金额										贷方金额										记账
			千	百	十	万	千	百	十	元	角	分	千	百	十	万	千	百	十	元	角	分	
合　计	(附件　　张)																						

会计主管　　　　　　记账　　　　　　审核　　　　　　填制

转　账　凭　证

年　　月　　日

总号	
分号	

摘　要	会计科目	明细科目	借方金额										贷方金额										记账
			千	百	十	万	千	百	十	元	角	分	千	百	十	万	千	百	十	元	角	分	
合　计	(附件　　张)																						

会计主管　　　　　　记账　　　　　　审核　　　　　　填制

转　账　凭　证

年　　月　　日

总号	
分号	

摘　要	会计科目	明细科目	借方金额										贷方金额										记账
			千	百	十	万	千	百	十	元	角	分	千	百	十	万	千	百	十	元	角	分	
合　计	(附件　　张)																						

会计主管　　　　　　记账　　　　　　审核　　　　　　填制

转 账 凭 证

年 月 日

总号	
分号	

摘 要	会计科目	明细科目	借方金额										贷方金额										记账
			千	百	十	万	千	百	十	元	角	分	千	百	十	万	千	百	十	元	角	分	
合 计	（附件 张）																						

会计主管 记账 审核 填制

转 账 凭 证

年 月 日

总号	
分号	

摘 要	会计科目	明细科目	借方金额										贷方金额										记账
			千	百	十	万	千	百	十	元	角	分	千	百	十	万	千	百	十	元	角	分	
合 计	（附件 张）																						

会计主管 记账 审核 填制

转 账 凭 证

年 月 日

总号	
分号	

摘 要	会计科目	明细科目	借方金额										贷方金额										记账
			千	百	十	万	千	百	十	元	角	分	千	百	十	万	千	百	十	元	角	分	
合 计	（附件 张）																						

会计主管 记账 审核 填制

三、实训五所需账页

库存现金日记账

年		凭证		摘要	对方科目	收入（借方）										支出（贷方）										余额										核对
月	日	字	号			千	百	十	万	千	百	十	元	角	分	千	百	十	万	千	百	十	元	角	分	千	百	十	万	千	百	十	元	角	分	

银行存款日记账

年		凭证		结算方式	摘要	对方科目	收入（借方）										支出（贷方）										余额										核对
月	日	字	号				千	百	十	万	千	百	十	元	角	分	千	百	十	万	千	百	十	元	角	分	千	百	十	万	千	百	十	元	角	分	

原材料明细分类账

单位：

类　　别：　　　　　　　　　　　　　　　　　存放地点：

品名规格：　　　　　　　　　　　　　　　　　编号：

年		凭证		摘要	收入（借方）										发出（贷方）										结存									
月	日	字	号		数量	单价	金额								数量	单价	金额								数量	单价	金额							
							十	万	千	百	十	元	角	分			十	万	千	百	十	元	角	分			十	万	千	百	十	元	角	分

原材料明细分类账

单位：

类　　别：　　　　　　　　　　　　　　　　　存放地点：

品名规格：　　　　　　　　　　　　　　　　　编号：

年		凭证		摘要	收入（借方）										发出（贷方）										结存									
月	日	字	号		数量	单价	金额								数量	单价	金额								数量	单价	金额							
							十	万	千	百	十	元	角	分			十	万	千	百	十	元	角	分			十	万	千	百	十	元	角	分

四、实训五错账更正所需要的记账凭证和账页

收　款　凭　证

总号	
分号	

借方科目：　　　　　　年　　月　　日

摘　要	会计科目	明细科目	金　额											记账
			亿	千	百	十	万	千	百	十	元	角	分	
合　计	（附件　　　　张）													

会计主管　　　　记账　　　　出纳　　　　审核　　　　填制

收　款　凭　证

总号	
分号	

借方科目：　　　　　　年　　月　　日

摘　要	会计科目	明细科目	金　额											记账
			亿	千	百	十	万	千	百	十	元	角	分	
合　计	（附件　　　　张）													

会计主管　　　　记账　　　　出纳　　　　审核　　　　填制

收　款　凭　证

总号	
分号	

借方科目：　　　　　　年　　月　　日

摘　要	会计科目	明细科目	金　额											记账
			亿	千	百	十	万	千	百	十	元	角	分	
合　计	（附件　　　　张）													

会计主管　　　　记账　　　　出纳　　　　审核　　　　填制

付　款　凭　证

总号	
分号	

贷方科目：　　　　　　　　年　　月　　日

摘　要	借方科目		金　　额											记账✓
	一级科目	二级或明细科目	亿	千	百	十	万	千	百	十	元	角	分	
附件　　　　张		合　计												

会计主管　　　　记账　　　　出纳　　　　审核　　　　制单

付　款　凭　证

总号	
分号	

贷方科目：　　　　　　　　年　　月　　日

摘　要	借方科目		金　　额											记账✓
	一级科目	二级或明细科目	亿	千	百	十	万	千	百	十	元	角	分	
附件　　　　张		合　计												

会计主管　　　　记账　　　　出纳　　　　审核　　　　制单

付　款　凭　证

总号	
分号	

贷方科目：　　　　　　　　　年　　月　　日

摘　要	借方科目		金　额											记账✓
	一级科目	二级或明细科目	亿	千	百	十	万	千	百	十	元	角	分	
附件　　张		合　计												

会计主管　　　记账　　　出纳　　　审核　　　制单

付　款　凭　证

总号	
分号	

贷方科目：　　　　　　　　　年　　月　　日

摘　要	借方科目		金　额											记账✓
	一级科目	二级或明细科目	亿	千	百	十	万	千	百	十	元	角	分	
附件　　张		合　计												

会计主管　　　记账　　　出纳　　　审核　　　制单

转　账　凭　证

年　　月　　日

总号	
分号	

摘　要	会计科目	明细科目	借方金额										贷方金额										记账
			千	百	十	万	千	百	十	元	角	分	千	百	十	万	千	百	十	元	角	分	
合　计	（附件　　张）																						

会计主管　　　　记账　　　　审核　　　　填制

转　账　凭　证

年　　月　　日

总号	
分号	

摘　要	会计科目	明细科目	借方金额										贷方金额										记账
			千	百	十	万	千	百	十	元	角	分	千	百	十	万	千	百	十	元	角	分	
合　计	（附件　　张）																						

会计主管　　　　记账　　　　审核　　　　填制

转 账 凭 证

年　　月　　日

总号	
分号	

摘 要	会计科目	明细科目	借方金额										贷方金额										记账
			千	百	十	万	千	百	十	元	角	分	千	百	十	万	千	百	十	元	角	分	
合 计	（附件　　张）																						

会计主管　　　　记账　　　　审核　　　　填制

转 账 凭 证

年　　月　　日

总号	
分号	

摘 要	会计科目	明细科目	借方金额										贷方金额										记账
			千	百	十	万	千	百	十	元	角	分	千	百	十	万	千	百	十	元	角	分	
合 计	（附件　　张）																						

会计主管　　　　记账　　　　审核　　　　填制

收 款 凭 证

总号	
分号	

借方科目：　　　　年　　月　　日

摘　要	会计科目	明细科目	金额											记账
			亿	千	百	十	万	千	百	十	元	角	分	
合　计	（附件　　张）													

会计主管　　　　记账　　　　出纳　　　　审核　　　　填制

收 款 凭 证

总号	
分号	

借方科目：　　　　年　　月　　日

摘　要	会计科目	明细科目	金额											记账
			亿	千	百	十	万	千	百	十	元	角	分	
合　计	（附件　　张）													

会计主管　　　　记账　　　　出纳　　　　审核　　　　填制

付　款　凭　证

总号	
分号	

贷方科目：　　　　　　　　年　　月　　日

摘　要	借方科目		金　　额											记账✓
	一级科目	二级或明细科目	亿	千	百	十	万	千	百	十	元	角	分	
附件　　　　张		合　计												

会计主管　　　　记账　　　　出纳　　　　审核　　　　制单

付　款　凭　证

总号	
分号	

贷方科目：　　　　　　　　年　　月　　日

摘　要	借方科目		金　　额											记账✓
	一级科目	二级或明细科目	亿	千	百	十	万	千	百	十	元	角	分	
附件　　　　张		合　计												

会计主管　　　　记账　　　　出纳　　　　审核　　　　制单

银行存款日记账

20年		凭证		结算方式	摘要	对方科目	收入(借方) 千百十万千百十元角分	支出(贷方) 千百十万千百十元角分	余额 千百十万千百十元角分	核对
月	日	字	号							
11	1				期初余数				580481500	
	2	银收	1		预收购货款		7800000		658481500	
	3	银收	2		借款		700000		659181500	
	10	银收	3		偿还欠款		9100000		668281500	
	20	银收	4		销售材料		21000		668301500	
	30	银付	1		支付广告费			400000	667901500	

库存现金日记账

20年 月	日	凭证 字	号	摘要	对方科目	收入（借方）千百十万千百十元角分	支出（贷方）千百十万千百十元角分	余额 千百十万千百十元角分	核对
11	1			期初余额				600000	
	12	现付	1	预借差旅费			500000	100000	
	14	现付	2	购买办公用品			36000	64000	
	18	现收	1	收回预借差旅费		7000		71000	

应收账款明细分类账

户名：山东向阳工厂

20年 月	日	凭证 字	号	摘要	借方 千百十万千百十元角分	贷方 千百十万千百十元角分	借或贷	余额 千百十万千百十元角分
11	1			期初余额			借	150000000
	2	银收	1	预收购货款		7800000	借	142200000

短期借款明细分类账

20年		凭证		摘要	借方										贷方										借或贷	余额									
月	日	字	号		千	百	十	万	千	百	十	元	角	分	千	百	十	万	千	百	十	元	角	分		千	百	十	万	千	百	十	元	角	分
11	1			期初余额																					贷			5	0	0	0	0	0	0	0
	3	银收	2	借款															7	0	0	0	0	0	贷			5	7	0	0	0	0	0	0

应付账款明细分类账

户名：东风工厂

20年		凭证		摘要	借方										贷方										借或贷	余额									
月	日	字	号		千	百	十	万	千	百	十	元	角	分	千	百	十	万	千	百	十	元	角	分		千	百	十	万	千	百	十	元	角	分
11	1			期初余额																					贷				9	1	0	0	0	0	0
	10	银收	3	偿还欠款														9	1	0	0	0	0	0	借			1	8	2	0	0	0	0	0

其他应收款明细分类账

户名：张俭

20年		凭证		摘要	借方										贷方										借或贷	余额									
月	日	字	号		千	百	十	万	千	百	十	元	角	分	千	百	十	万	千	百	十	元	角	分		千	百	十	万	千	百	十	元	角	分
11	12	现付	1	预借差旅费					5	0	0	0	0	0											借					5	0	0	0	0	0
	18	现收	1	收回预借差旅费																	7	0	0	0						4	3	0	0	0	0
	18	转	5	报销差旅费																3	4	0	0	0								9	0	0	0

管理费用明细账

20年		凭证		摘要	工资及福利费	修理费	办公费	折旧费	差旅费	合计
月	日	字	号							
11	18	转	5	报销差旅费					340.00	340.00
	30	转	7	计提折旧				800.00		800.00
	30	银付	3	支付广告费			4 000.00			4 000.00

销售费用明细账

20 年		凭证		摘　要	工资及福利费	修理费	办公费	折旧费	差旅费	广告费	其　他	合　计
月	日	字	号									

制造费用明细账

20 年		凭证		摘　要	工资及福利费	水电费	办公费	折旧费	……	合　计
月	日	字	号							
11	14	现付	2	购买办公用品			360.00			360.00
	30	转	7	计提折旧				1 800.00		1 800.00

原材料明细分类账

单位：千克

类　　别：　　　　　　　　　　　　　　　　　　　　　　　存放地点：2号库

品名规格：A材料　　　　　　　　　　　　　　　　　　　　　编号：235617

20年		凭证		摘要	收入(借方)										发出(贷方)										结存									
月	日	字	号		数量	单价	金额								数量	单价	金额								数量	单价	金额							
							十	万	千	百	十	元	角	分			十	万	千	百	十	元	角	分			十	万	千	百	十	元	角	分
11				期初余额																					28 000	10	2	8	0	0	0	0	0	0
	19	转	6	生产领用											82	10				8	2	0	0	0	27 918	10	2	7	9	1	8	0	0	0

生产成本明细账

产品名称：甲产品

20年		凭证		摘要	产量	直接材料	直接人工	制造费用	合计
月	日	字	号						
11	19	转	6	生产领用		820.00			820.00

主营业务收入明细分类账

20年		凭证		摘要	借方										贷方										借或贷	余额									
月	日	字	号		千	百	十	万	千	百	十	元	角	分	千	百	十	万	千	百	十	元	角	分		千	百	十	万	千	百	十	元	角	分
11	20	银收	3	销售A材料																2	1	0	0	0	贷						2	1	0	0	0

其他业务收入明细分类账

20年		凭证		摘要	借方										贷方										借或贷	余额									
月	日	字	号		千	百	十	万	千	百	十	元	角	分	千	百	十	万	千	百	十	元	角	分		千	百	十	万	千	百	十	元	角	分

累计折旧总账

20年		凭证		摘要	借方										贷方										借或贷	余额									
月	日	字	号		千	百	十	万	千	百	十	元	角	分	千	百	十	万	千	百	十	元	角	分		千	百	十	万	千	百	十	元	角	分
11	30	转	7	计提折旧															2	6	0	0	0	0	贷					2	6	0	0	0	0

五、实训六所需要的记账凭证和平衡表

(1)记账凭证

收 款 凭 证

总号	
分号	

借方科目：　　　　　　　　年　　月　　日

摘　要	会计科目	明细科目	金　　额											记账
			亿	千	百	十	万	千	百	十	元	角	分	
合　计	(附件　　　　张)													

会计主管　　　　记账　　　　出纳　　　　审核　　　　填制

付 款 凭 证

总号	
分号	

贷方科目：　　　　　　　　年　　月　　日

摘　要	借方科目		金　　额											记账
	一级科目	二级或明细科目	亿	千	百	十	万	千	百	十	元	角	分	✓
附件　　　　张		合　计												

会计主管　　　　记账　　　　出纳　　　　审核　　　　制单

付　款　凭　证

总号	
分号	

贷方科目：　　　　　　　　　　年　　月　　日

<table>
<tr><th rowspan="2">摘　要</th><th colspan="2">借方科目</th><th colspan="11">金　　额</th><th rowspan="2">记账✓</th></tr>
<tr><th>一级科目</th><th>二级或明细科目</th><th>亿</th><th>千</th><th>百</th><th>十</th><th>万</th><th>千</th><th>百</th><th>十</th><th>元</th><th>角</th><th>分</th></tr>
<tr><td></td><td></td><td></td><td></td><td></td><td></td><td></td><td></td><td></td><td></td><td></td><td></td><td></td><td></td><td></td></tr>
<tr><td></td><td></td><td></td><td></td><td></td><td></td><td></td><td></td><td></td><td></td><td></td><td></td><td></td><td></td><td></td></tr>
<tr><td></td><td></td><td></td><td></td><td></td><td></td><td></td><td></td><td></td><td></td><td></td><td></td><td></td><td></td><td></td></tr>
<tr><td></td><td></td><td></td><td></td><td></td><td></td><td></td><td></td><td></td><td></td><td></td><td></td><td></td><td></td><td></td></tr>
<tr><td></td><td></td><td></td><td></td><td></td><td></td><td></td><td></td><td></td><td></td><td></td><td></td><td></td><td></td><td></td></tr>
<tr><td></td><td></td><td></td><td></td><td></td><td></td><td></td><td></td><td></td><td></td><td></td><td></td><td></td><td></td><td></td></tr>
<tr><td colspan="2">附件　　　　张</td><td>合　计</td><td></td><td></td><td></td><td></td><td></td><td></td><td></td><td></td><td></td><td></td><td></td><td></td></tr>
</table>

会计主管　　　　记账　　　　出纳　　　　审核　　　　制单

收　款　凭　证

总号	
分号	

借方科目：　　　　　　　　　　年　　月　　日

<table>
<tr><th rowspan="2">摘　要</th><th rowspan="2">会 计 科 目</th><th rowspan="2">明 细 科 目</th><th colspan="11">金　　额</th><th rowspan="2">记账</th></tr>
<tr><th>亿</th><th>千</th><th>百</th><th>十</th><th>万</th><th>千</th><th>百</th><th>十</th><th>元</th><th>角</th><th>分</th></tr>
<tr><td></td><td></td><td></td><td></td><td></td><td></td><td></td><td></td><td></td><td></td><td></td><td></td><td></td><td></td><td></td></tr>
<tr><td></td><td></td><td></td><td></td><td></td><td></td><td></td><td></td><td></td><td></td><td></td><td></td><td></td><td></td><td></td></tr>
<tr><td></td><td></td><td></td><td></td><td></td><td></td><td></td><td></td><td></td><td></td><td></td><td></td><td></td><td></td><td></td></tr>
<tr><td></td><td></td><td></td><td></td><td></td><td></td><td></td><td></td><td></td><td></td><td></td><td></td><td></td><td></td><td></td></tr>
<tr><td></td><td></td><td></td><td></td><td></td><td></td><td></td><td></td><td></td><td></td><td></td><td></td><td></td><td></td><td></td></tr>
<tr><td></td><td></td><td></td><td></td><td></td><td></td><td></td><td></td><td></td><td></td><td></td><td></td><td></td><td></td><td></td></tr>
<tr><td>合　计</td><td colspan="2">（附件　　　　张）</td><td></td><td></td><td></td><td></td><td></td><td></td><td></td><td></td><td></td><td></td><td></td><td></td></tr>
</table>

会计主管　　　　记账　　　　出纳　　　　审核　　　　填制

付　款　凭　证

总号	
分号	

贷方科目：　　　　　　　　　年　　月　　日

摘　要	借方科目		金　额											记账✓
	一级科目	二级或明细科目	亿	千	百	十	万	千	百	十	元	角	分	
附件　　　张		合　计												

会计主管　　　　　记账　　　　　出纳　　　　　审核　　　　　制单

转　账　凭　证

总号	
分号	

年　　月　　日

摘　要	会计科目	明细科目	借方金额										贷方金额										记账
			千	百	十	万	千	百	十	元	角	分	千	百	十	万	千	百	十	元	角	分	
合　计	（附件　　　张）																						

会计主管　　　　　记账　　　　　审核　　　　　填制

转 账 凭 证

年 月 日

总号	
分号	

摘 要	会计科目	明细科目	借方金额										贷方金额										记账
			千	百	十	万	千	百	十	元	角	分	千	百	十	万	千	百	十	元	角	分	
合 计	(附件 张)																						

会计主管 记账 审核 填制

转 账 凭 证

年 月 日

总号	
分号	

摘 要	会计科目	明细科目	借方金额										贷方金额										记账
			千	百	十	万	千	百	十	元	角	分	千	百	十	万	千	百	十	元	角	分	
合 计	(附件 张)																						

会计主管 记账 审核 填制

收 款 凭 证

总号	
分号	

借方科目：　　　　　　　　　年　　月　　日

<table>
<tr><th rowspan="2">摘　要</th><th rowspan="2">会 计 科 目</th><th rowspan="2">明 细 科 目</th><th colspan="11">金　　额</th><th rowspan="2">记账</th></tr>
<tr><th>亿</th><th>千</th><th>百</th><th>十</th><th>万</th><th>千</th><th>百</th><th>十</th><th>元</th><th>角</th><th>分</th></tr>
<tr><td></td><td></td><td></td><td></td><td></td><td></td><td></td><td></td><td></td><td></td><td></td><td></td><td></td><td></td><td></td></tr>
<tr><td></td><td></td><td></td><td></td><td></td><td></td><td></td><td></td><td></td><td></td><td></td><td></td><td></td><td></td><td></td></tr>
<tr><td></td><td></td><td></td><td></td><td></td><td></td><td></td><td></td><td></td><td></td><td></td><td></td><td></td><td></td><td></td></tr>
<tr><td></td><td></td><td></td><td></td><td></td><td></td><td></td><td></td><td></td><td></td><td></td><td></td><td></td><td></td><td></td></tr>
<tr><td></td><td></td><td></td><td></td><td></td><td></td><td></td><td></td><td></td><td></td><td></td><td></td><td></td><td></td><td></td></tr>
<tr><td></td><td></td><td></td><td></td><td></td><td></td><td></td><td></td><td></td><td></td><td></td><td></td><td></td><td></td><td></td></tr>
<tr><td>合　计</td><td colspan="2">（附件　　　　张）</td><td></td><td></td><td></td><td></td><td></td><td></td><td></td><td></td><td></td><td></td><td></td><td></td></tr>
</table>

会计主管　　　　记账　　　　出纳　　　　审核　　　　填制

收 款 凭 证

总号	
分号	

借方科目：　　　　　　　　　年　　月　　日

<table>
<tr><th rowspan="2">摘　要</th><th rowspan="2">会 计 科 目</th><th rowspan="2">明 细 科 目</th><th colspan="11">金　　额</th><th rowspan="2">记账</th></tr>
<tr><th>亿</th><th>千</th><th>百</th><th>十</th><th>万</th><th>千</th><th>百</th><th>十</th><th>元</th><th>角</th><th>分</th></tr>
<tr><td></td><td></td><td></td><td></td><td></td><td></td><td></td><td></td><td></td><td></td><td></td><td></td><td></td><td></td><td></td></tr>
<tr><td></td><td></td><td></td><td></td><td></td><td></td><td></td><td></td><td></td><td></td><td></td><td></td><td></td><td></td><td></td></tr>
<tr><td></td><td></td><td></td><td></td><td></td><td></td><td></td><td></td><td></td><td></td><td></td><td></td><td></td><td></td><td></td></tr>
<tr><td></td><td></td><td></td><td></td><td></td><td></td><td></td><td></td><td></td><td></td><td></td><td></td><td></td><td></td><td></td></tr>
<tr><td></td><td></td><td></td><td></td><td></td><td></td><td></td><td></td><td></td><td></td><td></td><td></td><td></td><td></td><td></td></tr>
<tr><td></td><td></td><td></td><td></td><td></td><td></td><td></td><td></td><td></td><td></td><td></td><td></td><td></td><td></td><td></td></tr>
<tr><td>合　计</td><td colspan="2">（附件　　　　张）</td><td></td><td></td><td></td><td></td><td></td><td></td><td></td><td></td><td></td><td></td><td></td><td></td></tr>
</table>

会计主管　　　　记账　　　　出纳　　　　审核　　　　填制

(2)平衡表

总分类账本期发生额和期末余额试算平衡表

年　　月　　日

会计科目	期初余额		本期发生额		期末余额	
	借方	贷方	借方	贷方	借方	贷方
合计						

六、实训七所需空白资产负债表及利润表

(1)资产负债表

资 产 负 债 表

会企 01 表

编制单位: 年 月 日 单位:元

资 产	行次	期初数	期末数	负债及所有者权益	行次	期初数	期末数
流动资产:	1			流动负债:	37		
货币资金	2			短期借款	38		
交易性金融资产	3			交易性金融负债	39		
衍生金融资产	4			衍生金融负债	40		
应收票据	5			应付票据	38		
应收账款	6			应付账款	39		
应收款项融资	7			预收账款	40		
预付账款	8			合同负债	41		
其他应收款	9			应付职工薪酬	42		
存货	10			应交税费	43		
合同资产	11		—	其他应付款	44		
持有待售资产	12			持有待售负债	45		
一年内到期的非流动资产	13			一年内到期的非流动负债	46		
其他流动资产	14			其他流动负债	47		
流动资产合计	15		—	流动负债合计	48		
非流动资产:	16		—	非流动负债:	49		
债券投资	17		—	长期借款	50		—
其他债权投资	18			应付债券	51		—
长期应收款	19		—	其中:优先股	52		—
长期股权投资	20			永续股	53		—
其他权益工具投资	21		—	租赁负债	54		—
其他非流动金融资产	22			长期应付款	55		—
投资性房地产	23		—	预计负债	56		
固定资产	24		—	递延收益	57		
在建工程	25		—	递延所得税负债	58		
生产性生物资产	26			其他非流动负债	59		
油气资产	27		—	非流动负债合计	60		—
使用权资产	28		—	负债合计	61		—
无形资产	29		—	所有者权益(或股东权益)	62		
开发支出	30		—	实收资本(或股本)	63		
商誉	31			其他权益工具	64		
长期待摊费用	32			其中:优先股	65		
递延所得税资产	33			永续债	66		
其他非流动资产	34			资本公积	67		
非流动资产合计	35			减:库存股	68		
				其他综合收益	69		
				专项储备	70		
				盈余公积	71		
				未分配利润	72		
				所有者权益(或股东权益)合计	73		
资产总计	36			负债和所有者权益(或股东权益)总计	74		

（2）利润表

利　润　表

会企02表

编制单位：　　　　　年　　月　　　　　单位：元

项　　目	行号	上期金额	本期金额
一、营业收入	1		
减：营业成本	2		
税金及附加	3		
销售费用	4		
管理费用	7		
研发费用	8		
财务费用	9		
其中：利息费用	10		
利息收入	11		
加：其他收益	12		
投资收益（损失以“－”号填列）	13		
其中：对联营企业和合营企业的投资收益	14		
以摊余成本计量的金融资产终止确认收益（损失以“－”号填列）	15		
净敞口套期收益（损失以“－”号填列）	16		
公允价值变动收益（损失以“－”号填列）	17		
信用减值损失（损失以“－”号填列）	18		
资产减值损失（损失以“－”号填列）	19		
资产处置收益（损失以“－”号填列）	20		
二、营业利润（亏损以“－”号填列）	21		
加：营业外收入	22		
减：营业外支出	23		
三、利润总额（亏损总额以“－”号填列）	24		
减：所得税费用	25		
四、净利润（净亏损以“－”号填列）	26		
五、其他综合收益的税后净额	27		
六、综合收益总额	28		
七、每股收益：	29		
（一）基本每股收益	30		
（二）稀释每股收益	31		

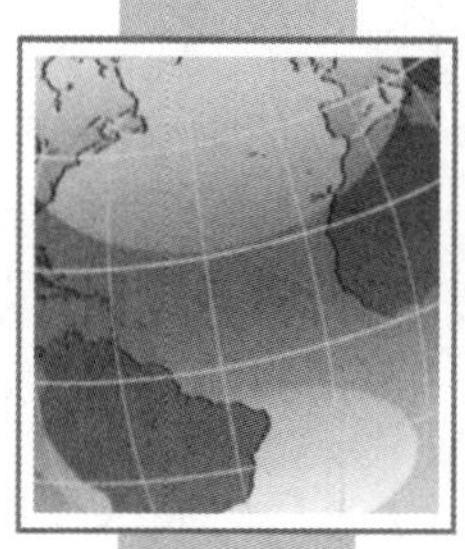

附录二
综合实训经济业务原始凭证

业务 1—1

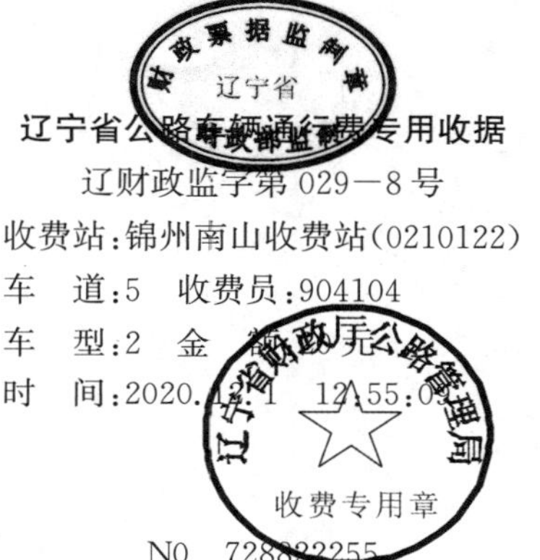

辽宁省公路车辆通行费专用收据

辽财政监字第 029—8 号

收费站：锦州南山收费站(0210122)

车　道：5　收费员：904104

车　型：2　金　额：　元

时　间：2020.12.1　12:55:03

N0　728822255

当日当次有效，请保留票据，以备稽查业务

业务 2—1

中 国 人 民 银 行 支付系统专用凭证　№ 000027197235

报文种类：CMT100　交易种类：HVPS　贷记 业务种类：普通汇兑 支付交易序号：00039846

发起行行号：102261001206　汇款人开户行行号：102261001206　发报日期：2020—12—01

发起行名称：交通银行学府街支行

汇款人账号：141000684018000929289

汇款人名称：山西柏林经贸有限公司

汇款人地址：无

接收行行号：313227000174　收款人开户行行号：313227000174　收款日期：2020—12—01

收款人账号：402021749101888

收款人名称：锦州市红星液压件制造有限公司

收款人地址：无

货币符号、金额：贰拾陆万叁仟玖佰玖拾元整　RMB263 990

附　　　言：货款

会 计 分 录　贷：

借：

打印时间：2020—12—01 13:19:41 第 1 次 打印

业务 2—2

辽财会账证 49

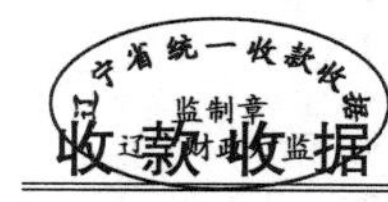

收款收据

4320442

收款日期　　年　月　日

<table>
<tr><td>付款单位（交款人）</td><td></td><td>收款单位（收款人）</td><td colspan="5"></td><td colspan="4">收款项目</td><td colspan="3"></td></tr>
<tr><td rowspan="2">人民币（大写）</td><td rowspan="2" colspan="2"></td><td>千</td><td>百</td><td>十</td><td>万</td><td>千</td><td>百</td><td>十</td><td>元</td><td>角</td><td>分</td><td>结算方式</td></tr>
<tr><td></td><td></td><td></td><td></td><td></td><td></td><td></td><td></td><td></td><td></td><td></td></tr>
<tr><td rowspan="2">收款事由</td><td rowspan="2" colspan="2"></td><td rowspan="2">经办</td><td colspan="2">部门</td><td colspan="8"></td></tr>
<tr><td colspan="2">人员</td><td colspan="8"></td></tr>
<tr><td rowspan="2">上述款项照数收讫无误
收讫单位财会专用章
（领款人签章）</td><td colspan="2">会计主管</td><td colspan="3">稽　核</td><td colspan="3">出　纳</td><td colspan="5">交款人</td></tr>
<tr><td colspan="2"></td><td colspan="3"></td><td colspan="3"></td><td colspan="5"></td></tr>
</table>

第二联　收款单位记账凭据

使用范围及规定：

1. 本收据只能用于单位内部和单位与单位、单位与个人之间非经营性的经济往来，不得代替发票、行政事业性收费（基金）等政府非税收入收据和罚没收据。

2. 结算方式按现金结算、银行结算和转账等方式分别填列。

3. 作废时，应加盖作废戳记并同存根一起保存，不得自行销毁。

业务 3—1

锦州市商业银行

转账支票存根（辽）

GS/02　00846876

附件信息

出票日期　年　月　日

收款人：
金　额：
用　途：

单位主管　　会计

本支票付款期限十天

锦州市商业银行**转账支票**（辽）　锦州　GS/02　00846876

出票日期（大写）　　年　　月　　日　　付款行名称：

收款人：　　出票人账号：

人民币（大写）		亿	千	百	十	万	千	百	十	元	角	分

用途：________

上列款项请从

我账户内支付

出票人签章

复核　　记账

业务 3－2

财会账证 57 号

付款通知单

<table>
<tr><td>申请付款部门</td><td colspan="3"></td><td>付款申请人</td><td></td></tr>
<tr><td>付款金额</td><td colspan="5">大写：　　　　　　　　　　　　¥</td></tr>
<tr><td rowspan="2">付款方式</td><td rowspan="2"></td><td>收款单位名称</td><td></td><td>开户行</td><td></td></tr>
<tr><td>收款单位地址</td><td></td><td>账　号</td><td></td></tr>
<tr><td rowspan="4" colspan="2">付款内容</td><td rowspan="4" colspan="2"></td><td>申请部门负责人</td><td></td></tr>
<tr><td>总经理（厂长）</td><td></td></tr>
<tr><td>财务部门负责人</td><td></td></tr>
<tr><td>出　纳</td><td></td></tr>
</table>

申请付款日期：　　　　　　　　实际付款日期：

②由财务部门作为原始凭证

业务 4－1

2100073170

辽宁增值税专用发票

记账联

№ 00248035

开票日期：2020 年 12 月 02 日

<table>
<tr><td>购货单位</td><td colspan="4">名　　　称：蚌埠机电贸易有限公司
纳税人识别号：340304713990256
地 址 、电 话：蚌埠市大庆路 258 号 0552－4928564
开户行及账号：工行涂办 1303007609024532799</td><td>密码区</td><td colspan="3">略</td></tr>
<tr><td colspan="2">货物及应税劳务名称</td><td>规格</td><td>单 位</td><td>数 量</td><td>单 价</td><td>金　额</td><td>税 率</td><td>税额</td></tr>
<tr><td colspan="2">*税收分类科目*多路阀</td><td></td><td>台</td><td>50</td><td>1 700.00</td><td>85 000.00</td><td>13%</td><td>11 050.00</td></tr>
<tr><td colspan="2">*税收分类科目*马达</td><td></td><td>台</td><td>40</td><td>2 000.00</td><td>80 000.00</td><td></td><td>10 400.00</td></tr>
<tr><td colspan="2">合　计</td><td></td><td></td><td></td><td></td><td>165 000.00</td><td></td><td>21 450.00</td></tr>
<tr><td colspan="2">价税合计（大写）</td><td colspan="7">⊗拾捌万陆仟肆佰伍拾元整　　　　（小写）¥186 450.00</td></tr>
<tr><td>销货单位</td><td colspan="4">名　　　称：锦州市红星液压件制造有限公司
纳税人识别号：210711759117555
地 址 、电 话：锦州市太和区松坡路 88 号 0416－4565999
开户行及账号：商业银行石化支行 402021749101888</td><td>备注</td><td colspan="3">锦州市红星液压件制造有限公司 210711759117555 发票专用章</td></tr>
</table>

收款人：王华　　　　复核：张楠　　　　开票人：陈杰　　　　销货单位章

第一联：记账联　销货方记账凭证

业务 4—2

2100072170

辽宁增值税专用发票

№ 01819061

全国统一发票监制章 记账联 国家税务总局监制

开票日期：2020 年 12 月 02 日

购货单位	名　　称：平顶山机械有限公司 纳税人识别号：410402791903133 地址、电话：新华区新程街北口 7508629 开户行及账号：农行天河宫分理处 231801040019981				密码区	略	
货物及应税劳务名称	规格	单位	数量	单价	金额	税率	税额
*税收分类科目*多路阀		台	35	1 700.00	59 500.00	13%	7 735.00
*税收分类科目*马达		台	30	2 000.00	60 000.00		7 800.00
合　计					119 500.00		15 535.00
价税合计(大写)	⊗拾叁万伍仟零叁拾伍元整				(小写)￥135 035.00		
销货单位	名　　称：锦州市红星液压件制造有限公司 纳税人识别号：210711759117555 地址、电话：锦州市太和区松坡路 88 号 0416—4565999 开户行及账号：商业银行石化支行 402021749101888				备注	锦州市红星液压件制造有限公司 210711759117555 发票专用章	

收款人：王华　　复核：张楠　　开票人：陈杰　　销货单位章

第一联：记账联　销货方记账凭证

业务 4—3

产品出库单

发货票号：

购货单位：________　　年　月　日　　编号________

品　名	规　格	单位	数　量	单价	金　额							
负责人		仓库负责人		出库经手人		记账		合计				

第二联　财务

业务 4—4

发货票号：

购货单位：

产品出库单

年 月 日

编号________

品 名	规 格	单位	数 量	单价	金 额

负责人		仓库负责人		出库经手人		记账		合计	

第二联 财务

业务 5—1

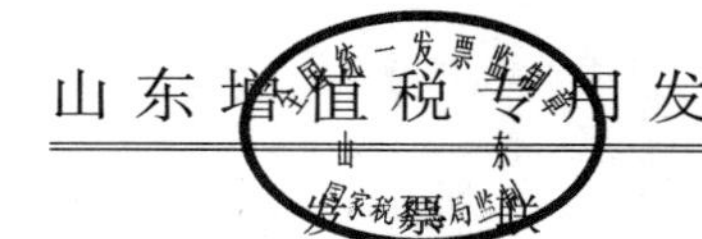

3700071140 山东增值税专用发票 № 05705038

发票联

开票日期：2020 年 12 月 02 日

购货单位	名称：锦州市红星液压件制造有限公司 纳税人识别号：210711759117555 地址、电话：锦州市太和区松坡路 88 号 0416－4565999 开户行及账号：商业银行石化支行 402021749101888				密码区	略	
货物及应税劳务名称	规格	单位	数量	单价	金额	税率	税额
*税收分类科目*钢材		吨	120	3 800.00	456 000.00	13%	59 280.00
合计					456 000.00		59 280.00
价税合计(大写)	⊗伍拾壹万伍仟贰佰捌拾元整				（小写）￥515 280.00		
销货单位	名称：山东金力材料有限公司 纳税人识别号：370702277416819 5 地址、电话：潍坊市潍城区仓东路 3 号 8917822 开户行及账号：农行火车站分理处 416301040005375				备注		

收款人：王华 复核：张楠 开票人：李红 销货单位章

第二联：发票联 购货方记账凭证

业务 5—2

3700071140　　山东增值税专用发票　　№ 05705038

（印章：全国统一发票监制章 山东 国家税务总局监制）抵扣联

开票日期：2020 年 12 月 02 日

购货单位	名　　称：锦州市红星液压件制造有限公司 纳税人识别号：210711759117555 地址、电话：锦州市太和区松坡路 88 号 0416—4565999 开户行及账号：商业银行石化支行 402021749101888				密码区	略	
货物及应税劳务名称	规格	单位	数量	单价	金额	税率	税额
*税收分类科目*钢材		吨	120	3 800.00	456 000.00	13%	59 280.00
合　计					456 000.00		59 280.00
价税合计（大写）	⊗伍拾壹万伍仟贰佰捌拾元整				（小写）￥515 280.00		
销货单位	名　　称：山东金力材料有限公司 纳税人识别号：370702277416819 5 地址、电话：潍坊市潍城区仓东路 3 号 8917822 开户行及账号：农行火车站分理处 416301040005375				备注	（印章：山东金力材料有限公司 3707022774168195 发票专用章）	

收款人：王华　　复核：张楠　　开票人：李红　　销货单位章

第三联：抵扣联　购货方抵税凭证

业务 6—1

锦州市商业银行

现金支票存根（辽）

$\frac{GS}{02}$ 00834765

附件信息

出票日期　年　月　日

收款人：
金　额：
用　途：

单位主管　　会计

本支票付款期限十天

锦州市商业银行**现金支票**（辽）　锦州 $\frac{GS}{02}$ 00834765

出票日期（大写）　　年　　月　　日　　付款行名称：

收款人：　　出票人账号：

人民币（大写）		亿	千	百	十	万	千	百	十	元	角	分

用途：________________

上列款项请从

我账户内支付

出票人签章

复核　　记账

业务 7—1

12 月份职工工资发放汇总表

单位名称：锦州市红星液压件制造有限公司　2020 年 12 月 3 日　单位：元

项目 部门	人数	基本工资	奖金	应发工资	扣午餐费	实发工资	签字
生产部门	160	165 428.87		165 428.87	4 120.00	161 308.87	
销售部门	5	8 600 00		8 600 00	140.00	8 460.00	
管理部门	22	33 300.00		33 300.00	600.00	32 700.00	
合　计	187	207 328.87		207 328.87	4 860.00	202 468.87	

财务负责人：林森　　制表人：李淼

业务 8—1

2100072170　　辽宁增值税专用发票　　№ 00194025

抵扣联

开票日期：2020 年 12 月 03 日

购货单位	名　　称：锦州市红星液压件制造有限公司 纳税人识别号：210711759117555 地 址 、电 话：锦州市太和区松坡路 88 号 0416—4565999 开户行及账号：商业银行石化支行 402021749101888	密码区	略

货物及应税劳务名称	规格	单 位	数 量	单 价	金　额	税 率	税额
*税收分类科目*铣刀		支	54	30.00	1 620.00	13%	210.60
*税收分类科目*丝锥		支	100	20.00	2 000.00		260.00
*税收分类科目*加长锥钻		支	33	70.00	2 310.00		300.30
合计					5 930.00		770.90
价税合计(大写)	⊗陆仟柒佰元零玖角整					(小写)¥6 700.90	

销货单位	名　　称：锦州市机电工具有限公司 纳税人识别号：210702976588986 地 址 、电 话：古塔区山西街 68—1—27198232 开户行及账号：商行古塔支行 402046984909061	备注	锦州市机电工具有限公司 210702976588986 发票专用章

收款人：王华　　复核：张楠　　开票人：刘欣　　销货单位(章)

第二联：发票联　购货方记账凭证

业务8－2

2100072170　　　辽宁增值税专用发票　　　№ 00194025

发票联　　　开票日期：2020年12月03日

购货单位	名　　称：锦州市红星液压件制造有限公司 纳税人识别号：210711759117555 地址、电话：锦州市太和区松坡路88号 0416－4565999 开户行及账号：商业银行石化支行 402021749101888	密码区	略

货物及应税劳务名称	规格	单位	数量	单价	金额	税率	税额
*税收分类科目*铣刀		支	54	30.00	1 620.00	13%	210.60
*税收分类科目*丝锥		支	100	20.00	2 000.00		260.00
*税收分类科目*加长锥钻		支	33	70.00	2 310.00		300.30
合计					5 930.00		[illegible]70.90
价税合计（大写）	⊗陆仟柒佰元零玖角整				（小写）[illegible]		

销货单位	名　　称：锦州市机电工具有限公司 纳税人识别号：210702976588986 地址、电话：古塔区山西街68－1－27198232 开户行及账号：商行古塔支行 402046984909061	备注	锦州市机电工具有限公司 210702976588986 发票专用章

收款人：王华　　复核：张楠　　开票人：刘欣　　销货单位章

第三联：抵扣联　购货方抵税凭证

业务8－3

入　库　单

供货单位：　　　　年　月　日　　　类别________编号________

品　名	规　格	单位	数量	计划单价	金额 千	百	十	万	千	百	十	元	角	分	备　注
合　计															

负责人：　　　　保管员：　　　　采购员：

第三联：财务

业务 8—4

锦州市商业银行

转账支票存根（辽）

$\frac{GS}{02}$ 00846877

附件信息

出票日期　年　月　日

收款人：
金　额：
用　途：

单位主管　　会计

本支票付款期限十天

锦州市商业银行**转账支票**（辽）　　锦州 $\frac{GS}{02}$ 00846877

出票日期（大写）　　年　　月　　日　　付款行名称：

收款人：　　出票人账号：

人民币（大写）		亿	千	百	十	万	千	百	十	元	角	分

用途：____________

上列款项请从

我账户内支付

出票人签章

复核　　记账

业务 9—1

2100073170　　辽宁增值税专用发票　　№ 00193611

发票联

开票日期：2020 年 12 月 04 日

购货单位	名　　称：锦州市红星液压件制造有限公司 纳税人识别号：210711759117555 地 址 、电 话：锦州市太和区松坡路 88 号 0416—4565999 开户行及账号：商业银行石化支行 402021749101888				密码区	略	
货物及应税劳务名称	规格	单 位	数 量	单 价	金　额	税率	税额
*税收分类科目*辅助材料					96 364.35	13%	12 527.37
合计					96 364.35		12 527.37
价税合计（大写）	⊗壹拾万捌仟捌佰玖拾壹元柒角贰分				（小写）¥108 891.72		
销货单位	名　　称：锦州市洁康配件有限公司 纳税人识别号：210711242032223 地 址 、电 话：太和区太安里 43 号 5179332 开户行及账号：中行解放路分理处 800805273908091010				备注		

收款人：王华　　复核：张楠　　开票人：才锦文　　销货单位：（章）

锦州市洁康配件有限公司 210711242032223 发票专用章

第二联：发票联　购货方记账凭证

业务 9—2

2100073170

辽宁增值税专用发票

№ 00193611

抵扣联

开票日期：2020 年 12 月 04 日

购货单位	名　　称：锦州市红星液压件制造有限公司 纳税人识别号：210711759117555 地 址 、电 话：锦州市太和区松坡路 88 号 0416－4565999 开户行及账号：商业银行石化支行 402021749101888				密码区	略	
货物及应税劳务名称	规格	单位	数量	单价	金额	税率	税额
*税收分类科目*辅助材料					96 364. 35	13%	12 527. 37
合计					96 364. 35		12 527. 37
价税合计（大写）	⊗壹拾万捌仟捌佰玖拾壹元柒角贰分				（小写）¥108 891.72		
销货单位	名　　称：锦州市洁康配件有限公司 纳税人识别号：210711242032223 地 址 、电 话：太和区太安里 43 号 5179332 开户行及账号：中行解放路分理处 800805273908091010				备注		

收款人：王华　　复核：张楠　　开票人：才锦文　　销货单位章

第三联：抵扣联　购货方抵税凭证

业务 9—3

入　库　单

供货单位：　　　　年　月　日　　　　类别________编号________

品　名	规　格	单位	数量	计划单价	金额 千	百	十	万	千	百	十	元	角	分	备　注
合　计															

负责人：　　　　保管员：　　　　采购员：

第三联　财务

业务 9—4

锦州市商业银行

转账支票存根(辽)

GS/02 00846878

附件信息

出票日期　年 月 日

收款人:
金　额:
用　途:

单位主管　　会计

本支票付款期限十天

锦州市商业银行**转账支票**(辽)　　锦州 GS/02 00846878

出票日期(大写)　　年　　月　　日　　付款行名称:

收款人:　　出票人账号:

人民币(大写)		亿	千	百	十	万	千	百	十	元	角	分

用途:

上列款项请从

我账户内支付

出票人签章

复核　　记账

业务 10—1

中国人民银行 支付系统专用凭证　№ 00006141677

报文种类:CMT100　交易种类:HVPS　贷记　业务种类:普通汇兑　支付交易序号:

发起行行号:313161000068　汇款人开户行行号:313161000068　发报日期:2020—12—

发起行名称:中国农业银行天津微山路支行

汇款人账号:02180101040005047

汇款人名称:天津机电有限公司

汇款人地址:无

接收行行号:313227000174　收款人开户行行号:313227000174　收款日期:2020—12—04

收款人账号:402021749101888

收款人名称:锦州市红星液压件制造有限公司

收款人地址:无

货币符号、金额:陆万捌仟柒佰伍拾玖元捌角壹分　RMB68 759.81

附　　言:货款

会 计 分 录　贷:

借:

打印时间:2020—12—01 13:19:41 第 1 次 打印

中国人民银行 C、N、A、P、S 专用

锦州市商业银行石化支行 2020.12.04 转讫 (1)

业务 10－2

辽财会账证 49

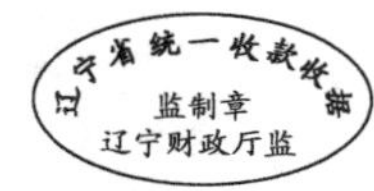

收款收据

5623432

收款日期　　年　月　日

<table>
<tr><td>付款单位
（交款人）</td><td></td><td>收款单位
（收款人）</td><td></td><td colspan="6">收款项目</td><td colspan="5"></td></tr>
<tr><td rowspan="2">人民币
（大写）</td><td colspan="3" rowspan="2"></td><td>千</td><td>百</td><td>十</td><td>万</td><td>千</td><td>百</td><td>十</td><td>元</td><td>角</td><td>分</td><td>结算方式</td></tr>
<tr><td></td><td></td><td></td><td></td><td></td><td></td><td></td><td></td><td></td><td></td><td></td></tr>
<tr><td rowspan="2">收款事由</td><td colspan="3" rowspan="2"></td><td rowspan="2">经
办</td><td colspan="3">部门</td><td colspan="7"></td></tr>
<tr><td colspan="3">人员</td><td colspan="7"></td></tr>
<tr><td colspan="2" rowspan="2">上述款项照数收讫无误
收讫单位财会专用章
（领款人签章）</td><td colspan="2">会计主管</td><td colspan="3">稽　核</td><td colspan="4">出　纳</td><td colspan="4">交款人</td></tr>
<tr><td colspan="2"></td><td colspan="3"></td><td colspan="4"></td><td colspan="4"></td></tr>
</table>

第二联　收款单位记账凭据

使用范围及规定：

1. 本收据只能用于单位内部和单位与单位、单位与个人之间非经营性的经济往来，不得代替发票、行政事业性收费（基金）等政府非税收入收据和罚没收据。

2. 结算方式按现金结算、银行结算和转账等方式分别填列。

3. 作废时，应加盖作废戳记并同存根一起保存，不得自行销毁。

业务 11－1

锦州市医学院附属医院

门 诊 药 费 收 据　　　　30065229

姓名：李峰

收费项目	金额					
	仟	佰	拾	元	角	分
西药费		3	0	5	7	9
中成药						
中草药						
放射费						
手术费						
化验费						
输血费						
输氧费						
镶装费						
检查费						
治疗费						
CT						
NRI						
观察床费						
合计	￥	3	0	5	7	9
人民币（大写）	人民币叁佰零伍元柒角玖分					

报销凭证　无现金收讫章无效

（印章：锦州市医学院附属医院　门诊收费专用章）

收款人：吕玉蓉　　　2020 年 12 月 04 日

业务 11—2

辽宁省通用机打发票

发票联

121070721021　　　　　　　　　　　　　　　　　　　发票代码 121070721021

00532185　　　　　　　　　　　　　　　　　　　　　发票号码 00532185

开票日期:2020—12—04　　　　　　行业分类:×××××　　　　　　辽税票通(2020)111 号

付款单位名称:	李　峰	付款单位识别号:	××××××××		
项目:	规　格	单　位	单　价	数　量	金　额
药		盒	73.10	1	73.10
合计人民币(大写):柒拾叁元壹角零分					
免税标志:否　减免原因				合计:¥73.10	
收款单位名称(盖章)及纳税人识别号:×××××××××××××××					
收款单位开户银行及账号:××××××××××					
开票人:张　惠	备注:				

辽宁成大方圆连锁公司锦州中心店 发票专用章

第一联　发票联(购货单位付款凭证)(手开无效)

业务 12—1

1100072140　　　　　　北京增值税专用发票　　　　　　№ 02994726

发票联

开票日期:2020 年 12 月 05 日

购货单位	名　　称:锦州市红星液压件制造有限公司 纳税人识别号:210711759117555 地址、电话:锦州市太和区松坡路 88 号 0416—4565999 开户行及账号:商业银行石化支行 402021749101888				密码区	略	
货物及应税劳务名称	规格	单位	数量	单价	金　额	税率	税额
*税收分类科目*钢材		吨	12	7 200.00	86 400.00	13%	11 232.00
合计					86 400.00		11 232.00
价税合计(大写)	⊗玖万柒仟陆佰叁拾贰元整					(小写)¥97 632.00	
销货单位	名　　称:北京金铸城物资有限公司 纳税人识别号:110105777073983 地址、电话:北京朝阳区广渠东路商业街 3 号 67389601 开户行及账号:中信银行广渠东支行 800805273908091010				备注	北京金铸城物资有限公司 110105777073983 发票专用章	

收款人:王华　　　复核:张楠　　　开票人:孙冬青　　　销货单位章

第二联:发票联　购货方记账凭证

业务 12—2

1100072140　　　　　　　　**北京增值税专用发票**　　　　　　　　**№ 02994726**

抵扣联　　　　　　　　开票日期：2020 年 12 月 05 日

购货单位	名　　称：锦州市红星液压件制造有限公司 纳税人识别号：210711759117555 地 址 、电 话：锦州市太和区松坡路 88 号 0416—4565999 开户行及账号：商业银行石化支行 402021749101888				密码区	略	
货物及应税劳务名称	规格	单位	数量	单价	金额	税率	税额
*税收分类科目*钢材		吨	12	7 200.00	86 400.00	13%	11 232.00
合计					86 400.00		11 232.00
价税合计(大写)	⊗玖万柒仟陆佰叁拾贰元整				(小写)¥97 632.00		
销货单位	名　　称：北京金铸城物资有限公司 纳税人识别号：110105777073983 地 址 、电 话：北京朝阳区广渠东路商业街 3 号 67389601 开户行及账号：中信银行广渠东支行 800805273908091010				备注	北京金铸城物资有限公司 110105777073983 发票专用章	

收款人：王华　　　复核：张楠　　　开票人：孙冬青　　　销货单位章

第三联：抵扣联　购货方抵税凭证

业务 12—3

入　库　单

供货单位：　　　　　　年　月　日　　　　类别________编号________

品　名	规　格	单位	数量	计划单价	金额										备　注
					千	百	十	万	千	百	十	元	角	分	
合　计															

负责人：　　　　　　保管员：　　　　　　采购员：

第三联　财务

业务 12—4

铁路运费收据

付款单位：锦州市红星液压件制造有限公司　　2020 年 12 月 05 日

原运输票据	年　月　日　第　号		办理种别	
发站	北京		到站	锦州
车种车号			标重	
货物名称	件数	包装	重量	计费重量
钢材				12 吨
类别	费率	数量	金额	备注：
运费			3 000.00	
金额(大写)	叁仟元整			

业务 13—1

锦州市商业银行电子缴税付款凭证

日期：2020 年 12 月 6 日　　凭证字号：№ 00010107

全称及纳税人识别号：锦州市红星液压件制造有限公司 210711759117555

全称：锦州市红星液压件制造有限公司

账号：402021749101888　　征收机关名称：清算国库

开户银行：锦州市商业银行　　收款国库(银行)名称：锦州市商业银行金凌支行

(合计)金额：71 578.24　　缴款书交易流水号：19946218

(合计)金额：柒万壹仟伍佰柒拾捌元贰角肆分　　税票号码：210007003149954815

税种名称	所属时期	实缴金额

第二联　作付款回单(无银行收讫章无效)

业务 14—1

中华人民共和国
税收通用缴款单

系统税票号码:00015337703

(2007)辽地缴电

隶属关系:

注册类型:有限责任公司　　填发日期 2020 年 12 月 6 日　　征收机关:锦州市太和区地方税务局

缴款单位(人)	代码	210711759117926	收款国库	编码	06070801
	全称	锦州市红星液压件制造有限公司		名称	锦州市太和区钟屯乡金库
	开户银行	商业银行石化支行	限缴日期		2020 年 12 月 17 日
	账号	402021749101888			
税(费)种	品目时期	所属时期	预算科目	预算级次	实缴金额
房产税		20201101—20201130			1 552.64
印花税		20201101—20201130			622.60
土地使用税		20201101—20201130			7 337.00
金额合计	(大写)玖仟伍佰壹拾贰元贰角肆分				¥9 512.24
缴款单位(人)(盖章) 经办人(章)	税务机关(盖章) 填票人(章)	上列款项已收妥并计划转收款单位账户 国库(银行)盖章　年　月　日		备注:	

无银行收讫章无效

第一联(收据)国库(银行)收款盖章后退缴款单位(人)作完税凭证

微机用票　　手写无效　　逾期不缴按税法规定加收滞纳金

业务 14—2

中华人民共和国
税收通用缴款单

系统税票号码:00015337704

(2007)辽地缴电

隶属关系:

注册类型:有限责任公司　　填发日期 2020 年 12 月 6 日　　征收机关:锦州市太和区地方税务局

缴款单位(人)	代码	210711759117926	收款国库	编码	06070801
	全称	锦州市红星液压件制造有限公司		名称	锦州市太和区钟屯乡金库
	开户银行	商业银行石化支行	限缴日期		2020 年 12 月 17 日
	账号	402021749101888			
税(费)种	品目时期	所属时期	预算科目	预算级次	实缴金额
城市维护建设税		20201101—20201130			5 059.24
教育费附加		20201101—20201130			2 168.24
地方教育费		20201101—20201130			722.75
金额合计	(大写)柒仟玖佰伍拾元贰角叁分				¥7 950.23
缴款单位(人)(盖章) 经办人(章)	税务机关(盖章) 填票人(章)	上列款项已收妥并计划转收款单位账户 国库(银行)盖章　年　月　日		备注:	

无银行收讫章无效

第一联(收据)国库(银行)收款盖章后退缴款单位(人)作完税凭证

微机用票　　手写无效　　逾期不缴按税法规定加收滞纳金

业务 15—1

辽宁省通用机打发票

发票联

121002071231　　　　　　　　　　　　　　　　　　　　发票代码 121002071231
06511895　　　　　　　　　　　　　　　　　　　　　　　发票号码 06511895
开票日期:2020—12—06　　　　　行业分类:×××××　　　　　辽税票通(2020)111 号

付款单位名称:	锦州市红星液压件制造有限公司	付款单位识别号:	×××××××××

项目:	规　格	单　位	单　价	数　量	金　额
开水器		台	850.00	1	850.00

合计人民币(大写):捌佰伍拾圆整　　　　合计:¥850.00

免税标志:否　减免原因

收款单位名称(盖章)及纳税人识别号:×××××××××××××××

收款单位开户银行及账号:××××××××××

开票人:张　霜　　　　　　　备注:

(印章:锦州市凌河区创新故事机械商店 发票专用章 210703716457890)

第一联　发票联(购货单位付款凭证)(手开无效)

业务 15—2

锦州市商业银行

转账支票存根(辽)

$\frac{GS}{02}$ 00846879

附件信息

出票日期　年　月　日

收款人:
金　额:
用　途:

单位主管　　会计

本支票付款期限十天

锦州市商业银行**转账支票**(辽)　　锦州　$\frac{GS}{02}$　00846879

出票日期(大写)　　年　　月　　日　　　付款行名称:

收款人:　　　　　　　　　　　　　　　　出票人账号:

人民币(大写)		亿	千	百	十	万	千	百	十	元	角	分

用途:________

上列款项请从

我账户内支付

出票人签章　　　　　　　　　　复核　　　记账

业务 16—1

锦州市商业银行

现金支票存根（辽）

GS/02　00834766

附件信息

出票日期　年 月 日

收款人：
金　额：
用　途：

单位主管　会计

本支票付款期限十天

锦州市商业银行**现金支票**（辽）　锦州　GS/02　00834766

出票日期（大写）　年　月　日　付款行名称：

收款人：　出票人账号：

人民币（大写）		亿	千	百	十	万	千	百	十	元	角	分

用途：

上列款项请从

我账户内支付

出票人签章

复核　记账

业务 17—1

公路运费收据

付款单位：锦州市红星液压件制造有限公司　2020 年 12 月 3 日

原运输票据	年　月　日　第　号		办理种别	
发站	山东		到站	锦州
车种车号			标重	
货物名称	件数	包装	重量	计费重量
钢材				120 吨
类别	费率	数量	金额	备注：现金付讫
运费			12 000.00	
金额（大写）：	壹万贰仟元整			

潍坊市运股份有限公司 财务专用章

业务 17—2

入　库　单

供货单位：　年　月　日　类别________编号________

品　名	规　格	单位	数量	计划单价	金额 千	百	十	万	千	百	十	元	角	分	备　注
合　计															

第三联 财务

负责人：　保管员：　采购员：

业务 18—1

锦州市商业银行
现金支票存根(辽)
GS/02　00834767
附件信息

出票日期　年 月 日

收款人:
金　额:
用　途:

单位主管　　会计

本支票付款期限十天

锦州市商业银行**现金支票**(辽)　锦州　GS/02　00834767

出票日期(大写)　　年　　月　　日　　付款行名称:
收款人:　　出票人账号:

人民币(大写)		亿	千	百	十	万	千	百	十	元	角	分

用途:______
上列款项请从
我账户内支付
出票人签章　　　　复核　　记账

业务 19—1

121002071231
06511895
开票日期:2020—12—07

北京市通用机打发票

发票代码 121002071231
发票号码 06511895
京税票通(2020)111 号
行业分类:××××

付款单位名称:	锦州市红星液压件制造有限公司	付款单位识别号:	×××××××××

项目:	规　格	单　位	单　价	数　量	金　额
机械设计手册		本	138.00	1	138.00
液压件实用手册		套	998.00	2	1 996.00
液压法技术标准应用手册		本	268.00	8	2 144.00

合计人民币(大写):肆仟玖佰陆拾捌圆整
免税标志:否　减免原因　　　　合计:¥4 968.00
收款单位名称(盖章)及纳税人识别号:×××××××××××××
收款单位开户银行及账号:×××××××××
开票人:李　彤　　　　备注:

(印章:北京市新华书店 发票专用章 210703716457890)

第一联　发票联(购货单位付款凭证)(手开无效)

业务 20—1

锦州市商业银行
转账支票存根(辽)
GS/02　00846880
附件信息

出票日期　年 月 日

收款人:
金　额:
用　途:

单位主管　　会计

本支票付款期限十天

锦州市商业银行**转账支票**(辽)　锦州　GS/02　00846880

出票日期(大写)　　年　　月　　日　　付款行名称:
收款人:　　出票人账号:

人民币(大写)		亿	千	百	十	万	千	百	十	元	角	分

用途:______
上列款项请从
我账户内支付
出票人签章　　　　复核　　记账

业务 20—2

电费收入报告整理票

2020 年 12 月 7 日

	收费号	户　　名	实收金额
支票		锦州市红星液压件制造有限公司	20 000.00
	合计张数：1　　金额：人民币贰万元整		
现金			
	合计张数：		

支票整理	张　明	现金整理		收费工	

业务 21—1

辽宁省通用机打发票

全国统一发票监制章
发票联
辽宁
国家税务总局监制

121002071231　　　　　　　　　　　　发票代码 121002071231

06511895　　　　　　　　　　　　　　发票号码 06511895

开票日期：2020—12—08　　　　行业分类：××××××　　　　辽税票通(2020)111 号

付款单位名称：	锦州市红星液压件制造有限公司	付款单位识别号：	××××××××

项目：	规　格	单　位	单　价	数　量	金　额
广告费		板	5 600.00	1	5 600.00

合计人民币(大写)：伍仟陆佰圆整

免税标志：否　减免原因　　　　　　合计：¥5 600.00

收款单位名称(盖章)及纳税人识别号：××××××××××××××

收款单位开户银行及账号：××××××××××

开票人：程晓梅　　　　　备注：

第一联　发票联(购货单位付款凭证)(手开无效)

业务 21—2

锦州市商业银行

转账支票存根(辽)

GS/02 00846881

附件信息

出票日期 年 月 日

收款人:
金 额:
用 途:

单位主管 会计

本支票付款期限十天

锦州市商业银行**转账支票**(辽) 锦州 GS/02 00846881

出票日期(大写) 年 月 日 付款行名称:

收款人: 出票人账号:

人民币(大写)		亿	千	百	十	万	千	百	十	元	角	分

用途:______________

上列款项请从

我账户内支付

出票人签章

复核 记账

业务 22—1

2100071650 辽宁增值税普通发票 **№ 00210340**

记账联

开票日期:2020 年 12 月 08 日

购货单位	名称:金厂堡废品站 纳税人识别号: 地址、电话: 开户行及账号:					密码区	略
货物及应税劳务名称	规格	单位	数量	单价	金额	税率	税额
*税收分类科目*废铁屑		吨	13.01	641.00	8 339.41	13%	1 084.12
合计					¥8 339.41		¥1 084.12
价税合计(大写)	⊗玖仟肆佰贰拾叁元伍角叁分				(小写)¥9 423.53		
销货单位	名称:锦州市红星液压件制造有限公司 纳税人识别号:210711759117555 地址、电话:锦州市太和区松坡路 88 号 0416—4565999 开户行及账号:商业银行石化支行 402021749101888				备注		

第一联:记账联 销货方记账凭证

现金收讫

锦州市红星液压件制造有限公司 210711759117555 销货单位章 发票专用章

收款人:王华 复核:张楠 开票人:陈杰

业务 23－1

中国人民银行 支付系统专用凭证　№ 000027197345

中国人民银行 C.N.A.P.S 专用

报文种类:CMT100　交易种类:HVPS　贷记　业务种类:普通汇兑　支付交易序号:00[illegible]235

发起行行号:313161000050　汇款人开户行行号:313161000050　发报日期:2020－12－04

发起行名称:太原市商行亲北支行

汇款人账号:0782－294013021305017

汇款人名称:太原市矿电设备配件有限公司

汇款人地址:无

接收行行号:313227000174　收款人开户行行号:313227000174　收款日期:2020－12－04

收款人账号:402021749101888

收款人名称:锦州市红星液压件制造有限公司

收款人地址:无

货币符号、金额:玖万玖仟贰佰元整　RMB 99 200.00

附　　言:货款

会 计 分 录　贷:

借:

锦州市商业银行石化支行 2020.12.09 转讫 (1)

打印时间:2020－12－09　14:19:35　第 1 次打印

业务 23－2

辽财会账证 49

收款收据　　**5623433**

收款日期　　年　月　日

<table>
<tr><td>付款单位
(交款人)</td><td></td><td>收款单位
(收款人)</td><td colspan="4"></td><td colspan="5">收款项目</td><td colspan="2"></td></tr>
<tr><td rowspan="2">人民币
(大写)</td><td rowspan="2" colspan="2"></td><td>千</td><td>百</td><td>十</td><td>万</td><td>千</td><td>百</td><td>十</td><td>元</td><td>角</td><td>分</td><td>结算方式</td></tr>
<tr><td></td><td></td><td></td><td></td><td></td><td></td><td></td><td></td><td></td><td></td><td></td></tr>
<tr><td rowspan="2">收款事由</td><td rowspan="2" colspan="2"></td><td rowspan="2">经办</td><td colspan="2">部门</td><td colspan="8"></td></tr>
<tr><td colspan="2">人员</td><td colspan="8"></td></tr>
<tr><td rowspan="2" colspan="2">上述款项照数收讫无误
收讫单位财会专用章
(领款人签章)</td><td colspan="2">会计主管</td><td colspan="3">稽　核</td><td colspan="3">出　纳</td><td colspan="4">交款人</td></tr>
<tr><td colspan="2"></td><td colspan="3"></td><td colspan="3"></td><td colspan="4"></td></tr>
</table>

第二联　收款单位记账凭据

使用范围及规定:

1. 本收据只能用于单位内部和单位与单位、单位与个人之间非经营性的经济往来,不得代替发票、行政事业性收费(基金)等政府非税收入收据和罚没收据。

2. 结算方式按现金结算、银行结算和转账等方式分别填列。

3. 作废时,应加盖作废戳记并同存根一起保存,不得自行销毁。

业务 23－3

中 国 人 民 银 行 支付系统专用凭证　№ 000027197346

报文种类:CMT100　交易种类:HVPS　贷记　业务种类:普通汇兑　支付交易序号:00[illegible]182
发起行行号:301463000018　汇款人开户行行号:301463000018　发报日期:2020－12－09
发起行名称:中国银行泰安分行东管分理处
汇款人账号:412000119038091010
汇款人名称:泰安腾飞机械有限公司
汇款人地址:无
接收行行号:313227000174　收款人开户行行号:313227000174　收款日期:2020－12－09
收款人账号:402021749101888
收款人名称:锦州市红星液压件制造有限公司
收款人地址:无
货币符号、金额:拾柒万肆仟捌佰玖拾贰元贰角零分　RMB 174 892.20
附　　言:货款
会 计 分 录　贷:
借:

打印时间:2020－12－09　15:19:20　第 1 次打印

业务 23－4

辽财会账证 49

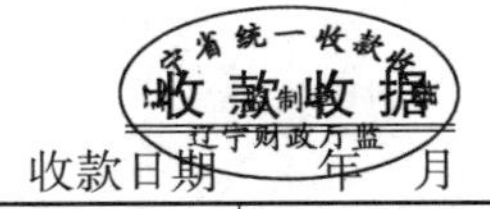

收款收据　　**5623434**

收款日期　　年　月　日

<table>
<tr><td>付款单位
(交款人)</td><td colspan="2"></td><td colspan="4">收款单位
(收款人)</td><td colspan="4"></td><td colspan="3">收款项目</td><td></td></tr>
<tr><td rowspan="2">人民币
(大写)</td><td rowspan="2" colspan="2"></td><td>千</td><td>百</td><td>十</td><td>万</td><td>千</td><td>百</td><td>十</td><td>元</td><td>角</td><td>分</td><td colspan="2">结算方式</td></tr>
<tr><td></td><td></td><td></td><td></td><td></td><td></td><td></td><td></td><td></td><td></td><td colspan="2"></td></tr>
<tr><td rowspan="2">收款事由</td><td rowspan="2" colspan="2"></td><td rowspan="2">经
办</td><td colspan="2">部门</td><td colspan="8"></td></tr>
<tr><td colspan="2">人员</td><td colspan="8"></td></tr>
<tr><td rowspan="2" colspan="2">上述款项照数收讫无误
收讫单位财会专用章
(领款人签章)</td><td colspan="2">会计主管</td><td colspan="3">稽　核</td><td colspan="3">出　纳</td><td colspan="4">交款人</td></tr>
<tr><td colspan="2"></td><td colspan="3"></td><td colspan="3"></td><td colspan="4"></td></tr>
</table>

第二联　收款单位记账凭据

使用范围及规定:
1. 本收据只能用于单位内部和单位与单位、单位与个人之间非经营性的经济往来,不得代替发票、行政事业性收费(基金)等政府非税收入收据和罚没收据。
2. 结算方式按现金结算、银行结算和转账等方式分别填列。
3. 作废时,应加盖作废戳记并同存根一起保存,不得自行销毁。

业务 24—1

锦州商业银行　电汇凭证(回单)　　1

□普通　□加急　　委托日期　　年　　月　　日

<table>
<tr><td rowspan="3">汇款人</td><td>全　称</td><td></td><td rowspan="3">收款人</td><td>全　称</td><td colspan="11"></td></tr>
<tr><td>账　号</td><td></td><td>账　号</td><td colspan="11"></td></tr>
<tr><td>汇出地点</td><td>省　　市/县</td><td>汇入地点</td><td colspan="11">省　　市/县</td></tr>
<tr><td colspan="2">汇出行名称</td><td></td><td colspan="2">汇入行名称</td><td colspan="11"></td></tr>
<tr><td rowspan="2">金额</td><td colspan="4" rowspan="2">人民币
(大写)</td><td>亿</td><td>千</td><td>百</td><td>十</td><td>万</td><td>千</td><td>百</td><td>十</td><td>元</td><td>角</td><td>分</td></tr>
<tr><td></td><td></td><td></td><td></td><td></td><td></td><td></td><td></td><td></td><td></td><td></td></tr>
<tr><td colspan="3" rowspan="2">汇出行签章</td><td>支付密码</td><td colspan="12"></td></tr>
<tr><td colspan="13">附加信息及用途：

复核：　　　　记账：</td></tr>
</table>

此联汇出行给汇票人的回单

锦州市商业银行石化支行
2020.12.09
业务专用章
(1)

业务 24—2

财会账证 57 号

付款通知单

宁财政厅监制
(07)

<table>
<tr><td colspan="2">申请付款部门</td><td colspan="2"></td><td>付款申请人</td><td></td></tr>
<tr><td colspan="2">付款金额</td><td colspan="4">大写：　　　　¥________</td></tr>
<tr><td rowspan="2">付款方式</td><td rowspan="2"></td><td>收款单位名称</td><td></td><td>开户行</td><td></td></tr>
<tr><td>收款单位地址</td><td></td><td>账　号</td><td></td></tr>
<tr><td colspan="2" rowspan="4">付款内容</td><td colspan="2" rowspan="4"></td><td>申请部门负责人</td><td></td></tr>
<tr><td>总经理(厂长)</td><td></td></tr>
<tr><td>财务部门负责人</td><td></td></tr>
<tr><td>出　纳</td><td></td></tr>
</table>

申请付款日期：　　　　实际付款日期：

②由财务部门作为原始凭证

业务 25—1

2100073140　　**辽宁增值税专用发票**　　№ 01174042

开票日期：2020 年 12 月 10 日

购货单位	名　　称：锦州市红星液压件制造有限公司 纳税人识别号：210711759117555 地 址 、电 话：锦州市太和区松坡路 88 号 0416—4565999 开户行及账号：商业银行石化支行　402021749101888	密码区	略

货物及应税劳务名称	规格	单位	数量	单价	金额	税率	税额
*税收分类科目*车床	G13	台	1	49 145	49 145.00	13%	6 388.85
合计					￥49 145.00		￥6 388.85
价税合计(大写)	⊗伍万伍仟叁佰叁拾叁元捌角伍分				(小写)￥55 333.85		

销货单位	名　　称：沈阳金瀚机电有限公司 纳税人识别号：210106769570745 地 址 、电 话：沈阳市铁西区腾飞二街 22—3 号 31045045 开户行及账号：沈阳商行腾飞支行 0325010140200000065	备注	沈阳金瀚机电有限公司 210106769570745 发票专用章

收款人：王华　　复核：张楠　　开票人：于京克

第二联：发票联　购货方记账凭证

业务 25—2

2100073140　　**辽宁增值税专用发票**　　№ 01174042

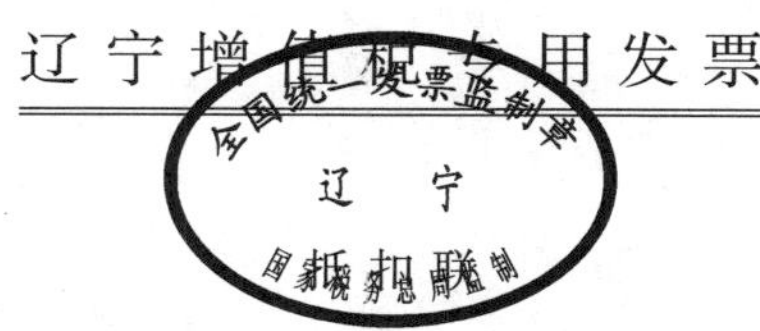

开票日期：2020 年 12 月 10 日

购货单位	名　　称：锦州市红星液压件制造有限公司 纳税人识别号：210711759117555 地 址 、电 话：锦州市太和区松坡路 88 号 0416—4565999 开户行及账号：商业银行石化支行　402021749101888	密码区	略

货物及应税劳务名称	规格	单位	数量	单价	金额	税率	税额
*税收分类科目*车床	G13	台	1	49 145	49 145.00	13%	6 388.85
合计					￥49 145.00		￥6 388.85
价税合计(大写)	⊗伍万伍仟叁佰叁拾叁元捌角伍分				(小写)￥55 333.85		

销货单位	名　　称：沈阳金瀚机电有限公司 纳税人识别号：210106769570745 地 址 、电 话：沈阳市铁西区腾飞二街 22—3 号 31045045 开户行及账号：沈阳商行腾飞支行 0325010140200000065	备注	沈阳金瀚机电有限公司 210106769570745 发票专用章

收款人：王华　　复核：张楠　　开票人：于京克

第三联：抵扣联　购货方记账凭证

业务 25—3

铁路运费收据

付款单位：锦州市红星液压件制造有限公司　　2020 年 12 月 21 日

原运输票据	年　月　日　第　号		办理种别	
发站	沈阳		到站	锦州
车种车号			标重	
货物名称	件数	包装	重量	计费重量
车床	1	木箱		
类别	费率	数量	金额	备注：
运费			1 000.00	
金额(大写)	壹仟元整			
收款单位：	沈明			

中铁快运股份有限公司

业务 25—4

锦州商业银行　电汇凭证(回单)　　1

□普通　□加急　　委托日期　　年　　月　　日

汇款人	全　称		收款人	全　称	
	账　号			账　号	
	汇出地点	省　　市／县		汇入地点	省　　市／县
汇出行名称			汇入行名称		
金额	人民币(大写)			亿 千 百 十 万 千 百 十 元 角 分	
			支付密码		
			附加信息及用途：		
汇出行签章			复核：	记账：	

锦州市商业银行石化支行
2020.12.21
业务专用章
(1)

此联汇出行给汇票人的回单

业务 26—1

2100073140　　辽宁增值税专用发票　　№ 00248031

记账联

开票日期：2020 年 12 月 02 日

购货单位	名　　称： 纳税人识别号： 地 址 、电 话： 开户行及账号：					密码区	略
货物及应税劳务名称	规格	单 位	数 量	单 价	金　额	税率(%)	税额
						13	
合计							
价税合计(大写)	⊗					(小写)￥	
销货单位	名　　称： 纳税人识别号： 地 址 、电 话： 开户行及账号：					备注	

收款人：王华　　复核：张楠　　开票人：于京尧　　销货单位章

第一联：记账联　销货方记账凭证

业务 26—2

产 品 出 库 单

发货票号：

购货单位：

年　月　日　　　　编号________

品　名	规　格	单位	数　量	单价	金　额
负责人		仓库负责人		出库经手人	
记账		合计			

第二联　财务

业务 26－3

锦州市商业银行　进账单(回单)　　1

年　月　日

<table>
<tr><td rowspan="3">出票人</td><td>全　称</td><td colspan="2"></td><td rowspan="3">收款人</td><td>全　称</td><td colspan="11"></td></tr>
<tr><td>账　号</td><td colspan="2"></td><td>账　号</td><td colspan="11"></td></tr>
<tr><td>开户银行</td><td colspan="2"></td><td>开户银行</td><td colspan="11"></td></tr>
<tr><td rowspan="2">金额</td><td colspan="5" rowspan="2">人民币
(大写)</td><td>亿</td><td>千</td><td>百</td><td>十</td><td>万</td><td>千</td><td>百</td><td>十</td><td>元</td><td>角</td><td>分</td></tr>
<tr><td></td><td></td><td></td><td></td><td></td><td></td><td></td><td></td><td></td><td></td><td></td></tr>
<tr><td colspan="2">票据种类</td><td></td><td>票据张数</td><td colspan="13" rowspan="3">开户银行签章</td></tr>
<tr><td colspan="2">票据号码</td><td colspan="2"></td></tr>
<tr><td colspan="4">复核　　记账</td></tr>
</table>

此联是开户银行交给持票人的回单

业务 26－4

锦州市商业银行　进账单(收账通知)　　3

年　月　日

<table>
<tr><td rowspan="3">出票人</td><td>全　称</td><td colspan="2"></td><td rowspan="3">收款人</td><td>全　称</td><td colspan="11"></td></tr>
<tr><td>账　号</td><td colspan="2"></td><td>账　号</td><td colspan="11"></td></tr>
<tr><td>开户银行</td><td colspan="2"></td><td>开户银行</td><td colspan="11"></td></tr>
<tr><td rowspan="2">金额</td><td colspan="5" rowspan="2">人民币
(大写)</td><td>亿</td><td>千</td><td>百</td><td>十</td><td>万</td><td>千</td><td>百</td><td>十</td><td>元</td><td>角</td><td>分</td></tr>
<tr><td></td><td></td><td></td><td></td><td></td><td></td><td></td><td></td><td></td><td></td><td></td></tr>
<tr><td colspan="2">票据种类</td><td></td><td>票据张数</td><td colspan="13" rowspan="3">开户银行签章</td></tr>
<tr><td colspan="2">票据号码</td><td colspan="2"></td></tr>
<tr><td colspan="4">复核　　记账</td></tr>
</table>

此联是开户银行交给收款人的收账通知

业务 27—1

出差旅费报销表

2020 年 12 月 11 日填

月	日	时间	出发地	月	日	时间	到达地	机票费	车船费	卧铺费	夜行车补助		市内交通补助		宿费			出差补助		其他	合计
											小时	金额	实支	包干	标准	实支	提成	天数	金额		
12	1		锦州	12	1		太原		116												116.00
12	10		太原	12	10		锦州		170			120				800		10	200	264	1 554.00
合计									286			120				800			200	264	1 670.00

出差任务	采购	报销金额（大写）人民币：壹仟陆佰柒拾零元零角零分	预借金额	1 500.00
		单位领导　部门负责人　出差人：李鑫	报销金额	1 670.00
			结余或超支	170.00

会计主管：林森　记账：付艳　审核：　附单据 10 张

业务 27—2

出差旅费报销表

2020 年 12 月 11 日填

月	日	时间	出发地	月	日	时间	到达地	机票费	车船费	卧铺费	夜行车补助		市内交通补助		宿费			出差补助		其他	合计
											小时	金额	实支	包干	标准	实支	提成	天数	金额		
12	4		锦州	12	4		郑州		73												73.00
12	9		郑州	12	9		锦州		138			69				200		5	100	2	509.00
合计									211			69				200			100	2	582.00

出差任务	采购	报销金额（大写）人民币：×仟捌佰肆拾贰元零角零分	预借金额	800.00
		单位领导　部门负责人　出差人：王雷	报销金额	842.00
			结余或超支	42.00

会计主管：林森　记账：付艳　审核：　附单据 8 张

业务 28—1

财会账证 57 号

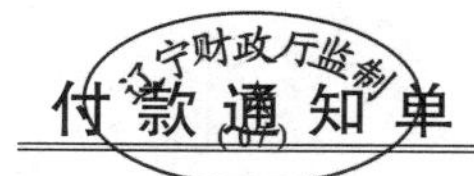

付款通知单

申请付款部门				付款申请人	
付款金额		大写：	¥		
付款方式		收款单位名称		开户行	
		收款单位地址		账　号	
付款内容				申请部门负责人	
				总经理（厂长）	
				财务部门负责人	
				出　纳	

②由财务部门作为原始凭证

申请付款日期：　　　　　　　　实际付款日期：

业务 28—2

锦州商业银行　电汇凭证（回单）　1

□普通　□加急　　　　　委托日期　　年　　月　　日

汇款人	全　称		收款人	全　称	
	账　号			账　号	
	汇出地点	省　　市／县		汇入地点	省　　市／县
汇出行名称			汇入行名称		

金额	人民币（大写）	亿	千	百	十	万	千	百	十	元	角	分

锦州市商业银行石化支行 2020.12.12 业务专用章（3） 汇出行签章	支付密码
	附加信息及用途： 复核：　　　　记账：

此联是汇出行给汇票人的回单

业务 29－1

辽宁省通用机打发票

发票代码:221070740151

2020年12月1[illegible]日　　委托号码:227000500001297

付款人	全　称	锦州市红星液压件制造有限公司	收款人	全　称	中国网通集团公司锦州市分公司
	账号或地址	402021749101888		账号或地址	0708001109221010566
	开户银行	商行石化支行		开户银行	工行古塔支行
委托金额	人民币（大写）	肆仟叁佰捌拾伍元壹角零分			¥4 385.10
款项内容			单证张数 268984	合同号码	100061192221
月租费:150.00 本地通话费 948.40 长话费 3 286.70 信息服务费 59.80 9 月－12 月			收款单位盖章	注意事项: 1.上列款项实行见票全额付款。 2.上列款项若有误,与收款单位协商解决。	

会计　　复核　　记账　　（手写无效）

报销凭证（付款通知）

业务 30－1

辽宁省通用机打发票

121002071231　　发票代码 121002071231

00532198　　发票号码 00532198

开票日期:2020－12－14　　行业分类:×××××　　辽税票通(2020)111 号

付款单位名称:	锦州市红星液压件制造有限公司	付款单位识别号:	××××××××		
项目:	规　格	单　位	单　价	数　量	金　额
93#		升	4.40	165.00	726.00

合计人民币(大写):柒佰贰拾陆圆整

免税标志:否　减免原因　　合计:¥726.00

收款单位名称(盖章)及纳税人识别号:××××××××××××××

收款单位开户银行及账号:×××××××××

开票人:李　红　　备注:

第一联　发票联(购货单位付款凭证)(手开无效)

业务 30—2

辽宁省通用机打发票

发票联

121002071231
00532185

发票代码 121002071231
发票号码 00532185

开票日期:2020—12—10　　行业分类:×××××　　辽税票通(2020)111 号

付款单位名称:	锦州市红星液压件制造有限公司	付款单位识别号:	×××××××××
项目:	规　格	单　位	单　价	数　量	金　额
93#		升	4.40	45	198.00

合计人民币(大写):壹佰玖拾捌圆整
免税标志:否　减免原因　　合计:¥198.00

收款单位名称(盖章)及纳税人识别号:×××××××××××××××
收款单位开户银行及账号:××××××××××
开票人:李　红　　备注:

第一联　发票联(购货单位付款凭证)(手开无效)

业务 30—3

辽宁省通用机打发票

发票联

121070721041
00532173　成品油

发票代码 121070721041
发票号码 00532173

开票日期:2020—12—05　　行业分类:×××××　　辽税票通(2020)111 号

付款单位名称:	锦州市红星液压件制造有限公司	付款单位识别号:	×××××××××
项目:	规　格	单　位	单　价	数　量	金　额
93#		升	4.4	110	484.00

合计人民币(大写):肆佰捌拾肆圆整
免税标志:否　减免原因　　合计:¥484.00

收款单位名称(盖章)及纳税人识别号:×××××××××××××××
收款单位开户银行及账号:××××××××××
开票人:张　惠　　备注:

第一联　发票联(购货单位付款凭证)(手开无效)

业务 31—1

商业承兑汇票②

$\frac{GA}{01}$ 02792344

签发日期 2020 年 12 月 15 日

付款人	全 称	天津机电有限公司	收款人	全 称	锦州市红星液压件制造有限公司
	账 号	02180101040005047		账 号	402021749101888
	开户银行	中国农业银行天津微山路支行		开户银行	商行石化支行

汇票金额（大写）	壹拾万元整	百	十	万	千	百	十	元	角	分
		¥	1	0	0	0	0	0	0	0

汇票到期日	2021 年 3 月 15 日	交易合同号	2091—052
本汇票已经本单位承兑，到期日无条件支付票款。 此致 付款人： 付款人盖章		天津机电有限公司 财务专用章 汇票签发人盖章 2020 年 12 月 15 日	

单位主管　　会计　　复核　　记账

业务 31—2

辽财会账证 49

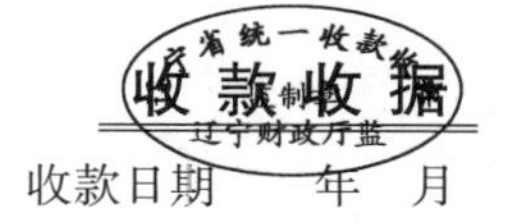

收款收据

5623435

收款日期　　年　月　日

付款单位（交款人）		收款单位（收款人）		收款项目							
人民币（大写）		千	百	十	万	千	百	十	元	角	分	结算方式
收款事由		经办	部门								
			人员								
上述款项照数收讫无误 收讫单位财会专用章 （领款人签章）	会计主管	稽 核	出 纳	交款人							

第二联 收款单位记账凭证

使用范围及规定：

1. 本收据只能用于单位内部和单位与单位、单位与个人之间非经营性的经济往来，不得代替发票、行政事业性收费（基金）等政府非税收入收据和罚没收据。

2. 结算方式按现金结算、银行结算和转账等方式分别填列。

3. 作废时，应加盖作废戳记并同存根一起保存，不得自行销毁。

业务 32—1

出差旅费报销表

2020 年 12 月 15 日填

月	日	时间	出发地	月	日	时间	到达地	机票费	车船费	卧铺费	夜行车补助		市内交通补助		宿费			出差补助		其他	合计
											小时	金额	实支	包干	标准	实支	提成	天数	金额		
12	8		锦州	12	8		深圳	500.00													500.00
12	13		深圳	12	13		锦州	500.00								720.00		4	80.00	20.00	1 320.00
合　计								1 000.00								720.00			80.00	20.00	1 820.00

出差任务	洽谈业务	报销金额（大写）人民币：壹仟捌佰贰拾零元零角零分	预借金额	2 000.00
		单位领导　　部　门负责人　　出差人：黄国华	报销金额	1 820.00
			结余或超支	180.00

会计主管：林森　　记账：付艳　　审核：　　附单据 6 张

业务 32—2

收款收据（第三联）

年　　月　　日

交款单位		金　额								
		百	十	万	千	百	十	元	角	分
人民币（大写）										
收款事由										
上记款项照数收讫无误										

财务负责人：　　经手人：　　出纳：　　记账：

①此据只作为内部收款凭证，不得代替发货票使用。

②三联必须一次复写填制，不得涂改。

业务 33－1

广东省通用机打发票

121002071231　　　　　　　　　　　　　　发票代码 121002071231

00072603　　　　　　　　　　　　　　　　发票号码 00072603

开票日期：2020－12－29　　　行业分类：×××××　　　粤税票通(2020)111 号

付款单位名称：	锦州市红星液压件制造有限公司	付款单位识别号：	×××××××××

项目：	规　格	单　位	单　价	数　量	金　额
工作服		套	75.00	75	5 625.00

合计人民币(大写)：伍仟陆佰贰拾伍圆整

免税标志：否　减免原因　　　　　　　　　　合计：￥5 625.00

收款单位名称(盖章)及纳税人识别号：××××××××××××××

收款单位开户银行及账号：××××××××××

开票人：朱　红　　　　　备注：

第一联　发票联(购货单位付款凭证)(手开无效)

业务 33－2

入　库　单

年　月　日　　　　类别________编号________

品　名	规　格	单位	数量	计划单价	金额 千	百	十	万	千	百	十	元	角	分	备　注
合　计															

负责人：　　　　　　保管员：　　　　　　采购员：

第三联　财务

业务 34—1

锦州市商业银行　进账单(回单)　1

年　月　日

<table>
<tr><td rowspan="3">出票人</td><td>全　称</td><td></td><td rowspan="3">收款人</td><td>全　称</td><td colspan="11"></td></tr>
<tr><td>账　号</td><td></td><td>账　号</td><td colspan="11"></td></tr>
<tr><td>开户银行</td><td></td><td>开户银行</td><td colspan="11"></td></tr>
<tr><td rowspan="2">金额</td><td colspan="4" rowspan="2">人民币
(大写)</td><td>亿</td><td>千</td><td>百</td><td>十</td><td>万</td><td>千</td><td>百</td><td>十</td><td>元</td><td>角</td><td>分</td></tr>
<tr><td></td><td></td><td></td><td></td><td></td><td></td><td></td><td></td><td></td><td></td><td></td></tr>
<tr><td>票据种类</td><td></td><td>票据张数</td><td colspan="13" rowspan="3">开户银行签章</td></tr>
<tr><td>票据号码</td><td colspan="2"></td></tr>
<tr><td colspan="3">复核　　记账</td></tr>
</table>

此联是开户银行交给持票人的回单

业务 34—2

锦州市商业银行　进账单(收账通知)　3

年　月　日

<table>
<tr><td rowspan="3">出票人</td><td>全　称</td><td></td><td rowspan="3">收款人</td><td>全　称</td><td colspan="11"></td></tr>
<tr><td>账　号</td><td></td><td>账　号</td><td colspan="11"></td></tr>
<tr><td>开户银行</td><td></td><td>开户银行</td><td colspan="11"></td></tr>
<tr><td rowspan="2">金额</td><td colspan="4" rowspan="2">人民币
(大写)</td><td>亿</td><td>千</td><td>百</td><td>十</td><td>万</td><td>千</td><td>百</td><td>十</td><td>元</td><td>角</td><td>分</td></tr>
<tr><td></td><td></td><td></td><td></td><td></td><td></td><td></td><td></td><td></td><td></td><td></td></tr>
<tr><td>票据种类</td><td></td><td>票据张数</td><td colspan="13" rowspan="3">开户银行签章</td></tr>
<tr><td>票据号码</td><td colspan="2"></td></tr>
<tr><td colspan="3">复核　　记账</td></tr>
</table>

此联是开户银行交给收款人的收账通知

业务 35－1

2100073140　　辽宁增值税专用发票　　№ 00238432

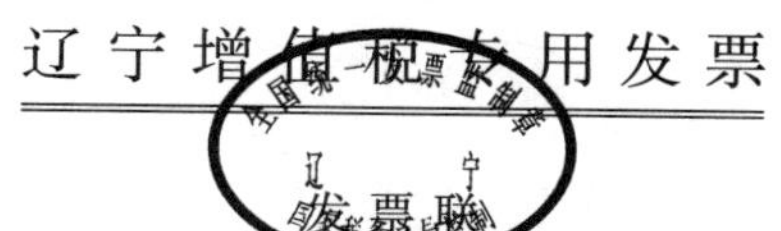

发票联

开票日期:2020 年 12 月 18 日

购货单位	名称:锦州市红星液压件制造有限公司 纳税人识别号:210711759117555 地址、电话:锦州市太和区松坡路 88 号 0416－4565999 开户行及账号:商业银行石化支行 402021749101888	密码区	略				
货物及应税劳务名称	规格	单位	数量	单价	金额	税率(%)	税额
*税收分类科目*油料		桶	30	1 000.00	30 000.00	13	3 900.00
合计					30 000.00		3 900.00
价税合计(大写)	⊗叁万叁仟玖佰元整				(小写)¥33 900.00		
销货单位	名称:锦州科捷润滑油有限公司 纳税人识别号:210711740760276 地址、电话:太和区凌西里 146 号 0416－5186665 开户行及账号:工商银行桥西支行 0708004309248086041	备注	锦州科捷润滑油有限公司 210711740760276 发票专用章				

收款人:王华　　复核:张楠　　开票人:刘雅微　　销货单位章

第二联:发票联　购货方记账凭证

业务 35－2

2100073140　　辽宁增值税专用发票　　№ 00238432

抵扣联

开票日期:2020 年 12 月 18 日

购货单位	名称:锦州市红星液压件制造有限公司 纳税人识别号:210711759117555 地址、电话:锦州市太和区松坡路 88 号 0416－4565999 开户行及账号:商业银行石化支行 402021749101888	密码区	略				
货物及应税劳务名称	规格	单位	数量	单价	金额	税率(%)	税额
*税收分类科目*油料		桶	30	1 000.00	30 000.00	13	3 900.00
合计					30 000.00		3 900.00
价税合计(大写)	⊗叁万叁仟玖佰元整				(小写)¥33 900.00		
销货单位	名称:锦州科捷润滑油有限公司 纳税人识别号:210711740760276 地址、电话:太和区凌西里 146 号 0416－5186665 开户行及账号:工商银行桥西支行 0708004309248086041	备注					

锦州科捷润滑油有限公司 210711740760276 发票专用章

收款人:王华　　复核:张楠　　开票人:孙冬青　　销货单位章

第三联:抵扣联　购货方抵税凭证

业务 35－3

入 库 单

年 月 日 类别________ 编号________

品名	规格	单位	数量	计划单价	金额										备注
					千	百	十	万	千	百	十	元	角	分	
合计															

第三联 财务

负责人： 保管员： 采购员：

业务 35－4

锦州市商业银行

转账支票存根(辽)

GS/02 00846882

附件信息

出票日期 年 月 日

收款人：
金 额：
用 途：

单位主管 会计

本支票付款期限十天

锦州市商业银行**转账支票**(辽) 锦州 GS/02 00846882

出票日期(大写) 年 月 日 付款行名称：

收款人： 出票人账号：

人民币(大写)		亿	千	百	十	万	千	百	十	元	角	分

用途：________

上列款项请从

我账户内支付

出票人签章

复核 记账

业务 36－1

辽宁省通用机打发票

发票联

121070721021

00201732

发票代码 121070721021

发票号码 00201732

开票日期：2020－12－19　　行业分类：×××××　　锦州税(07)57 号

付款单位名称：	锦州市红星液压件制造有限公司	付款单位识别号：	×××××××××

项目：	规　格	单　位	单　价	数　量	金　额
电脑		台	6 565.00	1	6 565.00

合计人民币（大写）：陆仟伍佰陆拾伍圆整

免税标志：否　减免原因　　合计：￥6 565.00

收款单位名称（盖章）及纳税人识别号：××××××××××××××××

收款单位开户银行及账号：××××××××××

开票人：张　惠　　　备注：

第一联　发票联（购货单位付款凭证）（手开无效）

业务 36－2

锦州市商业银行

转账支票存根（辽）

GS/02　00846883

附件信息

出票日期　年　月　日

收款人：
金　额：
用　途：

单位主管　　会计

本支票付款期限十天

锦州市商业银行转账支票（辽）　锦州 GS/02　00846883

出票日期（大写）　　年　　月　　日　　付款行名称：

收款人：　　出票人账号：

人民币（大写）		亿	千	百	十	万	千	百	十	元	角	分

用途：________

上列款项请从

我账户内支付

出票人签章

复核　　记账

业务 37—1

2100073170

辽宁增值税专用发票

№ 00248032

全国统一发票监制章　辽宁　国家税务总局监制

记账联

开票日期：2020 年 12 月 19 日

<table>
<tr><td>购货单位</td><td colspan="5">名　　称：
纳税人识别号：
地 址 、电 话：
开户行及账号：</td><td>密码区</td><td colspan="2">略</td></tr>
<tr><td colspan="2">货物及应税劳务名称</td><td>规格</td><td>单 位</td><td>数 量</td><td>单 价</td><td>金　额</td><td>税率(%)</td><td>税额</td></tr>
<tr><td colspan="2">合计</td><td></td><td></td><td></td><td></td><td></td><td></td><td></td></tr>
<tr><td colspan="2">价税合计(大写)</td><td colspan="7">⊗　　　　　　　　　　(小写)¥</td></tr>
<tr><td>销货单位</td><td colspan="5">名　　称：
纳税人识别号：
地 址 、电 话：
开户行及账号：</td><td>备注</td><td colspan="2"></td></tr>
</table>

收款人：　　　复核：　　　开票人：　　　销货单位章

第一联：记账联　销货方记账凭证

业务 37—2

产品出库单

发货票号：

购货单位：

年　月　日　　　　编号________

品　名	规　格	单位	数　量	单价	金　额

负责人		仓库负责人		出库经手人		记账		合计	

第二联　财务

业务 38—1

锦州市商业银行

业务收费单

2020 年 12 月 19 日

户名		账号	
业务种类：□现金支票 □转账支票 □电汇 □汇票委托书 □银行承兑商业汇票 □贷款承诺 □查询查复 □保函 □企业验资 □其他			

业务种类	笔数	工本费	邮电费	手续费	起止号码	金额 十	万	千	百	十	元	角	分
电汇凭证	1		150.00	15.00					1	6	5	0	0
合计金额(大写)壹佰陆拾伍元整								¥	1	6	5	0	0

客户预留印鉴		银行业务签章 （锦州市商业银行石化支行 2020.12.19 业务专用章（3）） 复核员：　记账员：　验印：

第五联　回单

业务 39—1

2100073140　　辽宁增值税专用发票　　№ 02086664

发票联

开票日期：2020 年 12 月 19 日

购货单位	名　　称：锦州市红星液压件制造有限公司 纳税人识别号：210711759117555 地址、电话：锦州市太和区松坡路 88 号 0416—4565999 开户行及账号：商业银行石化支行　402021749101888	密码区	略

货物及应税劳务名称	规格	单位	数量	单价	金额	税率(%)	税额
*税收分类科目*钢材		吨	50	4 200	210 000.00	13	27 300.00
合计					210 000.00		27 300.00
价税合计(大写)	⊗贰拾叁万柒仟叁佰元整				(小写)¥237 300.00		

销货单位	名　　称：沈阳天元工贸有限公司 纳税人识别号：210105788705611 地址、电话：沈阳市皇姑区梅江街 27 号　86606636 开户行及账号：盛京银行沈阳市泰山支行 0382010140200006439	备注	（沈阳天元工贸有限公司 210105788705611 发票专用章）

收款人：王华　　复核：张楠　　开票人：王莹　　销货单位章

第二联：发票联　购货方记账凭证

业务 39－2

2100073140　　辽宁增值税专用发票　　№ 02086664

抵扣联

开票日期：2020 年 12 月 19 日

购货单位	名称：锦州市红星液压件制造有限公司 纳税人识别号：210711759117555 地址、电话：锦州市太和区松坡路 88 号 0416－4565999 开户行及账号：商业银行石化支行　402021749101888					密码区	略
货物及应税劳务名称	规格	单位	数量	单价	金额	税率(%)	税额
*税收分类科目*钢材		吨	50	4 200	210 000.00	13	27 300.00
合计					210 000.00		27 300.00
价税合计(大写)	⊗贰拾叁万柒仟叁佰元整　　(小写)¥237 300.00						
销货单位	名称：沈阳天元工贸有限公司 纳税人识别号：210105788705611 地址、电话：沈阳市皇姑区梅江街 27 号　86606636 开户行及账号：盛京银行沈阳市泰山支行 0382010140200006439					备注	

收款人：王华　　复核：张楠　　开票人：王莹　　销货单位(章)

第三联：抵扣联　购货方抵税凭证

业务 39－3

入　库　单

年　　月　　日　　　类别________　编号________

品　名	规　格	单位	数　量	计划单价	金额 千	百	十	万	千	百	十	元	角	分	备　注
合　计															

负责人：　　　　保管员：　　　　采购员：

第三联　财务

业务 40—1

锦州市商业银行

转账支票存根(辽)

$\frac{GS}{02}$ 00846884

附件信息

出票日期　年 月 日

收款人：
金　额：
用　途：

单位主管：　　会计

本支票付款期限十天

锦州市商业银行**转账支票**(辽)　　锦州 $\frac{GS}{02}$ 00846884

出票日期(大写)　　年　　月　　日　　付款行名称：

收款人：　　出票人账号：

人民币(大写)		亿	千	百	十	万	千	百	十	元	角	分

用途：________________

上列款项请从

我账户内支付

出票人签章

复核　　记账

业务 40—2

辽财会账证 49

收款收据　　**5623436**

收款日期　年　月　日

付款单位(交款人)		收款单位(收款人)		收款项目								
人民币(大写)		千	百	十	万	千	百	十	元	角	分	结算方式
收款事由		经办	部门									
			人员									
上述款项照数收讫无误 收讫单位财会专用章 (领款人签章)	会计主管	稽　核	出　纳	交款人								

第二联　收款单位记账凭证

使用范围及规定：

1. 本收据只能用于单位内部和单位与单位、单位与个人之间非经营性的经济往来，不得代替发票、行政事业性收费(基金)等政府非税收入收据和罚没收据。

2. 结算方式按现金结算、银行结算和转账等方式分别填列。

3. 作废时，应加盖作废戳记并同存根一起保存，不得自行销毁。

业务 41－1

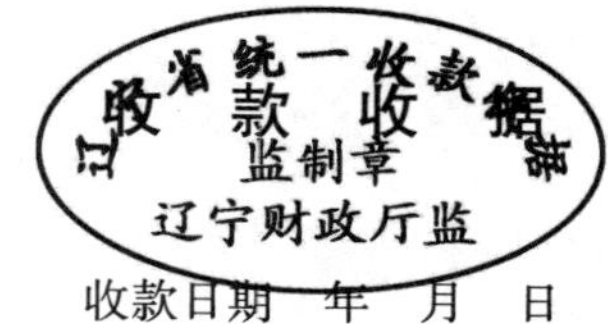

5623437

辽财会账证 49

收款日期　年　月　日

<table>
<tr><td>付款单位
（交款人）</td><td></td><td>收款单位
（收款人）</td><td colspan="5"></td><td colspan="4">收款
项目</td><td colspan="2"></td></tr>
<tr><td rowspan="2">人民币
（大　写）</td><td rowspan="2" colspan="2"></td><td>千</td><td>百</td><td>十</td><td>万</td><td>千</td><td>百</td><td>十</td><td>元</td><td>角</td><td>分</td><td>结算方式</td></tr>
<tr><td></td><td></td><td></td><td></td><td></td><td></td><td></td><td></td><td></td><td></td><td></td></tr>
<tr><td rowspan="2">收款事由</td><td rowspan="2" colspan="2"></td><td rowspan="2" colspan="2">经
办</td><td colspan="2">部　门</td><td colspan="7"></td></tr>
<tr><td colspan="2">人　员</td><td colspan="7"></td></tr>
<tr><td rowspan="2" colspan="2">上述款项照数收讫无误
收讫单位财会专用章
（领款人签章）</td><td>会计主管</td><td colspan="3">稽　核</td><td colspan="3">出　纳</td><td colspan="5">交款人</td></tr>
<tr><td></td><td colspan="3"></td><td colspan="3"></td><td colspan="5"></td></tr>
</table>

第二联：收款单位记账凭证

使用范围及规定：

1. 本收据只能用于单位内部和单位与单位、单位与个人之间的非经营性的经济往来，不得代替发票、行政事业性收费（基金）等政府非税收入收据和罚没收据。

2. 结算方式按现金结算、银行结算和转账等方式分别填列。

3. 作废时，应加盖作废戳记并同存根一起保存，不得自行销毁。

业务 42—1

券种明细

锦州市商业银行 **现金缴款单**

缴款日期： 年 月 日

券种	张数	金额
壹佰元		
伍拾元		
贰拾元		
拾元		
伍元		
贰元		
壹元		
伍角		
贰角		
壹角		
伍分		
贰分		
壹分		
合计		

缴款单位	全 称		账 号									
	开户银行											
款项来源			百	十	万	千	百	十	元	角	分	
人民币（大写）												
现金收讫			复核员 复核员				出纳收款员 记 账 员					

第一联：回单

业务 43—1

2102071170 辽宁增值税专用发票 №00308513

发票联

开票日期：2020 年 12 月 21 日

购货单位	名 称：锦州市红星液压件制造有限公司 纳税人识别号：210711759117555 地址、电话：锦州市太和区松坡路 88 号 0416－4565999 开户行及账号：商业银行石化支行 402021749101888					密码区	略
货物及应税劳务名称	规格	单位	数量	单价	金 额	税率(%)	税额
*税收分类科目*铸件		件	800	600	480 000.00	13	62 400.00
合计					480 000.00		62 400.00
价税合计(大写)	⊗伍拾肆万贰仟肆佰元整				(小写)¥542 400.00		
销货单位	名 称：大连远景铸造有限公司 纳税人识别号：210281747886926 地址、电话：瓦房店市北共济街北段 48 号 85524097 开户行及账号：瓦市工行 3400202109300015897					备注	

收款人：王华 复核：张楠 开票人：金郎华 销货单位章

第二联：发票联 购货方记账凭证

（印章：全国统一发票监制章 辽宁省国家税务总局监制；大连远景铸造有限公司 210281747886926 发票专用章）

业务 43－2

2102071170　　辽宁增值税专用发票　　№　**00308513**

抵扣联

开票日期：2020 年 12 月 21 日

购货单位	名　　称：锦州市红星液压件制造有限公司 纳税人识别号：210711759117555 地址、电话：锦州市太和区松坡路 88 号 0416－4565999 开户行及账号：商业银行石化支行　402021749101888					密码区	略	
货物及应税劳务名称	规格	单位	数量	单价	金　额	税率(%)	税额	
*税收分类科目*铸件		件	800	600	480 000.00	13	62 400.00	
合计					480 000.00		62 400.00	
价税合计(大写)	⊗伍拾肆万贰仟肆佰元整					(小写)¥542 400.00		
销货单位	名　　称：大连远景铸造有限公司 纳税人识别号：210281747886926 地址、电话：瓦房店市北共济街北段 48 号 85524097 开户行及账号：瓦市工行　3400202109300015897					备注		

收款人：王华　　复核：张楠　　开票人：金郜华　　销货单位章

第三联：抵扣联　购货方抵税凭证

业务 43－3

铁路运费收据

付款单位：锦州市红星液压件制造有限公司　　2020 年 12 月 21 日

原运输票据	年　月　日　第　号		办理种别	
发站	大连		到站	锦州
车种车号			标重	
货物名称	件数	包装	重量	计费重量
铸件	20	木箱		10 吨
类别	费率	数量	金额	备注：
运费			4 000.00	
金额(大写)：肆仟元整				
收款单位：沈明				

业务 43—4

锦州商业银行　电汇凭证（回单）　1

☐普通　☐加急　　委托日期　年　月　日

<table>
<tr><td rowspan="3">汇款人</td><td>全　称</td><td></td><td rowspan="3">收款人</td><td>全　称</td><td colspan="11"></td></tr>
<tr><td>账　号</td><td></td><td>账　号</td><td colspan="11"></td></tr>
<tr><td>汇出地点</td><td>省　市／县</td><td>汇入地点</td><td colspan="11">省　市／县</td></tr>
<tr><td colspan="2">汇出行名称</td><td></td><td colspan="2">汇入行名称</td><td colspan="11"></td></tr>
<tr><td rowspan="2">金额</td><td colspan="4" rowspan="2">人民币
（大写）</td><td>亿</td><td>千</td><td>百</td><td>十</td><td>万</td><td>千</td><td>百</td><td>十</td><td>元</td><td>角</td><td>分</td></tr>
<tr><td></td><td></td><td></td><td></td><td></td><td></td><td></td><td></td><td></td><td></td><td></td></tr>
<tr><td colspan="3" rowspan="2">锦州市商业银行石化支行
2020.12.21
业务专用章
（1）
汇出行签章</td><td>支付密码</td><td colspan="12"></td></tr>
<tr><td colspan="13">附加信息及用途：

复核：　　　　记账：</td></tr>
</table>

此联是汇出行给汇票人的回单

业务 44—1

2100073170　　辽宁增值税专用发票　　№ 00248033

全国统一发票监制章　辽宁　国家税务总局监制

记账联　　开票日期：　年　月　日

<table>
<tr><td>购货单位</td><td colspan="6">名　　称：
纳税人识别号：
地 址、电 话：
开户行及账号：</td><td>密码区</td><td>略</td></tr>
<tr><td colspan="2">货物及应税劳务名称</td><td>规格</td><td>单位</td><td>数量</td><td>单价</td><td>金　额</td><td>税率（%）</td><td>税额</td></tr>
<tr><td colspan="2">

合计</td><td></td><td></td><td></td><td></td><td></td><td></td><td></td></tr>
<tr><td colspan="2">价税合计（大写）</td><td colspan="5">⊗</td><td colspan="2">（小写）¥</td></tr>
<tr><td>销货单位</td><td colspan="6">名　　称：
纳税人识别号：
地 址、电 话：
开户行及账号：</td><td>备注</td><td></td></tr>
</table>

收款人：　　复核：　　开票人：　　　　销货单位章

第一联：记账联　销货方记账凭证

业务 44—2

2100073170　　辽宁增值税专用发票　　№ 00248034

记账联

开票日期：　　年　月　日

购货单位	名　　称： 纳税人识别号： 地 址、电 话： 开户行及账号：					密码区	略
货物及应税劳务名称 合计	规格	单位	数量	单价	金　额	税率(%)	税额
价税合计(大写)					(小写)¥		
销货单位	名　　称： 纳税人识别号： 地 址、电 话： 开户行及账号：					备注	

收款人：　　复核：　　开票人：　　销货单位章

第一联：记账联　销货方记账凭证

业务 44—3

2100073170　　辽宁增值税专用发票　　№ 00248035

记账联

开票日期：　　年　月　日

购货单位	名　　称： 纳税人识别号： 地 址、电 话： 开户行及账号：					密码区	略
货物及应税劳务名称 合计	规格	单位	数量	单价	金　额	税率(%)	税额
价税合计(大写)	⊗				(小写)¥		
销货单位	名　　称： 纳税人识别号： 地 址、电 话： 开户行及账号：					备注	

收款人：　　复核：　　开票人：　　销货单位章

第一联：记账联　销货方记账凭证

业务 44－4

发货票号：

产品出库单

购货单位： 年 月 日 编号________

品 名	规 格	单位	数 量	单价	金 额

负责人		仓库负责人		出库经手人		记账		合 计	

第二联 财务

业务 44－5

发货票号：

产品出库单

购货单位： 年 月 日 编号________

品 名	规 格	单位	数 量	单价	金 额

负责人		仓库负责人		出库经手人		记账		合 计	

第二联 财务

业务 44－6

发货票号：

产品出库单

购货单位： 年 月 日 编号________

品 名	规 格	单位	数 量	单价	金 额

负责人		仓库负责人		出库经手人		记账		合 计	

第二联 财务

业务 45—1

入　库　单

供货单位：　　　　　　　　　　　　年　　月　　日　　　　类别______编号______

品　名	规　格	单位	数　量	计划单价	金　额										备　注
					千	百	十	万	千	百	十	元	角	分	
合　计															

第三联　财务

负责人：　　　　　　保管员：　　　　　　采购员：

业务 46—1

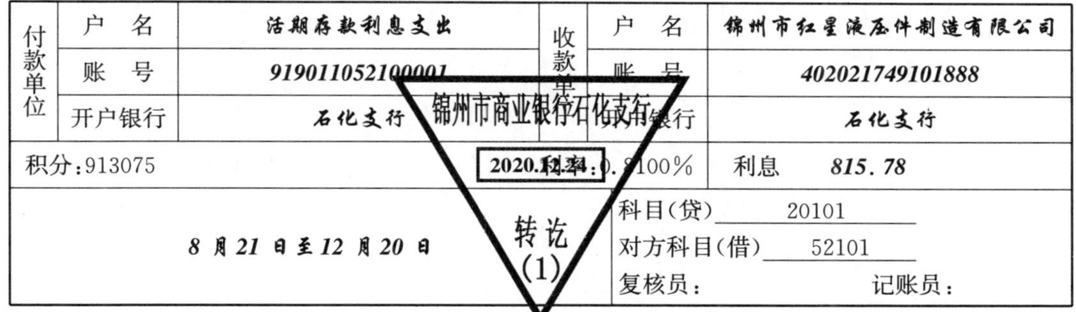

锦州市商业银行存款利息回单

日期：2020 年 12 月 24 日

付款单位	户　名	活期存款利息支出	收款单位	户　名	锦州市红星液压件制造有限公司
	账　号	919011052100001		账　号	402021749101888
	开户银行	石化支行		开户银行	石化支行
积分：913075			0.8100%	利息	815.78
8 月 21 日至 12 月 20 日			科目(贷) 20101 对方科目(借) 52101 复核员：　　记账员：		

锦州市商业银行石化支行 2020.12.24 转讫 (1)

业务 47—1

山东金力材料有限公司收款收据　　　0002075

2020 年 12 月 24 日

付款单位(个人)	锦州市红星液压件制造有限公司	收款方式
		银行承兑汇票
收款项目	收往来 $\frac{GA}{01}$02792344	
金额人民币(大写)	壹拾万元整	￥ 100 000.00

山东金力材料有限公司 财务专用章

第二联：交付款单位

收款单位(章)　　　　　　　　　　　　收款人：崔菊香

业务 48—1

地税账证 111

借 款 单

(001)

年　月　日　　　　　　　　　　　　第　号

借款部门		姓名		事由	
借款金额(大写)	万　仟　佰　拾　元　角　分				¥
部门负责人署名		借款人签章		注意事项	一、凡借用公款必须使用本单 二、第三联为正式收据由借款人和单位负责人签章 三、出差返回后三日内结算
单位领导批示		审核意见			

第三联：记账联

业务 49—1

商业银行(短期贷款)借款凭证(回单)③

单位编号：　　　　日期：2020 年 12 月 25 日　　　　银行编号：贷字 1685

收款单位	名称	锦州市红星液压件制造有限公司	付款单位	名称	锦州市商业银行
	账号	402021749101888		往来户账号	05683579
	开户银行	石化支行		开户银行	石化支行
借款期限(最后还款日)		2021 年 6 月 25 日	利率 7.2%	起息日期	2020 年 12 月 25 日

借款申请金额	人民币(大写) 拾万元整	千	百	十	万	千	百	十	元	角	分
			¥	1	0	0	0	0	0	0	0
借款原因及用途	生产周转　银行核定金额：	千	百	十	万	千	百	十	元	角	分
			¥	1	0	0	0	0	0	0	0

备注	期限	计划还款日期	计划还款金额

锦州市商业银行石化支行 2020.12.25 转讫 (1)

上述借款业已同意贷给并转入你单位往来账户借款到期时应按期归还。

此致

借款单位：

(银行盖章)　　　　2020 年 12 月 25 日

此联系核定放款回单代借款单位往来户收款通知

业务 49－2

短期借款申请书

2020 年 12 月 25 日

企业名称	锦州市红星液压件制造有限公司	法人代表	刘鑫	企业性质	有限责任
地　　址	锦州市太和区松坡路 88 号	财务负责人	林森	联系电话	4565999
经营范围	生产多路阀、马达产品	主管部门			
借款期限	2020 年 12 月 25 日至 2021 年 6 月 25 日			申请金额	100 000.00
主要用途及效益说明：周转资金紧张					
申请单位章 财务部门负责人：林森　　经办人：刘欢			信贷员意见：同意 行政主管领导：王军　信贷部门负责人：李大民		

业务 50－1

2100073170　　辽宁增值税专用发票　　№ 00248036

记账联

开票日期：　年　月　日

购货单位	名　　称： 纳税人识别号： 地址、电话： 开户行及账号：					密码区	略
货物及应税劳务名称	规格	单位	数量	单价	金　额	税率(%)	税额
						13	
合计							
价税合计(大写)	⊗				(小写)¥		
销货单位	名　　称： 纳税人识别号： 地址、电话： 开户行及账号：					备注	

收款人：　　复核：　　开票人：　　销货单位章

第一联：记账联　销货方记账凭证

业务 50－2

发货票号：

产品出库单

购货单位：　　　　　　年　　月　　日　　　　编号

品　　名		规　格		单位	数　量	单价	金　额
负责人		仓库负责人		出库经手人	记账	合　计	

第二联 财务

业务 50－3

2100073170

辽宁增值税专用发票

No　00248037

全国统一发票监制章 辽宁 国家税务总局监制

记账联

开票日期：　年　月　日

购货单位	名　　称： 纳税人识别号： 地 址 、电 话： 开户行及账号：					密码区	略
货物及应税劳务名称 合计	规格	单位	数量	单价	金　额	税率(%) 13	税额
价税合计(大写)	⊗				(小写)¥		
销货单位	名　　称： 纳税人识别号： 地 址 、电 话： 开户行及账号：					备注	

收款人：　　　　复核：　　　　开票人：　　　　　　　　销货单位章

第一联：记账联　销货方记账凭证

业务 50—4

发货票号：

产品出库单

购货单位：　　　　　　　　　年　　月　　日　　　　　　　编号______

品　　名	规　格	单位	数　量	单价	金　额
负责人	仓库负责人	出库经手人	记账	合　计	

第二联　财务

业务 50—5

锦州市商业银行

转账支票存根(辽)

$\frac{GS}{02}$ 00846885

附件信息

出票日期　年　月　日

收款人：

金　额：

用　途：

单位主管　　会计

本支票付款期限十天

锦州市商业银行**转账支票**(辽)　锦州 $\frac{GS}{02}$ 00846885

出票日期(大写)　　年　　月　　日　　付款行名称：

收款人：　　出票人账号：

人民币(大写)		亿	千	百	十	万	千	百	十	元	角	分

用途：______

上列款项请从

我账户内支付

出票人签章

复核　　记账

业务 50－6

锦州市商业银行
转账支票存根（辽）
GS/02 00846886
附件信息

出票日期　年 月 日

收款人：
金　额：
用　途：

单位主管：　　会计

本支票付款期限十天

锦州市商业银行**转账支票**（辽）　　锦州 GS/02 00846886

出票日期（大写）　　年　　月　　日　　　付款行名称：
收款人：　　　　　　　　　　　　　　　　出票人账号：

人民币（大写）		亿	千	百	十	万	千	百	十	元	角	分

用途：________
上列款项请从
我账户内支付
出票人签章

复核　　记账

业务 50－7

托收凭证　（受理回单）　　1

委托日期　2020 年 12 月 25 日

业务类型	委托收款（□邮划、□电划）　委托承付（□邮划、□电划）					
付款人 全称	太原市矿电设备配件有限公司			收款人 全称	锦州市红星液压件制造有限公司	
付款人 账号	0782－294013021305017			收款人 账号	402021749101888	
付款人 地址	太原市	开户行	商行桑北支行	收款人 地址	锦州市	开户行 商行石化支行
金额 人民币（大写）	贰拾柒万壹仟陆佰捌拾元整				亿 千 百 十 万 千 百 十 元 角 分	¥ 2 7 1 6 8 0 0 0
款项内容	货款及代垫运费	托收凭据名称	发票　运费收据		附寄单证张数	7
商品发运情况	已发运			合同名称号码	购销合同	05827
备注： 复核：　　记账：	款项收妥日期 年　月　日				收款人开户银行签章 2020 年 12 月 25 日	

（印章：锦州市商业银行石化支行 2020.12.25 业务专用章 (3)）

此联作收款人开户银行给收款人的受理回单

业务 50—8

托收凭证 （受理回单） 1

委托日期 2020 年 12 月 25 日

业务类型	委托收款（□邮划、□电划）			委托承付（□邮划、□电划）		
付款人	全称	山西柏林经贸有限公司	收款人	全称	锦州市红星液压件制造有限公司	
	账号	141000684018000929289		账号	402021749101888	
	地址	太原市 开户行 交行学府支行		地址	锦州市 开户行	商行石化支行
金额	人民币（大写）	贰拾叁万陆仟陆佰伍拾元整		亿千百十万千百十元角分	¥23665000	
款项内容	货款及代垫运费	托收凭据名称	发票 运费收据	附寄单证张数	7	
商品发运情况	已发运			合同名称号码	购销合同 00327	
备注： 复核： 记账：	款项收妥日期 年 月 日			收款人开户银行签章 2020 年 12 月 25 日		

锦州市商业银行石化支行 2020.12.25 业务专用章 (3)

此联作收款人开户银行给收款人的受理回单

业务 51—1

辽宁省通用机打发票

121002071231　　　　发票代码 121002071231

06611895　　　　发票号码 06611895

开票日期：2020—12—28　　行业分类：×××××　　辽税票通（2020）111 号

付款单位名称：	付 艳	付款单位识别号：	××××××××		
项目：	规 格	单 位	单 价	数 量	金 额
现金充值			60	1	60.00

合计人民币（大写）：陆拾圆整

免税标志：否　减免原因　　合计 ¥60.00

收款单位名称（盖章）及纳税人识别号：××××××××××××××

收款单位开户银行及账号：××××××××××

开票人：李宰旭　　备注：

锦州市公共交通总公司 发票专用章 210703120536897

第一联 发票联（购货单位付款凭证）（手开无效）

业务 51－2

辽宁省通用机打发票
发票联

121002071231　　　　发票代码 121002071231

06611896　　　　发票号码 06611896

开票日期:2020－12－26　　行业分类:×××××　　辽税票通(2020)111 号

付款单位名称:	李　娜	付款单位识别号:	×××××××××

项目:	规　格	单　位	单　价	数　量	金　额
现金充值			60	1	60.00

合计人民币(大写):陆拾圆整

免税标志:否　减免原因　　　　合计:¥60.00

收款单位名称(盖章)及纳税人识别号:××××××××××××××

收款单位开户银行及账号:××××××××××

开票人:赵寅成　　备注:

第一联　发票联(购货单位付款凭证)(手开无效)

业务 51－3

辽宁省通用机打发票
发票联

121002071231　　　　发票代码 121002071231

06611897　　　　发票号码 06611897

开票日期:2020－12－26　　行业分类:×××××　　辽税票通(2020)111 号

付款单位名称:	李　娜	付款单位识别号:	×××××××××

项目:	规　格	单　位	单　价	数　量	金　额
现金充值			60	1	60.00

合计人民币(大写):陆拾圆整

免税标志:否　减免原因　　　　合计:¥60.00

收款单位名称(盖章)及纳税人识别号:××××××××××××××

收款单位开户银行及账号:××××××××××

开票人:李栋旭　　备注:

第一联　发票联(购货单位付款凭证)(手开无效)

业务 52—1

辽宁省通用机打发票

发票联

121002071231

06611995

发票代码 121002071231

发票号码 06611995

开票日期：2020—12—27　　行业分类：×××××　　辽税票通(2020)111 号

付款单位名称：	锦州市红星液压件制造有限公司	付款单位识别号：	×××××××××

项目：	规　格	单　位	单　价	数　量	金　额
液化钢瓶			215	2	430.00

合计人民币(大写)：肆佰叁拾圆整

免税标志：否　减免原因　　合计：¥430.00

收款单位名称(盖章)及纳税人识别号：×××××××××××××××

收款单位开户银行及账号：××××××××××

开票人：万　红　　备注：

锦州市供暖管理处 发票专用章 210703716457890

第一联　发票联(购货单位付款凭证)(手开无效)

业务 53—1

特约委托收款凭证(付款通知)

委托日期 2020 年 12 月 28 日

付款人	全　称	锦州市红星液压件制造有限公司	收款人	全称	锦州自来水公司
	账号	402021749101888		账号	41103468228
	开户银行	商行石化支行		开户银行	工行太和分理处

人民币(大写)	人民币(大写) 贰仟壹佰叁拾壹元柒角伍分	百	十	万	千	百	十	元	角	分
				¥	2	1	3	1	7	5

款项内容	12 月份水费	合同号码		附寄单证件数：

备注：	上列款项，已根据收款人委托从你单位账户存款中付出 收款人：盖章 锦州市自来水公司 委托收款 专用章

业务 53—2

2100081170　　辽宁增值税专用发票　　№ 02086536

全国统一发票监制章　辽宁　国家税务总局监制

发票联

开票日期：2020 年 12 月 28 日

购货单位	名　　称：锦州市红星液压件制造有限公司 纳税人识别号：210711759117555 地址、电话：锦州市太和区松坡路 88 号 0416－4565999 开户行及账号：商业银行石化支行　402021749101888					密码区	略
货物及应税劳务名称	规格	单位	数量	单价	金　额	税率(%)	税额
*税收分类科目*水		吨	770	2.45	1 886.50	13	245.25
合计					1 886.50		245.25
价税合计(大写)	⊗贰仟壹佰叁拾壹元柒角伍分				(小写)￥2 131.75		
销货单位	名　　称：锦州自来水公司 纳税人识别号：210711749705938 地址、电话：锦州市太和区 48 号　5189358 开户行及账号：工行太和分理处　41103468228					备注	

锦州自来水公司　210711749705938　发票专用章

收款人：张三　　复核：李四　　开票人：郜华　　销货单位章

第二联：发票联　购货方记账凭证

业务 53—3

2100081170　　辽宁增值税专用发票　　№ 02086536

全国统一发票监制章　辽宁　国家税务总局监制

抵扣联

开票日期：2020 年 12 月 28 日

购货单位	名　　称：锦州市红星液压件制造有限公司 纳税人识别号：210711759117555 地址、电话：锦州市太和区松坡路 88 号 0416－4565999 开户行及账号：商业银行石化支行　402021749101888					密码区	略
货物及应税劳务名称	规格	单位	数量	单价	金　额	税率(%)	税额
*税收分类科目*水		吨	770	2.45	1 886.50	13	245.25
合计					1 886.50		245.25
价税合计(大写)	⊗贰仟壹佰叁拾壹元柒角伍分				(小写)￥2 131.75		
销货单位	名　　称：锦州自来水公司 纳税人识别号：210711749705938 地址、电话：锦州市太和区 48 号　5189358 开户行及账号：工行太和分理处　41103468228					备注	

锦州自来水公司　210711749705938　发票专用章

收款人：张三　　复核：李四　　开票人：郜华　　销货单位章

第三联：抵扣联　购货方抵税凭证

业务 53—4

水费分配表

2020 年 12 月 31 日

部门	数量	分配率	金额
基本生产车间	600		
管理部门	170		
合计	770	2.45	1 886.50

业务 54—1

账存实存报告表

2020 年 12 月 28 日

财产名称及规格	单位	单价	账面数量	实物数量	盘盈		盘亏		盈亏原因
					数量	金额	数量	金额	
辅助材料								200.00	
合计								200.00	

财务： 审批： 主管： 保管员： 制单：

业务 55—1

辽宁省通用机打发票

发票联

121002071231　　　　发票代码 121002071231

06511994　　　　发票号码 06511994

开票日期：2020—12—28　　行业分类：×××××　　辽税票通(2020)111 号

付款单位名称：	锦州市红星液压件制造有限公司	付款单位识别号：	××××××××

项目：	规格	单位	单价	数量	金额
供暖费		m^2	23m^2	54.26m^2	1 248.00

合计人民币(大写)：壹仟贰佰肆拾捌圆整

免税标志：否　减免原因　　　　合计：￥1 248.00

收款单位名称(盖章)及纳税人识别号：××××××××××××××

收款单位开户银行及账号：××××××××××

开票人：张　爽　　　备注：

第一联 发票联(购货单位付款凭证)(手开无效)

业务 56—1

辽宁省通用机打发票

发票联

121002071231　　　　　　　　　　　　　　发票代码 121002071231

06511796　　　　　　　　　　　　　　　　发票号码 06511796

开票日期：2020—12—29　　行业分类：×××××　　辽税票通(2020)111 号

付款单位名称：	锦州市红星液压件制造有限公司	付款单位识别号：	××××××××

项目：	规　格	单　位	单　价	数　量	金　额
文件袋		个	1.00	200	200.00
笔		支	2.00	60	120.00
账本		本	6.00	10	60.00

合计人民币(大写)：叁佰捌拾圆整

免税标志：否　减免原因　　　　合计 ¥380.00

收款单位名称(盖章)及纳税人识别号：××××××××××××××

收款单位开户银行及账号：×××××××××

开票人：张　爽　　　　备注：

第一联　发票联(购货单位付款凭证)(手开无效)

业务 56—2

辽宁省通用机打发票

发票联

121002071231　　　　　　　　　　　　　　发票代码 121002071231

06511797　　　　　　　　　　　　　　　　发票号码 06511797

开票日期：2020—12—29　　行业分类：×××××　　辽税票通(2020)111 号

付款单位名称：	锦州市红星液压件制造有限公司	付款单位识别号：	××××××××

项目：	规　格	单　位	单　价	数　量	金　额
A4 打印纸		包	20.00	40	800.00
B5 打印纸		包	15.00	20	300.00

合计人民币(大写)：壹仟壹佰圆整

免税标志：否　减免原因　　　　合计：¥1 100.00

收款单位名称(盖章)及纳税人识别号：××××××××××××××

收款单位开户银行及账号：×××××××××

开票人：张　爽　　　　备注：

第一联　发票联(购货单位付款凭证)(手开无效)

业务 56—3

办公用品领用表

部　门	领用数量				
	账本	文件袋	笔	A4 打印纸	B5 打印纸
管理部门	10	60	20	25	10
生产部门		40	40	15	10
合　计	10	100	60	40	20

业务 57—1

辽宁省通用机打发票
发票联

121002071231
06511793
开票日期:2020—12—29　　行业分类:×××××

发票代码 121002071231
发票号码 06511793
辽税票通(2020)111 号

付款单位名称:	锦州市红星液压件制造有限公司	付款单位识别号:	××××××××		
项目:	规 格	单 位	单 价	数 量	金 额
饮水机		台	300.00	1	300.00
合计人民币(大写):叁佰圆整					
免税标志:否 减免原因					合计:¥300.00
收款单位名称(盖章)及纳税人识别号:××××××××××××××					
收款单位开户银行及账号:××××××××××					
开票人:张 红	备注:				

第一联 发票联(购货单位付款凭证)(手开无效)

业务 57—2

辽宁省通用机打发票
发票联

121002071231
06511794
开票日期:2020—12—29　　行业分类:×××××

发票代码 121002071231
发票号码 06511794
辽税票通(2020)111 号

付款单位名称:	锦州市红星液压件制造有限公司	付款单位识别号:	××××××××		
项目:	规 格	单 位	单 价	数 量	金 额
风钻		把	240.00	2	480.00
合计人民币(大写):肆佰捌拾圆整					
免税标志:否 减免原因					合计:¥480.00
收款单位名称(盖章)及纳税人识别号:××××××××××××××					
收款单位开户银行及账号:××××××××××					
开票人:张 惠	备注:				

第一联 发票联(购货单位付款凭证)(手开无效)

业务 58—1

辽宁省通用机打发票

发票联

121002071231　　　　　　　　　　　　　　　　发票代码 121002071231

06511799　　　　　　　　　　　　　　　　　　发票号码 06511799

开票日期：2020—12—29　　　　行业分类：×××××　　　　辽税票通(2020)111 号

付款单位名称：	锦州市红星液压件制造有限公司		付款单位识别号：	××××××××	
项目：	规　格	单　位	单　价	数　量	金　额
多层蒸饭车		台	1 980.00	1	1 980.00
合计人民币(大写)：壹仟玖佰捌拾圆整					
免税标志：否　减免原因				合计：¥1 980.00	
收款单位名称(盖章)及纳税人识别号：×××××××××××××××					
收款单位开户银行及账号：××××××××××					
开票人：黄　名	备注：				

(印章：锦州市凌河区创新炊事机械商店　发票专用章　210703716457890)

第一联　发票联(购货单位付款凭证)(手开无效)

业务 58—2

锦州市商业银行

转账支票存根(辽)

GS/02　00846887

附件信息

出票日期　年　月　日

收款人：
金　额：
用　途：

单位主管　　会计

本支票付款期限十天

锦州市商业银行**转账支票**(辽)　　锦州　GS/02　00846887

出票日期(大写)　　年　　月　　日　　　　付款行名称：

收款人：　　　　　　　　　　　　　　　　出票人账号：

人民币(大写)		亿	千	百	十	万	千	百	十	元	角	分

用途：________

上列款项请从

我账户内支付

出票人签章　　　　　　　　复核　　记账

业务 59—1

托收凭证（收账通知）　　4

委托日期　2020 年 12 月 29 日

业务类型	委托收款（□邮划、□电划）　委托承付（□邮划、□电划）					
付款人	全称	太原市矿电设备配件有限公司		收款人	全称	锦州市红星液压件制造有限公司
	账号	0782—294013021305017			账号	402021749101888
	地址	太原市	开户行 商行东北支行		地址	锦州市　开户行 商行石化支行
金额	人民币（大写）贰拾柒万壹仟陆佰捌拾元整				亿千百十万千百十元角分	¥27168000
款项内容	货款及代垫运费	托收凭据名称	发票　运费收据		附寄单证张数	7
商品发运情况	已发运				合同名称号码	购销合同　00527
备注： 复核：　记账：	款项收妥日期 2020 年 12 月 29 日				收款人开户银行签章 2020 年 12 月 25 日	

锦州市商业银行石化支行
2020.12.29
转讫
(21)

此联付款人开户银行凭以汇款或收款人开户银行作收账通知

业务 59—2

托收凭证（收账通知）　　4

委托日期　2020 年 12 月 29 日

业务类型	委托收款（□邮划、□电划）　委托承付（□邮划、□电划）					
付款人	全称	山西柏林经贸有限公司		收款人	全称	锦州市红星液压件制造有限公司
	账号	14100068401800092 9289			账号	402021749101888
	地址	太原市	开户行 交行学府支行		地址	锦州市　开户行 商行石化支行
金额	人民币（大写）贰拾叁万陆仟陆佰伍拾元整				亿千百十万千百十元角分	¥23665000
款项内容	货款及代垫运费	托收凭据名称	发票　运费收据		附寄单证张数	7
商品发运情况	已发运				合同名称号码	购销合同　00528
备注： 复核：　记账：	款项收妥日期 2020 年 12 月 29 日				收款人开户银行签章 2020 年 12 月 25 日	

锦州市商业银行石化支行
2020.12.29
转讫
(21)

此联付款人开户银行凭以汇款或收款人开户银行作收账通知

业务 60—1

辽宁省通用机打发票

发票联

121002071231
06511695

发票代码 121002071231
发票号码 06511695

开票日期：2020—12—30　　行业分类：×××××　　辽税票通(2020)111 号

付款单位名称：	×××××	付款单位识别号：	×××××××××		
项目：	规　格	单　位	单　价	数　量	金　额
网上认证服务费			755.00	1	755.00

合计人民币(大写)：柒佰伍拾伍圆整

免税标志：否　减免原因　　合计：￥775.00

收款单位名称(盖章)及纳税人识别号：×××××××××××××××

收款单位开户银行及账号：××××××××××

开票人：毛媛媛　　备注：

第一联　发票联（购货单位付款凭证）（手开无效）

业务 61—1

收款收据

辽财会账证 49　　2242982

收款日期 2020 年 12 月 30 日

付款单位(交款人)	锦州市红星液压件制造有限公司	收款单位(收款人)	太和区资金结算中心	收款项目									
人民币(大写)	壹佰陆拾元整	千	百	十	万	千	百	十	角	分	结算方式		
						￥	1	6	0	0	现金		
收款事由	培训费	经办	部门										
			人员		陈明								
上述款项照数收讫无误 收讫单位财会专用章 (领款人签章)	会计主管	稽　核	出　纳	交款人									

锦州市太和区政府资金结算中心 财务专用章

第三联　付款单位付款凭证

使用范围及规定：

1. 本收据只能用于单位内部和单位与单位、单位与个人之间非经营性的经济往来，不得代替发票、行政事业性收费(基金)等政府非税收入收据和罚没收据。

2. 结算方式按现金结算、银行结算和转账等方式分别填列。

3. 作废时，应加盖作废戳记并同存根一起保存，不得自行销毁。

业务 62－1

固定资产折旧计算表

2020 年 12 月 31 日　　单位：元

科目	类别 \ 项目	月初应计提固定资产折旧的原值	月折旧费	
			月折旧率(‰)	折旧金额
制造费用	房屋及建筑物	2 006 311.41	4	8 025.25
	机器设备	2 714 139.45	8	21 713.12
	小　计	4 720 450.86		29 738.37
管理费用	房屋及建筑物	211 750.00	4	847.00
	机器设备	29 860.00	8	238.89
	运输工具	622 800.00	9	5 605.20
	电子设备	92 677.06	9	834.09
	小　计	957 087.06		7 525.18
合　计		5 677 537.92		37 263.55

部门主管：　　复核：　　制表：

业务 63－1

无形资产摊销计算表

2020 年 12 月 31 日

项　目	原　值	累计摊销	月摊销额
土地使用权	600 000.00	57 500.00	2 500.00

部门主管：　　复核：　　制表：

业务 64－1

锦州市商业银行贷款利息通知单(代支款通知)

贷款账户户名：锦州市红星液压件制造有限公司		账号：402021749101888
利息计算日期：2020 年 12 月 1 日起 2020 年 12 月 31 日止		左列贷款利息已从你单位账户 402021749101888 付出
计息基数共计：100 000.00　　利率：年息 7.20%		锦州市商业银行石化支行 2020.12.31 转讫 (1) 开户银行盖章 2020 年 12 月 31 日
利息金额(大写)　人民币陆佰元整		
附记：	¥600.00	
会计：　　事后监督：　　复核：　　制单：		

业务 65—1

职工工资费用分配表

2020 年 12 月 31 日

车间、部门		应分配金额
车间生产工人工资	多路阀	
	马达	
车间管理人员		
行政管理人员		
专设销售机构		
合　计		

会计主管：　　　　　　　　　　　　制表：

业务 65—2

职工福利费计算表

2020 年 12 月 31 日

车间、部门		工资总额	计提比例	计提金额
车间生产工人工资	多路阀			
	马达			
车间管理人员				
行政管理人员				
专设销售机构				
合　计				

会计主管：　　　　　　　　　　　　制表：

业务 66—1

长期待摊费用摊销表

2020 年 12 月 31 日　　　　　　　　单位：元

项　目	期初金额	摊销期	月摊销额
租入赁固定资产改良支出	*49 806.21*	*24*	*2 075.26*

会计主管：　　　　　　　　　　　　制表：

业务 67—1

2100081170

辽宁增值税专用发票

№　02076925

开票日期：2020 年 12 月 31 日

购货单位	名　　称：锦州市红星液压件制造有限公司 纳税人识别号：210711759117555 地址、电话：锦州市太和区松坡路 88 号 0416—4565999 开户行及账号：商业银行石化支行　402021749101888					密码区	略
货物及应税劳务名称	规格	单位	数量	单价	金　额	税率(%)	税额
*税收分类科目*东北电力		度	31 735	0.69	21 897.15	13	2 846.63
合计					21 897.15		2 846.63
价税合计(大写)	⊗贰万肆仟柒佰肆拾叁元柒角捌分				(小写)¥24 743.78		
销货单位	名　　称：锦州太和区电业局 纳税人识别号：210711849704128 地址、电话：锦州市解放路 206 号　5177698 开户行及账号：工行桥西支行 0708004309221000678					备注	锦州太和区电业局 210711849704128 发票专用章

收款人：王二麻　　复核：燕小六　　开票人：郭华　　销货单位章

第二联：发票联　购货方记账凭证

业务 67—2

2100081170

辽宁增值税专用发票

№　02076925

开票日期：2020 年 12 月 31 日

购货单位	名　　称：锦州市红星液压件制造有限公司 纳税人识别号：210711759117555 地址、电话：锦州市太和区松坡路 88 号 0416—4565999 开户行及账号：商业银行石化支行　402021749101888					密码区	略
货物及应税劳务名称	规格	单位	数量	单价	金　额	税率(%)	税额
*税收分类科目*东北电力		度	31 735	0.69	21 897.15	13	2 846.63
合计					21 897.15		2 846.63
价税合计(大写)	⊗贰万肆仟柒佰肆拾叁元柒角捌分				(小写)¥24 743.78		
销货单位	名　　称：锦州太和区电业局 纳税人识别号：210711849704128 地址、电话：锦州市解放路 206 号　5177698 开户行及账号：工行桥西支行 0708004309221000678					备注	锦州太和区电业局 210711849704128 发票专用章

收款人：王二麻　　复核：燕小六　　开票人：郭华　　销货单位章

第三联：抵扣联　购货方抵税凭证

业务 67—3

电费分配表

2020 年 12 月 31 日　　　　单位：元

部　门	数量(度)	分配率	金　额
生产车间	30 000	0.69	20 700
其中：多路阀产品耗用	12 000	0.69	8 280
马达产品耗用	16 000	0.69	11 040
车间照明用电	2 000	0.69	1 380
管理部门	1 735	0.69	1 197.15
合　计			21 897.15

会计主管：　　　　制表：

业务 68—1

处理意见书

同意将上月盘亏的材料作管理费用处理，盘盈固定资产转作营业外收入。
特此批准。

管理层
2020 年 12 月 31 日

业务 69—1

领　料　单

领用单位　　　　年　月　日

物资编号	名称	规格、材质、型号	计量单位	数量		实际价格(元)		用　途
				请领	实领	单价	总金额	
签署意见								

第三联　财务

领料单位负责人：　　领料人：　　供应负责人：　　保管员：

业务 69—2

领 料 单

领用单位　　　　　　　　　　　　　　年　　月　　日

物资编号	名称	规格、材质、型号	计量单位	数 量		实际价格(元)		用 途
				请领	实领	单价	总金额	
签署意见								

第三联 财务

领料单位负责人：　　　　领料人：　　　　供应负责人：　　　　保管员：

业务 69—3

周转材料领用单

领用单位　　　　　　　　　　　　　　年　　月　　日

物资编号	名称	规格、材质、型号	计量单位	数 量		实际价格(元)		用 途
				请领	实领	单价	总金额	
签署意见								

第三联 财务

领料单位负责人：　　　　领料人：　　　　供应负责人：　　　　保管员：

业务 69—4

领 料 单

领用单位　　　　　　　　　　　　　　年　　月　　日

物资编号	名称	规格、材质、型号	计量单位	数 量		实际价格(元)		用 途
				请领	实领	单价	总金额	
签署意见								

第三联 财务

领料单位负责人：　　　　领料人：　　　　供应负责人：　　　　保管员：

业务 69—5

领　　料　　单

领用单位　　　　　　　　　　　　年　　月　　日

物资编号	名称	规格、材质、型号	计量单位	数量		实际价格(元)		用途
				请领	实领	单价	总金额	
签署意见								

第三联　财务

领料单位负责人：　　　　领料人：　　　　供应负责人：　　　　保管员：

业务 69—6

原材料领用汇总表

2020 年 12 月 31 日　　　　单位：元

会计科目		钢材	铸件	油料	辅助材料	周转材料	合　计
生产成本	乡路网	274 350	261 250	10 980	182 875		729 455
	马达	384 700	112 750	16 960	78 925		593 335
制造费用						8 825	8 825
管理部门					3 200		3 200
销售费用						5 000	5 000
合　计		659 050	374 000	27 940	265 000	13 825	1 339 815

制表：　　　　　　　　　　复核：

业务 70—1

制造费用分配表

车间：生产车间　　　　2020 年 12 月 31 日　　　　单位：元

分配对象	分配标准	分配率	分配金额(元)
乡路网	90 588.45		26 886.65
马达	70 840.42		21 026.72
合　计	161 428.87	0.296 8	47 913.37

会计主管：　　　　　　　　　　制表：

业务 71—1

产品成本计算单

产品名称：多路阀　　2020 年 12 月 31 日　　单位：元

摘　要	数量	直接材料	直接人工	燃料及动力	制造费用	合　计
月初在产品成本						
本月生产费用						
生产费用累计						
完工产品总成本	*650*					
完工产品单位成本						
月末在产品成本						

会计主管：　　制表：

业务 71—2

产品成本计算单

产品名称：马达　　2020 年 12 月 31 日　　单位：元

摘　要	数量	直接材料	直接人工	燃料及动力	制造费用	合　计
月初在产品成本						
本月生产费用						
生产费用累计						
完工产品总成本	*430*					
完工产品单位成本						
月末在产品成本						

会计主管：　　制表：

业务 71—3

产品成本汇总表

成 本 项 目	多 路 阀		马　达	
	总 成 本	单位成本	总 成 本	单位成本
直接材料				
直接人工				
燃料及动力				
制造费用				
合　计				

业务 72—1

产品销售成本计算表

2020 年 12 月 31 日　　单位:元

产品名称	数　量	单　价	金　额
多路阀			
马达			
合　计			

制表:　　复核:　　记账:

业务 73—1

城建税、教育费附加计提表

2020 年 12 月 31 日

月份	税　目	税率	计提基数	税　额	备　注
12	城建税	7.00%			计提基数是 12 月应缴增值税
	教育费附加	3.00%			
	地方教育费附加	2.00%			
	合　计				

制表:　　审核:　　记账:

业务 74—1

应交增值税计算表

年　月　日　　单位:元

项　目	增值税		
	6%	13%	合　计
销项税额			
进项税额			
应交税额			

主管会计:　　审核:　　制表:

业务 75—1

营业收入汇总表

企业名称：　　　　　　　　　2020 年 12 月 31 日

科　目	金　额
合　计	

主管会计：　　　　　　　　审核：　　　　　　　　制表：

业务 76—1

费用类汇总表

企业名称：　　　　　　　　　2020 年 12 月 31 日

科　目	金　额
合　计	

主管会计：　　　　　　　　审核：　　　　　　　　制表：

业务 77—1

所得税计算表

企业名称：　　　　　　　　　　　2020 年 12 月 31 日　　　　　　　　　　　单位：元

税款所属日期	计税金额	税　率	应交税额
12.1—12.31			
合　计			

主管会计：　　　　　　　　审核：　　　　　　　　制表：

说明：按照现行企业所得税法规的规定，实行按季度预缴，因实训材料仅是 12 月份业务，故税款所属日期仅是本月期间。年度汇算清缴，于下个年度的 5 月 31 日前结束，采取多退少补的办法。

业务 79—1

提取盈余公积计算表

2020 年 12 月 31 日

项　目	税后利润	提取比例	提取额
法定盈余公积金			
任意盈余公积金			
合　计			

主管会计：　　　　　　　　审核：　　　　　　　　制表：

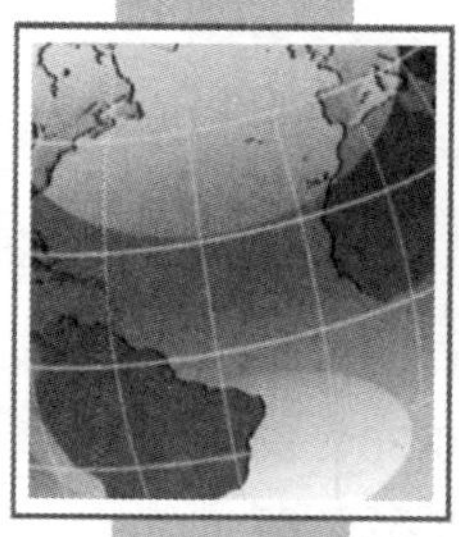

附录三 综合实训经济业务参考答案

(1)1 日,现付 1 号

借:管理费用　100

　　贷:库存现金　100

(2)1 日,银收 1 号

借:银行存款　263 990

　　贷:应收账款——山西柏林经贸有限公司　263 990

(3)1 日,银付 1 号

借:应付账款——锦州铸造厂　72 840.65

　　贷:银行存款　72 840.65

(4)2 日,转字 1 号

借:预收账款——蚌埠机电贸易公司　186 450

　　贷:主营业务收入　165 000

　　　　应交税费——应交增值税(销项税额)　21 450

转字 2 号

借:预收账款——平顶山机械公司　135 035

　　贷:主营业务收入　119 500

　　　　应交税费——应交增值税(销项税额)　15 535

(5)2 日,银付 2 号

借:在途物资　456 000

　　应交税费——应交增值税(进项税额)　59 280

　　贷:应付账款——山东金力有限公司　515 280

(6)3 日,银付 3 号

借:库存现金　202 468.87

　　贷:银行存款　202 468.87

(7)3 日,现付 2 号

借:应付职工薪酬——工资　202 468.87

　　贷:库存现金　202 468.87

转字 3 号

借:应付职工薪酬——工资 4 860
　　贷:其他应付款——职工食堂 4 860

(8)3 日,银付 4 号
借:周转材料——低值易耗品 5 930
　　应交税费——应交增值税(进项税额) 770.90
　　贷:银行存款 6 700.90

(9)4 日,银付 5 号
借:原材料——辅助材料 96 364.35
　　应交税费——应交增值税(进项税额) 12 527.37
　　贷:银行存款 108 891.72

(10)5 日,银收 2 号
借:银行存款 68 759.81
　　贷:应收账款——天津机电公司 68 759.81

(11)5 日,现付 3 号
借:应付职工薪酬——职工福利 378.89
　　贷:库存现金 378.89

(12)5 日,转字 4 号
借:原材料——钢材 89 400
　　应交税费——应交增值税(进项税额) 11 232
　　贷:应付票据——商业承兑汇票 100 632

(13)6 日,银付 6 号
借:应交税费——未交增值税 42 823.63
　　贷:银行存款 42 823.63

(14)6 日,银付 7 号
借:税金及附加——房产税 1 552.64
　　　　　　　——土地使用税 7 337
　　贷:应交税费——应交房产税 1 552.64
　　　　　　　　——应交土地使用税 7 337
借:税金及附加——印花税 622.6
　　应交税费——应交房产税 1 552.64
　　　　　　——应交土地使用税 7 337
　　　　　　——应交教育费附加 2 168.24
　　　　　　——应交地方教育费 722.75
　　　　　　——应交城市维护建设税 5 059.24
　　贷:银行存款 17 462.47

(15)6 日,银付 8 号
借:制造费用 850
　　贷:银行存款 850

(16)6 日,银付 9 号
借:库存现金 10 000

贷:银行存款　　10 000

(17)6 日,转字 5 号

借:原材料——钢材　　456 000

贷:在途物资　　456 000

6 日,现付 4 号

借:原材料——钢材　　12 000

贷:库存现金　　12 000

(18)7 日,银付 10 号

借:库存现金　　10 000

贷:银行存款　　10 000

(19)7 日,现付 5 号

借:管理费用　　4 968

贷:库存现金　　4 968

(20)7 日,银付 11 号

借:预付账款——供电所　　20 000

贷:银行存款　　20 000

(21)8 日,银付 12 号

借:销售费用　　5 600

贷:银行存款　　5 600

(22)8 日,现收 1 号

借:库存现金　　9 423.53

贷:其他业务收入　　8 339.41

应交税费——应交增值税(销项税额)　　1 084.12

(23)9 日,银收 3 号

借:银行存款　　274 092.20

贷:应收账款——太原市矿电设备配件有限公司　　99 200

应收账款——泰安腾飞机械有限公司　　174 892.20

(24)9 日,银付 13 号

借:应付账款——山东金力材料公司　　129 655.60

贷:银行存款　　129 655.60

(25)10 日,银付 14 号

借:固定资产——车床　　49 145

应交税费——应交增值税(进项税额)　　6 388.85

贷:银行存款　　55 333.85

现付 7 号

借:固定资产——车床　　1 000

贷:库存现金　　1 000

(26)10 日,银收 4 号

借:银行存款　　305 100

贷:主营业务收入　　270 000

应交税费——应交增值税(销项税额) 35 100

(27)11 日,转字 6 号

借:管理费用 2 300

贷:其他应收款——王雷 800

其他应收款——李鑫 1 500

现付 8 号

借:管理费用 212

贷:库存现金 212

(28)12 日,银付 15 号

借:应付账款——大连远景铸造公司 80 984.13

贷:银行存款 80 984.13

(29)13 日,银付 16 号

借:管理费用 4 385.10

贷:银行存款 4 385.10

(30)14 日,现付 9 号

借:管理费用 1 407.95

贷:库存现金 1 407.95

(31)15 日,转字 7 号

借:应收票据——商业承兑汇票 100 000

贷:应收账款——天津机电公司 100 000

(32)15 日,转字 8 号

借:管理费用 1 820

贷:其他应收款——黄国华 1 820

现收 2 号

借:库存现金 180

贷:其他应收款——黄国华 180

(33)16 日,银付 17 号

借:周转材料 5 625

贷:库存现金 5 625

(34)17 日,银收 5 号

借:银行存款 131 000

贷:预收账款——锦州华元重型机械公司 131 000

(35)18 日,银付 18 号

借:原材料——油料 30 000

应交税费——应交增值税(进项税额) 3 900

贷:银行存款 33 900

(36)19 日,现付 10 号

借:固定资产 6 565

贷:银行存款 6 565

(37)19 日,转字 9 号

借:预收账款——锦州华元重型机械有限公司　186 450
　贷:主营业务收入　165 000
　　应交税费——应交增值税(销项税额)　21 450

(38)19 日,现付 11 号

借:财务费用　165
　贷:库存现金　165

(39)19 日,转字 10 号

借:原材料——钢材　210 000
　应交税费——应交增值税(进项税额)　27 300
　贷:应付账款——沈阳天元工贸公司　237 300

(40)21 日,银付 19 号

借:营业外支出　20 000
　贷:银行存款　20 000

(41)21 日,现收 3 号

借:库存现金　100 000
　贷:应收账款——佳木斯煤矿公司　100 000

(42)21 日,现付 12 号

借:银行存款　100 000
　贷:库存现金　100 000

(43)21 日,银付 20 号

借:在途物资——铸件　484 000
　应交税费——应交增值税(进项税额)　62 400
　贷:银行存款　542 400

(44)23 日,转字 11 号

借:应收账款——佳木斯煤矿有限公司　244 080
　　——天津机电有限公司　266 680
　　——泰安腾飞机械有限公司　305 100
　贷:主营业务收入　722 000
　　应交税费——应交增值税(销项税额)　93 860

(45)24 日,转字 12 号

借:原材料——铸件　484 000
　贷:在途物资——铸件　484 000

(46)24 日,银收 7 号

借:银行存款　815.78
　贷:财务费用　815.78

(47)24 日,转字 13 号

借:应付账款——山东金力材料公司　100 000
　贷:应付票据——商业承兑汇票　100 000

(48)24 日,现付 13 号

借:其他应收款——李华　1 000

贷:库存现金 1 000

(49)25 日,银收 8 号

借:银行存款 100 000

贷:短期借款 100 000

(50)25 日,转字 14 号

借:应收账款——太原市矿电设备配件有限公司 271 680

——山西柏林经贸有限公司 236 650

贷:主营业务收入 441 000

应交税费——应交增值税(销项税额) 57 330

银行存款 10 000

(51)26 日,银付 21 号

借:管理费用 180

贷:库存现金 180

(52)27 日,现付 14 号

借:应付职工薪酬——职工福利 430

贷:库存现金 430

(53)28 日,银付 22 号

借:制造费用 1 470

管理费用 416.5

应交税费——应交增值税(进项税额) 245.25

贷:银行存款 2 131.75

(54)28 日,转字 15 号

借:待处理财产损溢——待处理流动资产损溢 200

贷:原材料——辅助材料 200

借:固定资产 3 000

贷:以前年度损益调整 3 000

(55)28 日,现付 15 号

借:管理费用 1 248

贷:库存现金 1 248

(56)29 日,现付 16 号

借:管理费用 870

制造费用 610

贷:库存现金 1 480

(57)29 日,现付 17 号

借:管理费用 300

制造费用 480

贷:库存现金 780

(58)29 日,银付 23 号

借:应付职工薪酬——职工福利 1 980

贷:银行存款 1 980

(59)29 日,银收 9 号

借:银行存款 508 330

贷:应收账款——太原市矿电设备配件有限公司 271 680

——山西柏林经贸有限公司 236 650

(60)30 日,现付 18 号

借:管理费用 755

贷:库存现金 755

(61)30 日,现付 19 号

借:应付职工薪酬——职工教育经费 160

贷:库存现金 160

(62)31 日,转字 16 号

借:制造费用 29 738.37

管理费用 7 525.18

贷:累计折旧 37 263.55

(63)31 日,转字 17 号

借:管理费用 2 500

贷:累计摊销 2 500

(64)31 日,银付 24 号

借:财务费用——利息支出 600

贷:银行存款 600

(65)31 日,转字 18 号

借:生产成本——多路阀 90 588.45

——马达 70 840.42

制造费用 4 000

管理费用 32 300

销售费用 9 600

贷:应付职工薪酬——工资 207 328.87

转字 18 号

借:生产成本——多路阀 12 682.38

——马达 9 917.66

制造费用 560.00

管理费用 4 522.00

销售费用 1 344.00

贷:应付职工薪酬——职工福利 29 026.04

(66)31 日,转字 19 号

借:管理费用 2 075.26

贷:长期待摊费用——租入赁固定资产改良支出 2 075.26

(67)31 日,转字 20 号

借:生产成本——多路阀 8 280

——马达 11 040

制造费用 1 380.00
管理费用 1 197.15
应交税费——应交增值税(进项税额) 2 846.63
贷:预付账款——供电所 24 743.78

(68)31 日,转字 21 号
借:管理费用 200
贷:待处理财产损溢——待处理流动资产损溢 200
借:以前年度损益调整 3 000
贷:本年利润 3 000

(69)31 日,转字 22 号
借:生产成本——多路阀 729 455
——马达 593 335
制造费用 8 825
管理费用 3 200
销售费用 5 000
贷:原材料 1 339 815

(70)31 日,转字 23 号
借:生产成本——多路阀 26 886.65
——马达 21 026.72
贷:制造费用 47 913.37

(71)31 日,转字 24 号
借:库存商品——多路阀 867 892.48
——马达 706 159.8
贷:生产成本 1 574 052.28

(72)31 日,转字 25 号
借:主营业务成本 1 509 906.75
贷:库存商品——多路阀 837 793.75
——马达 672 113

(73)31 日,转字 26 号
借:税金及附加 7 070.17
贷:应交税费——城市维护建设税 4 124.27
——教育费附加 1 767.54
——地方教育费附加 1 178.36

(74)31 日,转字 27 号
借:应交税费——应交增值税 58 918.12
贷:应交税费——未交增值税 58 918.12

(75)31 日,转字 28 号
借:主营业务收入 1 882 500
其他业务收入 8 339.41
贷:本年利润 1 890 839.41

(76)31 日,转字 29 号

借:本年利润　1 640 464.52

　　贷:主营业务成本　1 509 906.75

　　　　税金及附加　16 582.41

　　　　管理费用　72 482.14

　　　　销售费用　21 544.00

　　　　财务费用　(50.78)

　　　　营业外支出　20 000.00

(77)31 日,转字 30 号

借:所得税费用　62 593.72

　　贷:应交税费——应交所得税　62 593.72

转字 30 号

借:本年利润　62 593.72

　　贷:所得税费用　62 593.72

(78)31 日,转字 31 号

借:本年利润　428 071.81

　　贷:利润分配——未分配利润　428 071.81

(79)31 日,转字 32 号

借:利润分配——提取法定盈余公积　42 807.18

　　　　　　——提取任意盈余公积　42 807.18

　　贷:盈余公积　85 614.36

(80)31 日,转字 33 号

借:利润分配——未分配利润　85 614.36

　　贷:利润分配——提取法定盈余公积　42 807.18

　　　　　　　　——提取任意盈余公积　42 807.18

参考文献

1. 郝宇欣、李远慧主编:《会计实务模拟》,清华大学出版社、北京交通大学出版社 2006 年版。

2. 马元驹编著:《会计业务基本技能训练教程》,中国人民大学出版社 2004 年版。

3. 秦洪珍、李晓东编著:《新编基础会计实验》,立信会计出版社 2006 年版。

4. 会计实训教材编写组编写:《基础会计实训教程》,经济科学出版社 2005 年版。

5. 刘晓峰主编:《基础会计模拟实训教程》,机械工业出版社 2005 年版。

6. 朱传华主编:《会计模拟实训教程》,首都经济贸易大学出版社 2004 年版。

7. 徐淑芬编著:《会计基础技能训练》,中国纺织出版社 2008 年版。

8. 财政部印发:《企业会计准则解释第 1 号》《企业会计准则解释第 2 号》《企业会计准则讲解 2008》。